자원봉사론

나남
nanam

나남신서 1456

자원봉사론

2010년 3월 5일 발행
2010년 3월 5일 1쇄

저자_ 표갑수
발행자_ 趙相浩
발행처_ (주) 나남
주소_ 413-756 경기도 파주시 교하읍
출판도시 518-4
전화_ (031) 955-4600 (代), FAX : (031) 955-4555
등록_ 제 1-71호(79.5.12)
홈페이지_ http://www.nanam.net
전자우편_ post@nanam.net

ISBN 978-89-300-8456-7
ISBN 978-89-300-8001-9 (세트)
책값은 뒤표지에 있습니다.

나남신서 · 1456

자원봉사론

표 갑 수

나남
nanam

Volunteerism

by

Pyo, Kab-soo

nanam

머리말

21세기에 들어와 자원봉사는 사회복지발전을 위한 화두가 되었습니다. 많은 선진국에서는 이미 오래전부터 자원봉사를 통한 시민들의 자발적 사회문제 해결 또는 참여가 생활화되었으며, 그러한 경험의 축적 위에서 국민복지에 대한 사회적·국가적 책임의 극대화를 도모하고 있습니다.

오늘날 한국사회는 사회양극화, 고령화 및 저출산, 높은 실업률, 가족해체, 지역해체, 빈곤화 등에 따른 사회문제로 사회 전체의 복지수요와 비용이 급격하게 증대되는 데 비해 가족의 기능은 급속도로 무너지고 국가복지제도나 사회안전망의 인프라는 취약한 실정입니다. 그러므로 우리사회 저변에서 지역사회복지 인프라를 위해 자원봉사가 갖는 중요한 의미를 되돌아보아야 할 것입니다. 또한 자원봉사가 단지 혜택을 받는 대상의 측면에서만이 아니라 자원봉사에 참여하는 주체의 측면에서도 새롭게 조명되어야 할 것입니다.

다행히 최근 우리 사회에서도 자원봉사활동에 대한 사회적, 국가적 인식이 높아지면서 자원봉사에 대한 여러 가지 제도적 장치와 정책을 통해서 자원봉사활동을 지원하고 더욱 활성화하려는 노력을 경주하고 있습니다.

이러한 노력에도 불구하고 선진국에 비해 우리나라의 자원봉사활동은 아직 양적으로나 질적으로 부족하거나 뒤떨어진 것은 물론 여러 가지 개선해야 할 과제를 안고 있습니다. 따라서 이러한 과제를 해결하여 보다 체계적이고 조직적인 자원봉사활동으로 이끌기 위해 다 같이 참여하고 노력해야 할 것입니다.

더욱이 아직까지 자원봉사를 일부 계층의 전유물로 생각하거나 온정적 관점으로 잘못 인식시키는 것은 학계와 실무계의 책임이라 생각합니다. 이것은 학문이 사회적 수요에 부응하지 못했고 실무계가 자원봉사 프로그램을 발전시키지 못한 결과라고 생각됩니다. 그렇기 때문에 학교, 실무계 등 자원봉사에 종사하는 사람들은 무엇보다도 자원봉사에 대한 올바른 이념과 이론으로 재무장해야 할 것입니다.

이제 학계와 실무계는 구태의연한 온정적이고 비전문적인 자원봉사활동을 제도적·전문적 차원으로 발전시키는 노력이 필요하며, 주관적 자원봉사를 과학적으로 모색하여야 할 것입니다. 다시 말해 자원봉사에 대한 올바른 이해와 전문성이 요구된다고 할 수 있습니다.

이러한 측면에서 누구나 쉽게 활용할 수 있으면서도 자원봉사에 대한 보다 다각적인 차원에서 접근이 필요하다는 인식하에 미약하지만 자원봉사의 활성화에 기여하고자 하는 마음으로 이 책을 집필하게 되었습니다.

이 책은 사회복지에 관심을 가지고 대학강단에서 30년간 교육하면서 얻은 지식과 경험을 바탕으로, 자원봉사에 관심을 갖는 모든 학생들과 실무자는 물론 일반인들의 안내서로 활용되었으면 하는 생각에서 기초이론과 실제를 묶은 것입니다.

이 책의 체계는 총 5부 26장으로 구성되어 있습니다.

제 1부는 자원봉사 총론으로 자원봉사의 개념, 자원봉사의 기본자세와 역할, 자원봉사의 발달사, 자원봉사 현황을, 제 2부는 자원봉사

관리로 자원봉사관리의 개요, 자원봉사 프로그램 기획 및 업무설계, 자원봉사 모집, 자원봉사자 면접·선발, 자원봉사자의 교육·훈련, 자원봉사자 배치 및 지도감독, 자원봉사 인정·보상, 평가, 갈등의 관리로, 제 3부는 주체별 자원봉사활동의 실제로, 아동·청소년(학생)의 자원봉사, 여성의 자원봉사, 가족의 자원봉사, 노인의 자원봉사, 기업의 자원봉사, 전문직의 자원봉사로, 제 4부는 객체별 자원봉사의 실제로 아동을 위한 자원봉사, 청소년을 위한 자원봉사, 여성을 위한 자원봉사, 노인을 위한 자원봉사, 장애인을 위한 자원봉사, 사회복지시설에서의 자원봉사활동, 사회복지관에서의 자원봉사활동으로, 그리고 마지막 제 5부는 자원봉사의 과제와 전망을 소개하는 순서로 엮었습니다.

이러한 노력을 통하여 비로소 우리 사회에 알맞은 자주적 자원봉사를 모색할 수 있기를 바랍니다.

저자는 이러한 맥락에서 이번에 《자원봉사론》을 집필하였으나 여러 가지 미비한 점이 많으리라 생각합니다. 독자 제현의 기탄없는 비판을 바라마지 않습니다. 그리고 이 책에서 다루지 못한 부분은 앞으로 개정작업을 통해 보완할 예정입니다.

마지막으로 《자원봉사론》을 집필하는 데 학문적 지도와 조언을 해주신 김영모 교수님의 은혜를 오래 간직하며, 이 책의 교정을 도와준 대학원 박사과정 김현진 부장, 그리고 연구원 김수현 양에게 깊은 감사를 드립니다.

2010년 3월

표 갑 수

나남신서 · 1456

자원봉사론

차 례

제 4 부 객체별 자원봉사의 실제

제 1 부

자원봉사 총론

제 1 장

자원봉사의 개념

1. 자원봉사의 정의

자원봉사(*voluntarism*)란 한문의 뜻풀이로 '스스로 원해서'(自願), '나누고 섬기는 일'(奉仕)이며 영어로는 'Volunteering'으로 자발·자주·자유의지라는 뜻을 가진 라틴어의 voluntas에서 유래했다. 이러한 사전적 의미는 자원봉사란 기본적으로 자발적 활동에 근거하고, 국가권력이나 외부압력에 의해 지배되지 않는 자유로운 활동이라는 사실을 말한다.

현대사회의 다양한 분야에서 자원봉사활동이 광범위하고 활발하게 전개됨에 따라 '자원봉사'라는 말이 우리 사회에서 다양한 의미로 사용되고 있다. 자원활동, 자원복지활동이라는 용어도 자원봉사라는 의미와 유사하게 사용되고 있으나, 이 장에서는 가장 보편적으로 사용되는 '자원봉사'라는 용어로 그 개념을 규정하도록 하겠다.

스미스(Smith, 1974)는 자원봉사행동을 ① 직접적 보상(급료, 경제적 이익)에 대한 기대, ② 법·관습·물리적 힘의 강제, ③ 신체·생리적 요구의 강압 등에 의해서가 아니라 자발적 동기에 의해 수행되는 인간의 행동으로 보았다. 다시 말해서 보상·강제 또는 강압에 의해서가 아니라 기본적으로 정신적 이익(*psychic benefit*)을 지향하면서 이뤄지는 인간의 행동이라고 했다(김동배, 2006).

미국의 맨서와 카스는 그들의 저서 *Voluntarism at the Crossroads*에서 자원봉사란 "개인이 자신이 선택한 자원봉사기관을 통하여 활동하고, 창조하며, 실험하고 또 새로운 목표를 달성하려고 노력하는 과정이며, 최대의 자유와 민주적 과정 속에서 독특한 역할을 하고 또 공익의 어떤 요소를 증진 혹은 촉진시키기 위하여 자발적, 사적 노력에 의하여 나타나는 활동과 그 기관"이라고 정의한다(Manser & Cass, 1976: 11~12).

미국의 《사회사업사전》에는 자원봉사자를 "개인, 집단, 지역사회에서 발생하는 여러 가지 사회문제의 영향을 예방하고 혹은 개선하는 일에 종사하는 공사의 여러 조직에 대하여 주어진 서비스를 하는 개인"이라고 정의하고 있다(Dunn, 1995: 2483).

미국 《사회사업백과사전》에서는 "자원봉사자란 개인, 집단, 지역사회에서 발생하는 여러 가지 사회문제를 예방하고 통제하며, 혹은 개선하는 일에 종사하는 공·사의 여러 조직체에 대하여 주어진 여러 가지 참여활동에 대한 가치에 상응하는 보수 없이 자발적으로 참여하는 개인"으로 정의하고 있다(NASW, 1977: 1582).

일본 《현대 사회복지사전》에서는 "자원봉사활동을 자유로운 의지에 의한 자발성에 기반을 둔 실천행위 그 자체이고, 복지사회를 만들기 위해 적극적으로 노력하는 의도적이고 계획적인 일상활동"으로 보았다(仲村優一, 1985: 420).

영국의 자원봉사센터는 자원봉사활동을 자신이나 직접적 가족이 아닌 다른 사람을 위해 직접적 보상 없이, 그리고 국가나 기관이 요구하는 것이 아닌 자유로운 선택에 의해 수행되는 활동이라고 정의하면서 무보수성과 자발성을 강조하고 있다(Sheard, 1995: 115).

발독(Baldock)은 자원봉사자를 민간기관, 공공기관, 사회행동・사회복지 문제에 관련된 자조집단 등에 무상으로, 그리고 규칙적으로 자신의 시간, 에너지를 기여하는 사람으로 정의하고 있어(Baldock, 1990: 4~5), 무급성의 강조와 더불어 자원봉사활동의 영역을 민간기관뿐만 아니라 공공기관, 사회행동, 자조집단까지 광범위하게 포함하고 있다.

엘리스와 노일리스(Eillis & Noyles)는 시기나 장소에 따라 다양하게 사용되는 자원봉사의 개념을 명확히 하기 위해 자원봉사활동의 구성요소를 다음의 네 가지로 설명하고 있다(Ellis & Noyles, 1990: 4).

첫째, 자발적 선택이어야 하며, 둘째, 사회적 책임이고, 셋째, 경제적 이익을 추구하지 않으며, 넷째, 기본적 의무를 초월하는 것이다. 여기서 기본적 의무란 가족을 돌보거나 투표를 하거나 직업을 갖는 것과 같은 시민으로서의 책임을 말하는 것으로 자원봉사활동은 이러한 기본적 의무를 초월한 인간의 기본적 욕구이며 자연스런 행위임을 강조한다.

"세계자원봉사자선언"(1990년)의 자원봉사정신은 다음과 같다.

① 개인이 자발적으로 결정하고 선택하는 것.
② 적극적으로 시민의 권리를 행사하고 지역사회와 관계를 맺는 것.
③ 인간이 갖고 있는 잠재력이나 삶의 질, 인간 상호간의 연대감을 드높이는 것.
④ 조직적 형태를 지니면서 개인 또는 집단으로 활동하는 것.
⑤ 현재 직면하는 커다란 도전, 즉 더욱 선하고 평화로운 세계의 창조를 위해 응답하는 것.
⑥ 경제생활의 활성화에 공헌하고 직업이나 전문가를 창출하는 것.

한국사회복지협의회에서는 자원봉사활동이란 "사회문제의 예방 및 해결 또는 국가의 공익사업을 수행하는 공사조직에 자발적으로 참여하여 반대급부를 받지 않고 인간존중의 정신과 민주주의 원칙에 입각하여 필요한 서비스를 제공하며, 이타심의 실현과 자기실현을 성취하고자 하는 활동"이라고 하고 있다(한국사회복지협의회, 1997).

우리나라 자원봉사활동기본법 제3조에 의하면 '자원봉사활동'이란 "개인 또는 단체가 지역사회 · 국가 및 인류사회를 위하여 대가 없이 자발적으로 시간과 노력을 제공하는 행위"라고 규정되어 있다.

이상의 개념을 종합하여 보면, 자원봉사란 개인, 집단, 지역사회의 문제를 치료하고 예방하며 공동복지목표를 위한 개인적 · 사회적 노력에 반대급부 없이 자발적으로 협력 또는 직접 참여하는 활동이며, 자원봉사활동은 기존의 사회기관, 사회복지기관을 중심으로 지역사회의 국가편익을 위하여 일하는 모든 사회기관 및 조직에서의 활동을 말한다.

2. 자원봉사의 특성

자원봉사의 본질과 개념을 명확하게 하기 위해서는 자원봉사의 특성을 도출해야 한다. 이에 그 특성을 살펴보면 다음과 같다(Ilseley, 1970: 7~12; 김범수 외, 2001: 26~31; 류기형 외, 2001: 24~31; 남기철, 2007: 26~30; 표갑수, 2002: 424~425).

1) 자발성과 유도된 자발성

자발성이란 자원봉사가 자신의 의지로 활동하는 것이지 다른 집단, 개인, 조직 등 타의에 의해 행동하지 않는다는 것이다. 그러나 실제 자원봉사활동은 순수한 자발성만으로 이뤄지지 않는 경우도 많다.

사회봉사명령제, 교육기관에서 교과활동으로 자원봉사를 편성하는 경우, 졸업을 위해서는 필수학점으로 자원봉사학점을 이수해야 하는 경우 등 여러 가지 경우에 이를 자발성에 기초한 자원봉사활동이라고 할 수 있느냐 하는 논란의 여지가 있다. 혹자는 이러한 활동에는 강제성이 있으므로 자원봉사로 볼 수 없다고 주장하기도 한다.

그러나 자원봉사활동이 갖는 긍정적 효과나 가치는 큰 의미가 있기 때문에 많은 사회에서 자원봉사를 활성화하기 위한 제도를 채택하고 있다. 그리고 자원봉사 활성화를 위한 제도에 참여한 경우 이를 '유도된 자발성'이라 하여 자원봉사의 범주에 포함시키는 것이 일반적이다.

2) 이타성

타인의 생명을 존중하며 이웃과 더불어 사는 가치관에 바탕을 두는 것이다.

3) 자아실현성

자원봉사는 새로운 경험, 성취감, 만족감, 폭넓은 인간관계를 통해 인격적 성장과 자신을 자각하는 경험을 갖는 동시에 잠재능력을 실현하는 자아실현성의 특징을 가진다.

4) 무보수성

자원봉사는 금전적 보수나 대가를 바라고 행하는 것이 아니며 순수한 의미에서 봉사한다는 것이다. 그러나 최근 자원봉사활동에 쓰여진 최소한의 경비나 수당은 받을 수 있다. 이는 자원봉사활동의 원래 목적이나 취지에 저해되지 않는다면 교통비나 식사비와 같은 최소한의 실비지원은 오히려 자원봉사활동을 촉진시키는 매개체가 된다.

5) 지속성

자원봉사는 일회성이나 일시적・충동적 행동이 아니라 의도되고 계획된 활동이기 때문에 임의로 끝나서는 안 된다는 것이다.

6) 복지성

자원봉사는 특정 개인이나 직장, 단체의 이익, 종교와 정당의 입장을 초월하여 어려운 이웃과 지역사회 내에 산재하는 사회문제를 해결하는 등 공공성에 바탕을 두고 있어야 한다. 어떤 청소년 단체의 자원봉사캠프에 참가한 학생이 동네 세탁소에 세탁물을 배달하거나 장기간 여행하는 집의 강아지 먹이를 주거나 선거에서 선거운동을 하는 등의 복지성이 약한 활동은 인증이 어려운 경우도 있다.

7) 협동성

자원봉사는 혼자 하는 것이 아니라 자원봉사자와 봉사대상, 그리고 조정자 등이 함께 수행하는 체계적인 것이다. 그러므로 봉사자 상호간에 협동성이 필요하다.

8) 교육성

자원봉사자는 일정한 기간을 교육에 참여함으로써 학습되기도 하고, 또 경험, 지식, 기술, 태도, 신념 등을 학습할 수도 있다.

9) 민주성

인간존중 정신과 민주주의 원칙에 입각하여 필요한 서비스를 제공함으로써 사회의 공동선을 지향할 수 있도록 한다.

10) 전문성

자원봉사는 누구나 할 수 있는 것이 아니라 대상과 영역에 따라 전문성이 요구되기도 한다. 자원봉사자들은 자원봉사 이론과 실제에 관한 전문가교육을 이수해야 한다.

그러나 자원봉사활동에서 전문성을 논할 경우 유의해야 할 점은, 본인의 전문성이 우수하다 하더라도 일단 자원봉사활동기관이나 시설에 가면 전문가들을 위해 보완적 역할에 참여한다는 의식이 필요하다. 가끔 자신의 전문성을 너무 내세우다가 갈등의 골이 깊어지는 사례도 종종 있기 때문이다. 자신의 전공과 개성 및 특성에 알맞은 자원봉사활동에 참여하면 자원봉사활동의 흥미는 더욱 깊어질 것이다.

3. 자원봉사의 필요성

현대사회에서 자원봉사활동은 여러 가지 의미에서 과거에 비해 그 중요성이 증대되고 있다. 현대사회가 도시화, 산업화, 정보화됨에 따라 사회구성원이 고립되고 인간관계가 단절되며 사회의 정상적 기능을 저해하는 여러 가지 사회문제는 점차 증가되고 새로운 문제들이 급속하게 등장하고 있다. 1980년대 이후 경제성장과 함께 문화와 복지에 관심이 높아지면서 사회적 공동선을 위한 시민의 자율적 참여가 각광받게 되었다. 현대의 복잡한 사회문제를 해결하는 데 정부의 능력만으로는 한계가 있기 때문에 시민참여를 통한 자원봉사활동과 사회연대의식을 개발해서 국민생활 전반에 걸쳐 균형있는 향상을 시도할 필요성이 대두되었다(김동배 · 조학래, 1996).

이러한 사회문제들에 대한 적절한 대응을 정부나 정치조직과 같은 전통적 사회조직들만이 담당하기에는 이미 한계가 있을 수밖에 없으며, 따라서 모든 시민의 자발적이고 적극적인 참여와 많은 비정부조직체의 활동 필요성이 대두되는 것이다.

자원봉사활동에 대해 과거에는 인간애를 기본으로 한 무조건 주는 태도 또는 베푸는 행동으로서의 의의가 있었지만, 현대에 이르러서는 자선 또는 구호중심의 전통적 자원봉사 대신 산업화로 인한 각종 사회문제를 해결하기 위한 적극적 의미의 자원봉사활동의 필요성이 강조되고 있다.

이러한 관점에서 자원봉사의 필요성을 다음과 같이 살펴볼 수 있다(한국사회복지협의회 자원봉사프로그램백과 ②, 1997; 류기형 외, 2001: 32~35; 남기철, 2007: 22~23).

1) 사회복지적 측면

(1) 사회복지의 불완전성 보완 · 강화

현대사회에 와서 물질적 풍요 속에서도 각종 비복지요소들의 증가로 사회문제가 급증하자 그 문제해결 및 예방의 기능을 담당하는 공적 또는 사적 조직에서의 사회복지활동에 대한 활성화 요구가 증가되고 있으며, 특히 국가책임의 사회복지에 대한 국민의 기대감이 상승하고 있다. 또한 사회복지욕구 대상자가 확대됨에 따라 수요자가 기대하는 요구를 모두 충족시켜줄 수 없는 실정이므로, 자원봉사활동은 이러한 복지제도의 불완전성을 보완 · 강화하는 의의를 갖는다.

(2) 복지사회 구현을 위한 공·사 협력관계 구축

복지사회의 실현을 위해서는 국가를 포함한 전체 사회의 책임이 전제되어야 한다. 즉, 제도에 의한 공적 사회복지 행정전달체계의 확립과 더불어 민간 및 주민·자원봉사자와 협동관계를 유지함으로써 공·사의 명확한 역할분담을 통한 상호보완적 협력관계를 구축한다.

(3) 사회복지의 전문화

사회복지전문가와 자원봉사자의 관계는 책임과 역할을 달리하고 있으나 상호의존성과 보완성을 가지므로 보다 복잡한 사회복지의 문제를 해결하는 데 필요한 전문사회사업가가 부족한 현재의 실정에서 자원봉사활동은 일반적 사회복지과정들을 처리하는 데 크게 이바지할 수 있다.

(4) 복지교육을 통한 사회복지 저변확대

자원봉사활동을 통한 지역사회 문제, 사회복지에 대한 이해를 하도록 전 국민을 대상으로 하는 민주·복지교육 및 훈련의 장을 제공함으로써 사회복지에 대한 국민의 이해와 참여를 증진시키고 사회복지의 저변확대에 기여한다.

2) 지역사회 공동체 건설

(1) 지역사회 공동체의식과 연대의식 고취

현대사회는 사회적 응집력이 약화되고 지역사회 공동체의 의미가 상실되며 개인이익에 충실한 자본주의적 삶의 양식이 지배하면서 인간소외와 물질만능주의 등 다양한 사회문제들이 나타나고 있다. 또한 모든 사람들이 보다 나은 생활을 추구하고 있지만 사회구성원간에는 서로에 대한 불신과 대립이 계속적으로 생겨나 세대·계층·지역간 갈등이 나타나고 있다. 따라서 자원봉사활동을 통해 다양한 지역사회 구성원간에 지역문제에 대한 공동체의식 형성과 연대의식을 고취하고 그 해결을 위한 노력을 통해 모두 한 지역사회의 구성원임을 인식하고 협조적 태도를 길러 지역사회 유대를 강화할 수 있다.

(2) 지역사회 통합

자원봉사활동은 모든 계층에서 적용될 수 있는 보람 있는 여가활동이 될 수 있다. 보람 있는 여가활동이 될 수 있다 함은 자원봉사활동을 통하여 개인의 발전뿐만 아니라 민주사회의 기반을 형성할 수 있기 때문이다. 즉, 자원봉사활동은 사회복지를 향한 시민참여의 한 형태로서, 활동의 과정을 통하여 공동체의식을 높이고, 사회계층의 폭넓은 참여를 통한 사회적 통합을 높일 수 있기 때문에 민주화에 기여하게 된다.

(3) 지역사회 유휴자원 활용

자원봉사는 점차 거대화, 관료화되는 정부 혹은 거대한 민간기업 세력의 위험을 보완, 견제할 수 있는 제 3의 세력으로 간주할 수 있다. 자칫하면 무시되고 파괴될 위험이 큰 개인의 개성을 보호하기 위해서 뿐만 아니라, 도움이 필요한 지역사회의 문제를 효과적으로 해결하기 위해서도, 그리고 무언가 일이 필요한 유휴자원에 보람 있는 일을 주기 위해서도 자원봉사는 필요하다. 이런 개인적 요구와 지역사회 요구가 조화를 이룰 때, 그 지역사회는 하나의 자원봉사지역사회로서 기능적이며 또한 인간적인 질 높은 지역사회를 이룩하게 되는 것이다.

3) 자원봉사자 개인 측면

(1) 자신감, 긍정적 자아상 확립

자원봉사활동을 통해 어려운 과업을 완수하고 새로운 경험에 도전하면서 자신의 잠재력을 발견할 수 있으며, 일에 대한 성취감을 통해 자신감, 긍정적 자아상을 확립할 수 있다.

(2) 인간의 존엄성과 사회적 연대감 고취

집단경험을 통해 다양한 사회문화적 배경, 가치를 가진 사람들과 상호작용하면서 타인의 의견을 이해하고 수용하는 힘을 키우고 인간의 존엄성과 사회적 연대감, 공동체의식을 키우게 된다.

(3) 문제해결 능력 고양

봉사활동을 통해 자신의 행동에 책임을 지고 전체 집단의 이익을 위해 자신을 양보하고 집단성원들과의 의견을 조정하고 타협하는 과정에서 문제해결 능력을 고양하게 된다.

(4) 지식과 기술습득

자원봉사는 자원봉사자가 이전에 알지 못했던 새로운 지식이나 기술을 학습할 수 있게 하고, 이미 가진 기술을 더욱 발전시킬 수 있다.

(5) 레크리에이션 가치인식

자원봉사는 많은 레크리에이션 가치들을 지니고 있다. 즉, 개인적 안정감을 증진시키면서도 권태, 단조로움, 외로움을 떨쳐버리게 한다.

(6) 건전한 시민정신과 애국심 배양

대규모 국내외 행사 등에서 대회진행은 물론 통역, 안내, 경호, 경비, 의료봉사 등을 맡아 건전한 시민정신과 애국심을 배양할 수 있다.

4) 자원봉사활동기관의 측면

(1) 업무의 질적 향상 도모

자원봉사자를 활용하게 되면 기관, 시설직원은 과다한 업무를 처리해야 하는 부담을 덜 수 있고, 자원봉사자가 보조하는 만큼의 시간을 활용할 수 있어서 업무의 질적 향상을 기할 수 있을 것이다.

(2) 유급직원의 보완

자원봉사자는 나이, 종교, 사회적 배경, 소득, 교육 차원에서 유급직원과는 다를 수 있다. 따라서 창조적 생각과 더불어 유급직원의 편견, 선입견 등으로 생기는 낙인을 줄일 수 있다.

(3) 기관의 좋은 지지자 역할

자원봉사활동에 만족한 사람들은 그들이 일하는 조직에 매우 지지적이어서 돈과 상품(*goods*)을 더 쉽게 기부할 수 있다. 또한 그들은 가족이나 친구, 지역사회 주민들을 자원봉사활동에 유도할 수 있다.

(4) 운영비 절약

자원봉사자를 활용하게 되면 투입되는 예산에 비해 산출되는 결과가 클 뿐 아니라 눈에 보이지 않는 부가적 기능까지 합하여 이를 금전적으로 환산하면 엄청난 재정적 이득을 야기한다.

4. 자원봉사의 동기

1) 동기의 개념

현대 심리학자들은 동기(*motive*)를 말할 때 행동을 시작하고, 방향잡으며, 행동의 강도와 지속성을 결정짓는 요인으로 보고 있다(한덕웅, 1987: 26~27). 베를손과 스테이너(Berelson & Steiner)는 동기란 활성화시키거나 작동시키고 움직이게 하는 내적 상태를 말하는데, 이는 행동을 목표지향적으로 되게 하거나 목표를 위한 통로를 마련하게 하는 것이라고 했다(정혜숙, 1984: 7). 빈아케(Vinacke)는 동기란 개인이 수행하는 행동의 강도, 질 및 방향의 변화를 결정하는 여러 조건으로 보았다(Mccormick & Frgen, 1980).

업무수행에서 동기는 능력보다 중요하다. 능력은 있으나 일할 동기가 결여된 사람들은 조직이나 기관에 대항해서 싸움을 벌이거나 조직을 떠나거나 업무 이외의 엉뚱한 관심을 키우거나 자신이 가진 능력과 기술을 황폐화시킬 수 있다(이화수, 1984: 145).

자원봉사는 화폐로 지급되는 물질적 보상보다는 주로 정신적 요소를 대상으로 하고 있다. 심리적·감정적 차원인 인정(*recognition*), 시인(*approval*), 수용(*acceptance*), 사랑(*love*) 등의 심리적 요인을 다루며, 이것은 업무만족에 중요한 영향을 미친다. 최근 우리나라에서도 자원봉사의 요구가 증가되고 자원봉사 프로그램 운영상의 실제적 문제들이 부각되면서 자원봉사의 동기에 대한 관심이 증가하고 있다. 자원봉사자와 자원봉사대상자 또는 기관의 필요와 요구를 이해하게 되면 자원봉사활동을 훨씬 더 효과적으로 운용할 수 있기 때문에 인간행동의 배후에 자리잡는 동기를 이해한다는 것은 매우 중요하다(김옥라·김현자 역, 1989: 50~52)는 견해가 나오고 있다.

2) 자원봉사 동기의 역학

성공적 자원봉사는 자원봉사자가 봉사에 대한 분명한 동기를 자각할 때에 가능하다. 많은 개인들이 자원봉사를 실천하고 역할을 수행하기 위하여 시간과 에너지를 바치겠다는 동기부여가 필요하다. 개개인 봉사자의 동기를 이해하고 그것을 지지하는 일은 매우 중요하다. 개인이 시간과 에너지를 자발적으로 제공하려는 결심을 할 만한 영향을 받고 스스로 결단내리는 힘은 결정자의 내부에도 있고 외부에서 오기도 한다. 개인들이 자기의 에너지와 시간을 바쳐 어떤 자원봉사활동에 헌신할 것인가, 안 할 것인가를 결정하려고 할 때 무슨 생각들이 오고가는지에 대하여 레인맨(Schindler-Rainmand)은 레윈(Kunt Lewin)의 모델을 이용하여 설명하였다(조휘일, 1991: 1).

그에 의하면 ① 자기 자신의 내부에서 오는 힘(*own forces*), ② 그가 속한 집단에서 다른 회원들과의 관계에서 생기는 자신 밖에서 오는 힘(*interpersonal and group member forces*), ③ 당사자가 처한 전체 환경의 특성에서 오는 힘(*situational forces*), 즉 지리적 조건, 시간, 공간, 교통 등에서 기인하는 것으로 세분화된다.

3) 자원봉사 참여동기의 이론적·실천적 의의

자원봉사 동기를 파악하는 것은 자원봉사 참여의 적절한 유지와 관리를 위해 다음과 같은 이론적, 실천적 의의를 갖는다(조휘일, 1995: 516~517).

① 자원봉사자 개인의 입장에서 볼 때에는 자원봉사의 동기 및 욕구를 확인함으로써 자원봉사에 대한 합리적 태도를 확립하게 도와줄 수 있다.

② 사회복지단체·기관·시설의 입장에서는 과학적 동기 및 욕구에 대한 지식을 바탕으로 효과적 모집, 오리엔테이션, 업무배치, 지도감독 및 운영체계를 확립하는 데 도움을 줄 수 있다.
③ 사회복지 증진을 위해 주도적 노력을 해야 할 전문사회사업 입장에서 볼 때는 한국인의 도움행위로써 사회적 행동의 본질을 규명할 수 있다는 학문적 의의와 이를 개발, 활용하는 데 도움이 된다는 실천적 의의를 갖는다.
④ 사회 내의 인간관계와 사회구성원이 누리는 삶의 질에 영향을 주는 제반조치에 관한 과정이라는 사회복지정책의 차원에서 볼 때에 우리나라 자원봉사자의 동기확인은 사회복지정책 수립에 중요한 요소가 될 수 있다.
⑤ 전통적 가족주의, 자본주의, 이기주의, 개인주의가 팽배하는 사회분위기에서 국민의 위화감 해결, 연대의식 및 공동체의식을 육성할 수 있는 자원봉사의 동기를 확인하는 것은 중요한 과제라고 할 수 있다.

4) 자원봉사 동기유형 및 동기유지

(1) 참여동기

약 23년간 사회사업가로서 자원봉사 프로그램의 조정역할을 담당한 경험이 있는 프란시스가 위스콘신대학의 도움을 받아 개발한 자원봉사자 욕구·동기척도의 일곱 가지 구성요소를 보면 다음과 같다 (Francies, 1982; 조휘일, 1995: 363 재인용).

① 경험추구의 욕구: 실제적 이익 및 자아성장
② 사회적 책임감 표현욕구: 이타적 동기들
③ 타인기대 부응욕구: 의미 있는 주위사람들의 압력·영향
④ 사회적 인정욕구: 사회의 존경
⑤ 사회적 접촉욕구: 친교 및 사교경험
⑥ 사회적 교환욕구: 미래의 보상에 대한 욕구

⑦ 성취욕구: 개인적 성취

이러한 일곱 가지 욕구 구성요소들은 전통적으로 주장된 자원봉사의 이타적 동기와 행동과학자들의 동기이론에서 나온 이기적 동기들이 포괄되어 있다.

효과적으로 자원봉사활동을 관리하기 위해 자원봉사자들이 행동하게 되는 동기에 대해 이해하는 것은 조직의 유지와 발전에 중대한 영향을 미친다. 자원봉사 행동의 동기는 이타적 동기와 이기적 동기의 혼합으로 볼 수 있으나 절대적인 이타주의적 동기란 드물며, 동기이론이나 자원봉사 실태조사에서 보면 복지증진이나 동정심, 죄의식을 감소하려는 욕구에 의해 동기화된 것이라고 강조하기도 한다. 이타적 동기는 사회심리학에서 친사회적 행동의 일부로 포함시켜 다루고 있으며, 이기적 동기에 대해서는 조직행동론이나 조직심리학에서 밀도 있게 다루는데, 이를 자세하게 살펴보면 다음과 같다.

① 이타적 동기(타인지향적)

이타주의는 타인의 복지에 대한 비이기적 배려 또는 헌신으로서 자기중심성(*self-centeredness*)에 상반되는, 즉 자기 자신의 복지를 위한 이기적 관심을 배제하는 것을 의미한다(조휘일, 1991: 17~28).

이러한 이타주의의 결정요인으로 전통적 견해에 의하면 개인의 성격 내지 성품을 들었다. 그러나 개인적 차이보다는 상황적 측면이 보다 더 유용하다는 증명에 의해 다양한 접근이 등장했는데, 이들은 생물사회학적 접근과 사회적 진화론으로 대비될 수 있다.

이타주의는 오랫동안 사람들이 자원봉사에 참여하는 주된 원인으로 간주되었으나 스미스는, 이타주의는 사람들이 자원봉사에 참여하는 복합적 이유 중 하나에 지나지 않으며 오히려 자원봉사를 하는 데 주된 역할을 하지 못한다고 주장한 바 있다. 나아가 이타적 이유 때문에 자원봉사에 참여하는 사람들조차도 자신들이 오직 자기희생적 이유 때문에 자원봉사에 참여한다고 인정하지는 않는다. 따라서 자원봉사자의 동기에 대해 전통적으로 수용하던 이타주의적 동기에의 의존은 자원봉사자 개인의 욕구와 동기에 대해 지극히 단순화해 취급해버릴 우려 때문에 한계가 있다고 본다.

② 이기적 동기(자기중심적)

자아실현이나 성취욕구 등 자아지향적 동기를 말하는 것으로 자원봉사자들의 경우 일정한 조직이나 기관에 소속되어 특정한 업무를 수행하는 자원봉사의 상황에서 개인의 지속성 내지 참여강도라는 성과에 초점을 맞춘다면 조직행동론적 접근이 의미가 있는 것으로 본다.

조직행동론에서 다루는 동기는 작업동기(*job motivation*)를 말한다. 즉, 일정한 조직에 소속되어 비교적 장기간 지속적으로 수행하는 업무 및 작업을 효과적으로 처리하는 데 요구되는 동기로도 볼 수 있다. 작업동기란 자신의 직무를 수행하고자 하는 동기로 작업환경에서 작업과 관련이 있는 행동을 목표로 지향하도록 하고 유지시키는데 영향을 미치는 조건들을 말한다(이명구, 1987: 5).

(2) 동기유지

조직관리는 조직 내의 인적 자원에 대한 효율적 이용의 문제와 관련된다. 즉, 조직에서 나타나는 개인의 성과를 과거에는 개인의 능력이나 특성에 기인한다고 보았으나, 최근에 개인의 행동에 대한 이해가 증진됨에 따라 능력의 차이뿐 아니라 능력을 발휘하고자 하는 개인의 자발적 의욕, 즉 동기라는 것이 성과를 결정짓는 중요한 요소라는 것을 깨닫게 되었다. 따라서 조직관리자의 중요한 임무는 유능한 인적 자원을 조직에 유입하고, 그 조직체제 속에 결속시키며, 신뢰할 수 있는 업무수행을 보장하고, 나아가서는 조직의 목표달성을 위해 도움이 될 수 있는 행동을 하도록 유도하기 위해 동기를 부여하고 유지하는 것이다(표갑수, 1994: 139~141 재인용).

5) 구체적 참여동기

자원봉사활동에 참여했던 사람들이 직접 밝힌 동기들을 소개하면 다음과 같다(Impact Online, 1998, Why Volunteer? http://www.impactonline.org; 류기형 외, 2001: 173~174).

구체적 자원봉사 참여동기

- 필요를 느꼈기 때문에
- 지역사회를 알기 위해
- 리더십 기술을 배우기 위해
- 친구나 친척의 권유로
- 바쁘게 살아가기 위해
- 빚(신세)을 갚기 위해
- 자극을 받기 위해
- 일상생활에서 벗어나기 위해
- 회원이 되기 위해
- 양심의 가책으로
- 자부심을 느끼기 위해
- 경력을 쌓기 위해
- 즐기기 위해
- 교과목 이수를 위해
- 선의를 느끼기 위해
- 지위를 얻기 위해
- 아는 기술을 나누기 위해
- 비판하기 위해
- 생각을 행동으로 옮기기 위해
- 성취감을 맛보기 위해
- 인정받기 위해
- 전문기술을 발휘하기 위해
- 새로운 것을 배우기 위해
- 친구나 친척을 돕기 위해
- 자신을 시험하기 위해
- 감시자가 되기 위해
- 새 친구를 사귀기 위해
- 누군가를 돕기 위해
- 종교적 이유 때문에
- 현재의 기술을 살리기 위해
- 팀의 일원이 되기 위해
- 요청받았기 때문에
- 대의/신념을 따르고 있음을 보여주기 위해
- 시민으로서 의무를 다하기 위해
- 그 일을 할 만한 다른 사람이 없기 때문에

▪ 현재 하는 일과 다른 것을 해보기 위해
▪ 시설이 지리적으로 가까이 있기 때문에
▪ 향상되고 있음을 확신하기 위해
▪ 문제·질병 등에 대한 개인적 경험 때문에

5. 자원봉사의 기능

자원봉사활동은 국가적 차원에서부터 개인에 이르기까지 다양한 기능을 가지고 있으므로 여기서는 사회복지기관, 가정복지서비스, 지역사회형성, 개인적 측면, 그리고 사회문제 해결 측면에서 그 기능을 살펴보기로 한다(현외성, 2006: 35; 조휘일, 1975: 56~58).

1) 사회복지기관의 서비스 기능

인간의 사회생활과 사회복지를 위한 기관을 설립하는 일에서부터 기관을 운영하고 직원을 돕는 일, 기관의 사업을 보완하는 것 등 사회복지기관의 서비스 기능은 기관과 지역 간의 보이지 않는 심리적 장벽 혹은 거리감을 없애주며, 기관 직원의 심리적·육체적 과로를 덜어준다.

이와 같이 자원봉사활동원의 참여는 사회복지시설 입소자의 고독감을 덜어주고 시설아동의 올바른 인격형성과 사회적 재활, 그리고 시설의 사회화를 위하여 중요한 의미를 갖는다.

2) 가정복지서비스의 기능

자기 가정과 이웃 가정을 대상으로 하는 가정복지서비스의 기능은 인간성 회복과 사회복지의 인간관을 기초로 약화되는 가정의 기능을

회복하고, 장애인을 둔 가정이나 노인의 고독감을 덜어주며 또 그들의 생활을 지원하는 것이다. 그리고 주민의 차별과 편견을 없애고 함께 산다는 연대적 인간관계를 형성하며 가정복지적 측면에서 전인적 인간양육에 매우 중요한 의미를 갖는다.

3) 지역사회형성의 기능

시설보호나 가정보호도 이른바 요보호자의 주체적 생활의 회복을 위해서는 지역사회 자원봉사활동의 지원이 필요한데, 그것의 기능은 산산이 붕괴되는 지역사회를 재형성하는 일이다. 지역사회는 아동이 건전하게 성장하는 장소이자 노인과 장애인이 가족과 함께 안심하고 사는 보람을 느끼며 살 수 있는 장소가 되어야 한다. 결국 자원봉사활동은 지역사회의 주인의식과 연대의식을 향상시키고 지역사회 감정을 형성하여 지역사회의 문제를 주민의 상호협동과 참여를 통해 해결하고 예방하게 하는 기능을 가지고 있다.

4) 개인의 자기개발 기능과 여가선용 기능

자원봉사활동은 각 개인이 한 인간으로서 자신을 사회적 존재로 자각하여 스스로 타인에게 또는 타인과 더불어 봉사하는 경험을 통하여 자신의 인격적 성장과 발달, 그리고 자신의 잠재능력을 실현하는 기회를 갖게 하는 것이다. 특히 자기발전과 성숙에 기반이 되는 사회성을 키울 수 있는 유일한 도구로서의 기능을 수행하며, 이러한 사회성은 자아실현이라는 인간이 추구해야 할 인생의 의미 내지 목표를 확보하고 달성하는 데 꼭 필요한 요인으로 작용하는 것이다(NASW, 1977: 1582~1583).

아울러 자원봉사활동은 보람 있는 여가선용의 한 방안이 된다. 봉사활동을 통해 다른 사람의 생활을 보고 다른 환경에 접해 봄으로써 자신을 돌아보고 생의 보람과 희망을 갖게 되는 것은 의미 있는 일이다.

5) 사회문제해결과 예방기능

일반시민들의 사회문제에 대한 새로운 인식과 문제의 발견은 그 해결을 위해 필요한 첫 단계이다. 또 기존의 사회문제 해결을 위한 제도적·정책적 노력이 가진 여러 가지 결함을 발견하여 사회문제 해결에 효과적으로 기능하도록 하는 작업도 자원봉사활동을 통해 가능하다. 기존의 거대한 관료조직은 때로는 경직되어 신선한 자각과 인식을 결여하기가 쉽기 때문이다.

이러한 여건에서 시민들의 자원봉사활동은 기존의 조직을 새롭게 하고, 문제발견과 해결은 물론 다양한 활동에 동참하여 효과적으로 문제를 해결할 수 있는 토대를 만든다. 특히 청소년들로 하여금 현대사회의 문제와 해결방안 혹은 제도와 정책을 체험하게 하여, 새로운 인식을 갖게 하고 때로는 문제해결의 참여자로 활용할 수 있다. 예컨대, 미국이나 일본의 '세대간 교량' 프로그램은 전형적 예가 된다. 무의탁 노인들과 청소년들이 함께 만나 이야기하고 서로 관심을 갖게 하여 노인문제를 해결하고 청소년문제를 예방하고 해결하는 데 자원봉사활동을 연결시킬 수 있는 것이다. 이러한 자원봉사활동 프로그램은 지역사회단위로 얼마든지 개발할 수 있는 중·고등학교 청소년 및 대학생 자원봉사활동 프로그램이다.

6. 사회복지와 자원봉사의 관계

1) 사회복지의 개념

사회복지서비스의 한 분야인 자원봉사를 논하기 위해서는 사회복지에 대한 올바른 개념정립이 선행되어야 한다.

오늘날 우리들이 사회복지라고 할 때 사용하는 '복지'에 해당하는 영어는 'welfare'인데 옥스퍼드 영어사전에 의하면 "만족한 생활(*satisfactory state*), 건강과 번영(*health and prosperity*), 안녕 또는 행복(*wellbeing*)"으로 되어 있다. 그리고 사회복지라는 말은 일반적으로 영국에서는 'social services'로 미국에서는 'social welfare'로 통용되며, 사회사업은 영국에서는 'social service', 그리고 미국에서는 'social work'로 통용되고 있다.

사회복지는 사회현상을 연구하는 순수과학이 아니고 사회문제를 연구하는 응용과학이다. 응용과학은 사실발견과 인과관계를 규명하는 응용과학의 기초 위에서 성립하고 발전한다. 그러므로 사회복지학은 사회학, 심리학, 인류학, 정치학, 교육학, 철학, 의학, 생물학, 정신분석학, 간호학, 교통학, 경제학 등 여러 학문의 지식이 필요한 종합과학이다.

사회복지라는 말은 서양에서 주로 사용되었다. 그곳에서 사용된 사회복지의 개념은 일반적으로 인간의 사회적 욕구에 대한 서비스를 말한다. 인간의 사회적 욕구는 의식주와 같은 민생문제, 즉 소득, 보건, 교육, 주택과 같은 기본적 욕구가 결핍된 사람을 도와주는 것이다. 그리고 인간의 사회적 욕구에 대한 서비스는 인간으로 하여금 기존 사회구조에의 통합을 목적으로 하고 있다.

한편 우리나라에서 사회복지의 개념은 사회문제를 해결하기 위한 방법으로 본다. 사회문제는 범죄, 비행과 같은 좁은 의미의 반사회적 행위도 있지만, 빈곤, 실업, 가족해체, 지역해체와 같은 넓은 의미의 사회구조적 문제도 있다(김영모, 2000: 1).

따라서 사회복지의 개념은 인간의 사회적 욕구와 사회문제를 해결하기 위한 사회적 노력이다.

사람들은 개인 또는 공공복지를 위하여 노력하는 일련의 사회적 활동을 상호부조, 자선사업, 박애사업, 사회사업, 사회복지, 사회정책, 사회운동이라는 여러 가지 개념으로 표현하고 있다. 일반적으로 상호부조, 자선사업, 박애사업은 전통사회에서 주로 볼 수 있었던 사회복지의 전형적 형태라고 말할 수 있겠고, 사회사업, 사회정책, 사회복지, 사회운동은 현대사회의 전형적 복지활동 형태라고 말할 수 있다.

사회적 노력에는 여러 가지가 있다. 전통사회에서는 사회적 노력을 자발성과 가족, 종교 등에 의존하였지만 현대에 올수록 그것은 강제성과 직장, 정부에 의존하는 경향이 강하다. 이러한 경향은 복지가 인간의 권리이며 사회·국가적 책임이라는 복지사상이 일반화되었기 때문이다.

인간의 요구는 어떤 것을 획득하기 위한 것이며, 그 요구를 충족하는 것이 재화와 서비스다. 재화와 서비스가 기존의 사회구조에서 불평등하게 배분되었기 때문에 인간의 요구를 해결할 수 있는 재화와 서비스를 어떻게, 그리고 어느 정도 제공해야 하는가를 검토하는 것이 사회복지의 중요한 과제이다. 최근 복지를 평등과 보장의 의미로 간주하는 것도 그 때문이다. 평등과 보장이 이뤄지기 어려우면 재화와 서비스의 분배는 사회문제가 될 수 있다. 이러한 사회문제를 해결하려는 노력도 사회복지의 개념으로 봐야 할 것이다. 사실 재화와 서비스의 결핍으로 인한 요구는 불평등, 병리, 부적응과 같은 사회문제에서 나오는 것이다.

일반적으로 사회문제를 해결하는 여러 방법을 사회복지라고 한다.

사회문제는 자본주의 사회제도상의 모순·결함과 인간행동의 부적응(일탈행동)에서 초래된다. 일반적으로 전자에서 비롯한 사회문제의 유형은 실업문제, 빈곤문제, 교육불평등문제, 노사문제, 환경오염, 도시문제 등이 있는데, 이의 해결방법론이 사회정책이다. 한편 후자에서 비롯한 사회문제의 유형은 이혼, 비행 및 범죄, 약물중독, 성매매 및 성폭력, 정신질환문제 등이 있으며, 이의 해결방법론이 사회사업이라 할 수 있다. 결국 사회복지는 사회정책과 사회사업에 의해서 그 학문적 성격이 규정될 수 있을 것이다.

결국 사회복지는 ① 인간의 요구와 사회문제에 대한 서비스이고, ② 평등과 보장을 의미하며, 이것은 ③ 기존 사회구조 적응을 목적으로 하고 있다.

한편 사회복지의 개념은 불변하는 것이 아니다. 사회적 상황의 변화에 따라, 그리고 이념 및 방법과 기술의 개발에 따라 그 강조점이 변화되고 있다. 특히 고도의 소비수준·열망수준의 상승, 요구에 대한 사회개입의 확대는 종래의 사회복지제도와 서비스로는 도저히 해결할 수 없는 것이다. 그리하여 사회복지의 개념은 다음과 같은 방향으로 점차 변화되고 있다(Romanyshin, 1971: 34~37).

① 보완적인 것에서 제도적인 것으로, ② 자선에서 시민권으로, ③ 특수한 서비스 활동에서 보편적 서비스 활동으로, ④ 최저기준의 달성에서 최적기준의 달성으로, ⑤ 개인적 개혁에서 사회적 개혁으로, ⑥ 자발적인 것에서 공적인 것으로, ⑦ 빈민구제에서 복지사회 건설로 변화되고 있다.

2) 사회복지에서 자원봉사활동의 위치

현재 세계의 모든 국가들은 사회복지와 복지사회를 지향하여 나가고 있으며 질적 사회복지는 국민의 삶의 질 향상을 의미한다. 이러한 국민의 삶의 질 향상은 국민의 연대의식과 참여의식이라는 정신적 기반 위에서 달성될 수 있는 것이며, 이러한 사회연대의식과 참여의식은 자원봉사 또는 시민참여라는 형태로 나타난다. 이에 자원봉사활동과 사회복지와의 관계성을 살펴보면 다음과 같다.

첫째, 자원봉사활동은 사회복지 증진을 위한 전 시민적 참여의 방편이 된다. 한 사회의 전체적 생활의 질을 향상시키는 것은 정부제도나 전문적인 공공, 민간사회복지기관의 노력만으로 이뤄지는 것은 아니다. 시민 전체의 다양한 참여 자체가 사회적으로 복지수준을 높이는 기본전제가 된다.

둘째, 복지국가 내지 복지사회를 건설하는 데 자원봉사자의 활용은 선행조건이며 필수조건이다. 사실상 모든 복지국가 발전의 시작은 자원봉사활동에서 기인하고 있다. "국민이 자원봉사의 경험이 없는 사회에서 복지국가를 이룩하고자 하는 것은 국가경제의 혼란만 가져오고 복지사회로 나갈 수 없다"라는 원리는 현재 한국의 상황에 비춰볼 때에 시사하는 바가 많다고 할 수 있다(김성이, 1988: 36).

셋째, 자원봉사활동은 복지사회를 향한 시민참여의 한 형태로서, 활동의 과정을 통하여 공동체의식을 높이고 각계각층의 폭넓은 참여를 통한 사회적 통합을 높일 수 있다. 더욱이 민주화와 복지사회라는 목적을 실현하기 위해서는 무엇보다도 자발적이고 능동적인 시민참여가 선행되어야 하는데, 전문적이고 조직적인 자원봉사활동은 민주시민으로서의 소양을 터득하는 민주주의 교육의 현장이 되어 연대의식과 책임의식을 참여시민에게 심어주는 것이다.

넷째, 자원봉사활동의 본질은 일방적으로 '주어지는 복지'에 있지가 않고 '함께 생활하며 참여하는 복지'에 있다. 이것은 경제적 효용을 초월하는 것이며 새로운 복지사상이며 교육사상인 통합화(*integration*), 정상화(*normalization*), 사회화(*socialization*) 및 공동참여(*full participation*)를 통한 공동의 복지증진을 활동목표로 하는 것이다(김영호,

1991: 3).

다섯째, 자원봉사활동은 사회복지에 대한 국민적 공감대를 형성하고 복지증진을 위한 노력의 확대전략으로서도 유용하다. 시민들의 자원봉사활동 참여는 현실에서의 경험을 통해 사회복지에 대한 교육적 파급효과를 갖고 올 수 있다. 즉, 복지제공의 주체로서 국민이 국가, 기업, 각종 민간기구 등 기존 조직체의 활동뿐만 아니라 개별적으로 사회복지와 관련된 활동에 참여하는 것은 기존 공공복지 확충의 필요성이나 그 밖에 간과된 비복지현상을 발견하게 한다. 이는 공공의 여론을 형성하는 등 '사회복지 요구'를 위한 단초가 될 수 있다.

마지막으로 자원봉사활동은 자원이 부족한 공공 혹은 민간복지기관과 사회공익단체들의 인력을 보충해준다. 대개의 사회복지기관은 서비스 대상자의 욕구충족을 위한 충분한 인적·물적 자원을 확보하지 못하고 있다. 때문에 자원봉사자는 사회복지전문 유급인력만으로는 수행할 수 없는 서비스의 제공에 필수적 요소가 되고 있다(남기철, 2007: 33).

자원봉사활동은 미국의 경우를 볼 때 사회복지체계의 전통적이고 통합적인 주요 부분으로 자리잡고 있다. 공공기관들과 민간기관들이 자원봉사자들의 자문, 서비스, 그리고 지원으로부터 혜택을 보는 바, 이들 활동은 가족 및 아동복지분야, 오락 및 성인교육분야, 보건 및 의료분야, 주택 및 도시재개발사업, 교정기관과 법원 등 다양한 분야에서 이뤄지고 있다. 물론 이들 자원봉사의 참여 정도와 성격은 각 시기에 따라 차이가 있었다. 그러나 종전에 비해 보다 많은 관심이 최근에 와서 이들 자원봉사서비스에 주어지고 있으며, 특히 전문사회사업가들, 사회복지기관들, 그리고 연방정부 등이 보다 큰 관심을 기울이고 있다. 그리고 이러한 자원봉사자들을 사회복지자원봉사자(*social welfare volunteer*)라고 부르고 있다(조휘일, 1995: 511 재인용).

3) 사회복지에서 공공과 민간의 역할분담에 대한 이론

사회복지에서 공공과 민간부문의 역할에 대한 구분은 모호하고 혼합된 것이 많아 명확하게 구분하기가 어렵다. 이는 사회복지서비스 자체가 이미 민간영역을 주요한 요소로 삼기 때문이다. 그러나 자원봉사활동과 이에 의한 서비스가 전체 국가의 사회복지 관련 서비스체계에서 차지하는 역할분담을 살펴보기 위해서 공공과 민간관계에 대한 기존이론을 살펴보면 다음과 같다(류기형 외, 2001: 37~39; 남기철, 2007: 34~35).

첫 번째, 평행보완이론(*parallel supplement theory*)은 공공과 민간이 각각 재원을 조달하고 급여의 대상은 다른 경우이다. 이 경우 공공과 민간의 파트너십은 결국 급여대상자를 결정하는 과정에서 이뤄진다. 가령 민간은 공공급여의 사각지대에 위치한 수요자에게 급여를 제공하는 역할을 수행하는 것이다.

두 번째, 평행보충이론(*parallel complement theory*)은 확장사닥다리 이론이라고도 한다. 이 이론은 마치 사닥다리 모양처럼 기초적 부분에는 국가가 국민의 최저한의 생활을 보장하고 그것을 기초로 점차 상층부분에는 민간의 사회복지서비스를 위치시키는 방식을 주장하고 있다. 이 이론은 민간사회복지사업의 독자성을 인정하면서도 공적 사회복지의 기초성, 보편성, 우월성을 강조하고 있다고 하겠다(전수일·봉민근, 1995: 113~114).

세 번째, 협동대리이론(*collaborative vendor theory*)은 공공은 재원조달을 맡고 민간은 급여책임을 맡는다. 다만 공공과 민간의 관계가 일방적이라는 특성을 가진다. 즉, 이 모형에서 민간은 정부대리인으로 기능하며 정부는 민간의 역할을 세세하게 평가, 감독한다. 이 모형에서 정부와 민간의 파트너십은 재원을 배분하는 과정에서 이뤄진다.

네 번째 모형은 협동동반이론(*Collaborative Partnership theory*)이다.

공공이 재원조달 책임을 맡고 민간이 급여를 맡는다는 점은 앞의 협동대리모형과 동일하지만, 공공과 민간의 관계가 쌍방적이라는 점에서 다르다. 즉, 이 모형에서 민간은 프로그램 관리나 정책개발에서 상당한 재량권을 가질 뿐만 아니라 공공의 정책결정과정에도 영향을 미친다.

이 이론은 사회적·경제적 불평등의 극복에 필요한 경제적 욕구에 대한 서비스가 공적 기관의 책임과 역할에 의해 해결되어야 한다는 점, 민간기관의 서비스는 새로운 욕구, 실험적 대응, 개인의 인간관계적 부적응 문제 등에 대응해야 한다는 점, 그리고 공과 민의 상호협조적 체계를 이뤄야 한다는 것이 골자이다(전수일·봉민근, 1995: 114~115).

그러나 가장 바람직한 사회복지는 정부의 정책에 의해 제도적으로 보장되고 국가가 모든 책임을 지는 것이어야 한다.

4) 자원봉사활동과 공공복지활동과의 관계

자원봉사활동에 관한 잘못된 시각 중 하나가 바로 자원봉사활동 혹은 자원봉사자가 공공책임 혹은 국가의 사회복지활동의 대행자로 치환되는 것이다. 시민의 자원봉사활동은 시민사회 차원에서 공공선과 복지를 증진하기 위한 자발적 참여활동으로 이해되어야 할 뿐, 이의 활성화가 국가책임의 공공복지를 대신하는 것은 아니다.

일반적으로 자원봉사활동 참여가 활성화된 사회가 국가의 공공복지서비스에 대한 지출수준도 높다. 오히려 공공복지제도와 서비스가 어느 정도 구비되어야 자원봉사활동을 활용한 프로그램들이 다양하게 기획되고 참여가 활성화될 수 있다. 실제로 현재 수행되는 자원봉사활동의 많은 내용은 적절한 공공복지의 제도적 기반하에 이뤄지는 것이다. 예를 들어, 지역사회복지관은 지역사회의 사회복지 욕구충족을 위한 종합센터로의 기능을 수행하는 공적 복지시스템이고 이의 건립과 운영을 위해 국가는 많은 재원을 투입하고 있다. 그리고 현재 지역사회복지관은 자원봉사활동의 대표적 활동현장으로 활용되고 있다.

이상에서처럼 자원봉사활동은 민간사회복지에서 중요한 역할을 차지하고 있음을 알 수 있다. 그러나 최근에 들어서는 공적 사회복지에서 자원봉사활동이 크게 증가되고 있는데, 그 이유는 크게 두 가지로 볼 수 있다(류기형, 2001: 40~41).

첫째, 공적 사회복지의 한계를 보완, 보충하기 위해서이다. 연금이나 생활보장 등 경제상의 복지과제, 복지시설의 미비, 주택난 등 환경상의 복지과제, 대인서비스상의 복지과제 등 다양한 복지적 과제는 공적 사회복지만으로 해결되기 어렵다. 이러한 복지적 과제해결을 위해서는 제도적 접근, 즉 복지국가로서의 정비뿐 아니라 주민(시민) 측에서부터 참가가 필요하다고 하겠다. 즉, 다시 말해서 이미 전술한 바와 같이 공적 사회복지가 갖는 획일성, 공평성, 무사안일주의 등의 문제를 자원봉사활동이 갖는 창조성, 개별성으로 보완함으로써 사회복지서비스의 질을 높일 수 있다고 하겠다.

둘째, 공적 사회복지에 자원봉사활동의 도입은 정부의 재정압박과 관련이 있다. 1980년대 이후 시민들의 다양한 복지요구 증가와 지출비용의 증가로 생긴 재정적자 및 예산삭감에 대한 대안책으로 공공서비스 전달에 자원봉사자를 활용하기 시작하였다. 서비스 전달에의 시민참여는 재정적 압박을 받는 정부에 유급직원에 대한 의존도를 줄이면서도 공적 사회복지를 보완한다는 매력적 요소가 되었던 것이다.

그러나 공적 사회복지에서 자원봉사자의 참여에 대한 우려의 소리도 높다. 이는 마치 자원봉사활동이 만병통치약이라도 되듯 자원봉사자에게만 의존해 공적 책임을 전가하거나 회피하지 않을까 하는 점과 자원봉사자의 민감성이 침해되지 않을까 하는 우려이다.

이상에서 보았듯이 자원봉사활동은 오히려 공공복지서비스의 내용과 질을 풍부하게 하고 시민적 활동을 통해 이를 실현, 혹은 감독하게 하는 것이다. 국가에 의한 공공복지서비스의 확충은 자원봉사활동 활성화의 전제조건이 되고, 자원봉사에의 활발한 참여는 공공복지서비스를 다양화하는 원동력이 된다.

제2장

자원봉사의 기본자세와 역할

1. 자원봉사자의 기본자세 및 태도

자원봉사활동은 활동장소에서 여러 사람들과 협력해서 활동하는 경우가 많으며 사회적 활동이기 때문에 인간관계가 기본이다. 따라서 주의해야 할 점은 상대를 신뢰하고 성실하게 행동하며 매너를 잘 지켜 기분 좋은 인간관계를 만드는 것이다.

"세계자원활동선언문"에서 제시한 자원봉사자들이 준수해야 할 원칙은 다음과 같다(한국여성개발원, 1995: 53~54).

① 모든 인간은 나이·성별·인종·종교의 차별 없이, 또한 신체적·사회적·경제적 조건에 관계없이 자유롭게 연합할 수 있다는 것을 인정해야 한다.
② 인간의 존엄성과 인류, 문화를 존중해야 한다.
③ 개인들이 모여 상호협력체를 만들거나 자원봉사활동기관에 속하여 보수 없이 활동한다.
④ 지역사회의 욕구를 찾아내고 자발적 참여를 끌어내어 문제를 해결한다.

⑤ 자원봉사활동을 통해서 자아성장을 꾀하고, 새로운 기술과 지식을 익히며, 잠재력을 개발하고, 자립심과 창의력을 키움으로써 문제해결에 적극 나선다.
⑥ 사회적 책임을 깨달음으로써 가족공동체, 나아가서는 사회·국가공동체를 건설한다.

이러한 원칙하에 자원봉사자는 보다 효과적인 자원봉사활동을 위해서 다음과 같은 기본적 자세 및 태도를 갖추고 유지해야 한다(김영호, 1989: 171~172).

① 자신이 관심 있는 일에서부터 시작한다.
② 자기 주위에 있는 일(가정, 이웃, 지역사회)부터 시작한다(예: 집안의 일, 고운말 쓰기, 가정에서 자기의 역할을 올바로 수행하기, 집 앞 쓸기, 불우이웃돕기 등).
③ 상대방의 필요에 따라서, 상대방의 입장에서 활동하되 상대방이 의타심을 갖지 않도록 한다. 그러기 위해서는 먼저 신뢰관계의 형성이 필요하다.
④ 활동은 세밀한 계획하에 서비스를 마칠 때까지 계속하되 무리하지 않아야 한다.
⑤ 매사에 약속을 지키며, 책임 있는 언동으로 신뢰받는 활동이 되어야 한다.
⑥ 활동에는 한계를 정한다. 즉, 일의 양, 시간, 목적, 사람의 수 등의 한계를 정하여 시작하며, 서로간에 이해가 있어야 한다.
⑦ 활동을 점검하고, 일의 경과를 기록하여 평가와 지도, 발전의 자료로 비치한다.
⑧ 자원봉사자는 계속하여 학습하고 자신을 성장시킨다.
⑨ 자원봉사활동은 겸손한 태도와 감사한 마음으로 기쁘게 시작하고, 상호간에 감사와 보람으로 마칠 수 있도록 노력한다.
⑩ 활동을 시작하기 전에 가족과 직장의 이해를 얻는다.
⑪ 자신의 올바른 활동은 모든 자원봉사자를 대표하는 것이라는 마

음으로 한다.
⑫ 가족과 이웃, 그리고 전 국민을 자원봉사화하는 것을 목표로 적극적 자세를 갖는다.
⑬ 활동중에 알게 되는 비밀을 보장한다.

그리고 자원봉사자들이 자원봉사활동 장소인 기관과 관련하여 지켜야 할 사항을 살펴보면 다음과 같다(조휘일, 1997: 225~226).

① 활동하는 기관에 정성과 신의를 다한다.
② 조정·관리자 및 기관의 안내와 결정에 따른다.
③ 직무안내 훈련에 적극 참여한다.
④ 매사에 약속을 지킨다.
⑤ 활동하는 기관의 업무에 관련된 비밀을 보장한다.
⑥ 상대방이 필요로 하는 활동을 한다.
⑦ 활동의 한계를 명확히 한다.
⑧ 신속하고 확실하게 업무를 수행한다.
⑨ 활동을 점검하고 기록한다.
⑩ 겸손한 태도로 상대방의 입장을 이해하며 지나친 자만심을 갖지 않는다.
⑪ 자원봉사활동자간에 서로 존중하고 이해하며 공감대를 형성한다.
⑫ 항상 웃는 얼굴로 공손한 언어를 사용하고 검소하며 단정한 복장을 한다.

다양한 자원봉사자의 역할과 자원봉사기관의 특색이 있겠지만 모든 자원봉사자에게 통용되는 자원봉사자의 기본자세 및 활동원칙으로 우리나라는 "자원봉사자 윤리강령"을 1990년 자원봉사자 전국지도자대회에서 다음과 같이 선포하였다.

첫째, 자원봉사자는 생명의 귀중함과 모든 사람은 평등하다는 것을 인정하며 차별을 두지 않고 상대방의 입장을 이해하는 겸허한 자세로 활동하여야 한다.

둘째, 자원봉사자는 사회를 구성하는 모든 영역과 분야에서 삶의 질 향상과 건강한 지역사회 조성 및 더불어 함께 살아가는 공존복지공동체 구현을 위해 활동하며 전통문화의 존중과 새로운 문화창출에도 이바지하여야 한다.

셋째, 자원봉사자는 올바른 가치관과 윤리관을 가지고 자신의 능력과 자질을 향상시키기 위한 노력을 하여야 하며, 스스로 참여하고 활동하는 일에 대하여 투철한 사명감을 가지고 책임과 의무를 이행하여야 한다.

넷째, 자원봉사자는 민주시민정신의 실천자로서 지역사회의 다양한 욕구에 부응하고 사회적으로 발생되는 제반 문제에 대하여 예방과 치료 및 지원, 협조, 대책을 강구하는 활동의 제공으로 특정한 보수나 대가를 대신한다.

다섯째, 자원봉사자는 활동대상의 권익과 사생활을 보호하고 활동과 관련된 인격존중과 기관의 규칙을 준수하여야 하며 활동중에 알게 된 비밀을 지켜야 한다.

여섯째, 자원봉사자는 자신의 참여와 활동을 통하여 봉사대상을 새롭게 보호, 변화, 발전하는 것이 곧 자신에게 보람과 긍지를 주고 삶의 의미를 인식케 하는 것이며, 또한 자신의 발전과 바람직한 인격을 갖게 하는 원동력이라는 확신을 가져야 한다.

일곱째, 자원봉사자는 지역사회공동체와 국가사회발전에 기여하고 나아가 세계평화와 인류애를 실천하는 봉사자가 되어야 한다.

2. 자원봉사자의 역할

자원봉사활동은 한 인간으로서 타인에게 또는 타인과 더불어 서비스하는 것이며, 자신의 잠재능력을 실현하기 위한 하나의 기회이다.

또한 인간의 가치와 존엄성에 대한 신념과 민주주의 철학과 지역사회의 유대감 형성을 통한 복지사회 실현에의 공동노력이다. 이러한 활동을 하는 자원봉사자의 역할을 보면 다음과 같다(김범수, 1982: 146).

미국 《사회사업백과사전》(*Encyclopedia of Social Work*)에 의하면 자원봉사자들의 역할을 다음과 같이 제시하고 있다(NAAW, 1977: 1582~1583).

① 치료적 또는 재활적 서비스를 요청하는 상황 또는 조건을 확인하는 역할
② 이와 같은 사회상황의 예방, 통제, 치료를 위하여 만들어진 기관의 방침을 창시하고 결정하는 역할
③ 지식, 기능, 관심을 기반으로 서비스를 제공하는 역할
④ 모금활동
⑤ 기관 및 조직을 위해 대변자로서 일하는 것, 즉 기관이 지향하는 문제 내지 이를 위한 프로그램을 해석해서 홍보하는 역할
⑥ 이들 프로그램에 대한 지역사회의 반응을 기관에 보고하고 평가하는 역할
⑦ 지역사회의 발전을 위한 계획활동에 협동하는 역할
⑧ 새로운 전달체계를 개발하는 역할
⑨ 빈민들 내지 시민권을 박탈당한 약자를 대변하는 역할
⑩ 현존의 사회복지체계를 변화시키려고 주장하거나 혹은 그 때문에 정치적으로 활동하는 역할

스미스는 자원봉사자들의 목표에 따라 수많은 하위분류를 가진 다음과 같은 다섯 가지 자원봉사 유형을 제시하고 있어 이러한 자원봉사활동의 유형에 따라 자원봉사자의 역할을 제시할 수 있음을 시사하고 있다(Stenzel & Feeney, 1976: 2~3; 류기형, 2001 재인용).

① 서비스 지향적 자원봉사(*Service-oriented voluntarism*)

② 이슈지향적 또는 원인지향적 자원봉사(*issue-oriented or cause-oriented voluntarism*)
③ 자기 성취적 · 자기 표현적 자원봉사(*consummatory/self-expressive voluntarism*)
④ 직업적 · 이익추구적 자원봉사(*occupational/self-interest voluntarism*)
⑤ 박애적 · 기금제공적 자원봉사(*philanthropic/funding voluntarism*)

이렇게 자원봉사자의 역할을 여러 행태로 설명하고 있으나 일반적으로 개인적 역할과 사회적 역할로 구분할 수 있으며, 그 주요 내용을 살펴볼 필요가 있다(주성수, 2006: 44).

1) 개인적 역할

(1) 대인서비스

도움을 필요로 하는 개인이나 집단과 직접 대면관계를 맺고, 물질로써 또는 대화, 상담, 심부름 등의 비물질서비스로써 도움을 준다.

(2) 행정 및 행사업무지원

사회복지시설이나 기관, 공공기관, 사회단체, 종교단체 등의 비영리 공익사업의 행정 일을 맡거나 행사업무를 지원하는 역할을 한다.

(3) 정책결정 및 자문역할

경영과 행정에 전문적 경험이 있는 사람이 민간단체에 가서 자문위원회, 운영위원회의 위원으로 참여해서 기관단체의 발전에 기여함으로써 간접적 자원봉사자 역할을 맡는다.

2) 사회적 역할

(1) 문제예방 · 치료자로서의 역할

빈곤, 주거, 환경 등 '심각한 사회문제'를 예방하고 치료하는 직접 활동과 민간공익단체를 돕는 간접활동에 참여한다. 노인, 장애인 등 소외층을 위한 사회복지서비스를 제공하는 단체의 활동에 자원봉사자들이 많이 참여한다.

(2) 권익대변 · 매개자로서의 역할

소외층, 불이익층, 소비자 등의 권익을 대변하는 문제제기, 사회고발, 문제해결을 위한 사회운동에 동참한다. 소외층을 위한 인권단체, 소비자단체, 환경단체 등 시민사회단체 활동에도 자원봉사자 활동이 급증하고 있다.

(3) 사회개혁 운동가로서의 역할

문제해결을 위한 사회구조의 개선, 제도의 도입에 노력하며 사회개혁을 꾀하는 역할을 맡는다. 시민사회단체들 중에서 경제개혁, 사회개혁, 정치개혁 등 정부의 정책변화와 개혁을 주된 시민운동으로 추진하는 경실련, 참여연대 등의 활동에도 자원봉사자들이 동참하고 있다.

제3장

자원봉사의 발달사

자원봉사활동의 역사적 기원에 대해 어느 하나로 정리하여 단언하기는 어렵다. 이는 사회적 존재로서 인간이 나타내는 생활양식 자체가 공동체성을 지향하고 있다는 점과 관련 있다. 이러한 점은 사회복지 일반의 역사에서 나타나는 점과 유사하다.

선진국에서는 오래전부터 자원봉사활동을 통한 시민들의 자발적 문제해결 또는 참여가 생활화·체득화되어 있으며 그러한 경험의 축적 위에서 국민복지를 위한 사회적·국가적 책임의 극대화를 도모하고 있다. 이에 비해 한국은 조직화된 자원봉사활동의 역사적 경험이 짧고 이제야 자원봉사활동의 육성단계에 들어선 상태이다.

국제연합(UN)은 2001년을 "세계 자원봉사의 해"(*International Year of Volunteer*)로 정하고, "밀레니엄의 대안(자본) 자원봉사"의 다섯 가지의 목표를 표방하였다.

국가와 지역사회를 위해 공헌하는 숨은 자원봉사자를 발굴하여 이들의 노고를 인정하고 자원봉사활동을 촉진하며 활성화시키는 것에 목표를 두는데, 이 다섯 가지 목표는 다음과 같다(권병옥, 2008: 22).

① 세계적으로 자원봉사활동의 중요성에 대한 인식확산
② 자원봉사활동 촉진
③ 자원봉사조직 및 관련기관 사이의 연계 및 협력관계 확대 조직화
④ 활동의 이미지 쇄신과 전문적이고 체계적인 발전을 위한 활동
⑤ 대대적 참여확대 분위기 조성

이 장에서는 자원봉사의 선구적 역할을 한 영국, 자원봉사의 꽃을 피운 미국, 동양권인 일본, 그리고 자원봉사를 발아시키는 한국의 발달사를 살펴보고자 한다.

1. 영국의 자원봉사

1) 영국 자원봉사의 발전과정

영국의 자원봉사활동은 오랜 전통을 갖고 있으며, 이 전통은 19세기 초 자선활동으로 이어졌다. 영국사회에서 자원봉사라는 용어가 처음 등장한 것은 1647년 스튜어트 왕조 시기로 알려지고 있다. 이 시기의 영국은 명예혁명 등으로 전국이 혼란과 불안으로 가득 차 있던 때였다. 그러한 상황 가운데 스스로 자신들의 마음을 지키고자 일어선 사람들이 있었는데, 이들을 자원봉사자라고 불렀다. 따라서 최초에 사용된 자원봉사자라는 의미는 마음을 지키기 위해 스스로 싸우는 자경단의 의미라고 할 수 있다(김범수 외, 2006: 40).

영국의 자원봉사활동은 민주주의 철학을 토대로 하고 있으며, 전통적 기독교의 자선활동에서 비롯되었다고 할 수 있다. 18세기 산업혁명으로 인구의 대도시 유입결과로 빈곤문제와 빈부격차 등 새로운 사회문제가 야기되었고, 이러한 사회문제를 해결하고자 다양한 자선활동이 이뤄졌으나 이들 활동은 산발적 활동에 그쳐, 이에 대한 대안

이 자선조직협회(Charity Organization Society)와 인보관운동(*Settlement House Movement*)이다. 자선조직협회는 비체계적으로 이뤄졌던 자선활동과 민간사회복지활동을 효율적으로 수행하기 위하여 우애방문원의 활동을 진행하였다.

우애방문원은 당시 다수 민간자선기관들의 서비스 중복과 재정낭비를 막기 위하여 민간자선기관과 단체들 간의 연락, 조정, 협력의 조직화와 구제의 적정화를 시도하였다. 자선조직협회의 활동원칙은 빈곤의 책임은 개인에게 있고, 공적 구제는 수혜자의 자존심을 파괴하며 수혜자로 하여금 구제에 의존하게 만든다는 토머스 칼머스(Thomas Chalmers)의 이론에 근거하였다. 자선조직협회는 빈곤가정을 등록케 하고, 빈민의 상황을 조사하기 위하여 개별 가정방문과 면접을 실시하였는데, 활동의 주안점은 자원봉사자인 우애방문원들을 활용하여 빈민들의 생활방식을 변화시킬 수 있도록 인격적 감화를 주는 데 있었다(장인협 외, 2001: 51~52).

한편 같은 시기인 1880년대에는 자선조직협회와 이념을 달리하는 인보관운동이 발달했다. 인보관운동은 민간기관에 의한 적극적 환경개선사업으로 도움을 필요로 하는 사람과 함께 산다는 사상인 인도주의적 관점에서 적극적으로 슬럼가에 파고 들어갔다. 인보관운동의 창시자는 런던의 바네트(Barnett) 목사였으며, 그의 지도 아래 옥스퍼드대학, 케임브리지대학의 자원봉사자들이 주축이 되어 대학에서 배운 지식, 교양을 가난한 사람들을 위해 아낌없이 제공함으로써 그들에게 진정한 자립을 촉구하고자 하였다.

인보관은 산업화로 생성된 빈부간의 거리를 연결하고, 상호간의 불신을 해소하며, 한 계층이 다른 계층을 무시하는 것을 줄이며, 자선을 행하는 것 이상의 무엇을 하고자 하는 목적으로 설립되었다(표갑수, 2002: 111 재인용).

이처럼 영국의 자원봉사활동은 자선조직협회의 우애방문원을 통해 등장하여 인보관운동을 통해 현대적 의미의 자원봉사라는 개념으로 일반인들에게 널리 확산되기 시작하였다. 이러한 자원봉사정신을 기초로 한 인보관운동은 주로 지식인들이 주축이 되어 사회복지의 새로운 활동으로 자리잡기 시작하였다.

1960년에는 자원봉사활동에 대한 국민의 이해와 사회의 역할이 더욱 강조되어 민간사회사업기관 및 단체를 보호하고 육성하기 위하여 '자선법'(*Charity Act*)과 시봄(Seebohm)위원회가 마련한 〈시봄보고서〉의 추천에 따라 1970년 지방 차원에서 자원봉사활동을 지원하기 위한 '지방정부 사회복지서비스법'(*Local Authority Social Service Act*)이 제정되었는데, 이 두 법이 영국의 자원봉사활동을 활성화하는 대표적 법이다. 특히 학생폭동·히피족 등 청소년 문제를 해결하기 위한 방편으로 청년자원봉사조직이 결성되면서 청소년자원봉사활동에 관심을 갖게 되었다.

영국의 자원봉사활동의 발달에 전환점을 마련한 것은 1968년의 〈아베스(Aves) 보고서〉의 발표였다. 이 보고서는 전문직원의 서비스 보완 및 사회서비스 제공의 통합을 위하여 자원봉사자가 필요하며, 이를 위하여 자원봉사자의 교육·훈련·원조에 관한 표준이 필요하다고 지적하였다. 그 결과 1970년대는 자원봉사활동의 전문화·관료화 현상이 일어나기 시작하였다(Sheard, 1995; 류기형 외, 2003; 최덕강, 2008 재인용).

1970년대에는 자원봉사에 대한 정부의 지원과 역할이 보다 확대되었는데, 1973년 설립된 '자원봉사센터'는 250개의 산하단체가 있으며, 대부분 정부의 지원을 받으면서 다양한 기능을 담당하게 되었다. 그러나 1970년대의 경제불황은 정부로 하여금 공공부문에서 사회복지 재정의 축소를 가져왔는데, 이러한 사회복지 재정의 축소는 자원봉사활동에도 변혁을 가져왔다. 특히 유급 자원봉사자의 지위가 불안정해짐에 따라 1975년 '드레인 지침'(*Drain Guideline*)을 통해 자원봉사활동의 한계선을 설정하는 한편, 유급 사회복지사와의 경계를 명확히 하였다(배기훈 외, 2008: 55).

그러나 기본적으로 1970년대까지는 복지에 대한 국가책임 원칙이 강하여 민간의 자원봉사활동은 국가의 공공복지활동에 대해 부차적 성격을 갖고 있었다.

1990년대 들어 자원봉사활동에 영향을 미친 사회적·정치적 요인으로는 지역사회 보호, 새로운 복지다원주의(*welfare pluralism*)를 둘러싼 정치적 합의, 계약문화와 활발한 시민정신에 이바지한 정부, 게다가 국가의 후퇴 등을 들 수 있다(Sheard, 1995: 116).

또한 1992년에 자선법이 개정되어 세금공제 등 자원봉사활동의 진흥을 위한 다양한 법안을 만들었으며, 정부의 재정적 보조에 힘입어 새로운 기관이 설립되었다. 특히 지방정부로부터의 보조금은 이제 막 시작하는 자원봉사조직들이 좀더 견고한 기반 위에 설립되도록 여건을 마련해 주었다(Billis, 1992: 5~7).

영국에서 기업이 자원봉사활동에 참여하게 된 것은 1990년 상공부장관이 고용자 자원봉사활동을 추진하면서부터이다. 고용자들은 지역을 중심으로 자원봉사활동에 참여하도록 하는 실천모델, 지침의 정비 등 자원봉사활동의 활성화를 위해 기여하고 있으며 450개소의 기업들이 참여하고 있다(Home office and the Central Office of Information, 1992: 27~28; 류기형 외, 2001: 61 재인용).

블레어 수상 집권 후 노동당 정부는 청년실업자의 지역사회봉사를 유도하기 위해서 미국식 전국시민자원봉사단을 적극 추천하였으며, 1997년에는 청년층을 중심으로 한 '밀레니엄 봉사단'(Millenium Volunteers)을 창설, 21세기 국가발전 전략으로 제안했다.

오늘날 영국의 자원봉사활동은 정부 차원의 사회복지서비스가 개인이나 민간단체로 이양되면서 자원봉사 영역이 그 어느 때보다도 다양해지고 폭넓은 영역에 걸쳐 발달하고 있다(최덕경, 2006: 101). 기업과 개인, 민간단체들의 참여가 증가되고 있고 사회복지서비스 부분에 대한 자원봉사영역이 확대되고 있다. 뿐만 아니라 빈곤문제 접근에서 지역사회보호, 복지다원주의에 이르기까지 사회의 변화와 함께 다양한 형태의 활동이 활발하게 전개되고 있다.

2) 영국의 자원봉사 현황 및 지원체계

(1) 영국의 자원봉사 현황

영국은 복지에 대한 국가책임이 강하여 자원봉사활동 조직화를 위한 활동은 미국에 비하여 미약한 편이다.

1997년도 National Survey of Volunteering에 따르면 영국국민의 48%(약 2천2백만 명)가 전년도에 한 번쯤은 공식조직을 통한 자원봉사 경험을 하였으며(남녀 참여율은 비슷함), 이에 비공식 자원봉사까지 합치면 74%에 달한다.

청소년 참여율이 1991년 55%에서 1997년 43%에 불과하나 비공식 지역사회 활동 참여율은 더 늘어났을 것으로 추산되고, 특히 노인 자원봉사 참여율이 1991년 조사 때보다 크게 신장된 것으로 나타났다(Govaart, 2001). 가장 많이 한 활동은 모금(66%)이고, 이어 이벤트 조직(55%), 위원회 참가(36%) 등의 순서이고 분야는 스포츠(26%), 아동교육(23%), 종교(23%) 등의 순으로 참여도가 높았고 정치(4%), 환경(5%)은 순위가 낮게 나타났다. 영국도 미국과 같이 국가가 지정하는 자원봉사 인증기관제도는 없으나 민간 각 단체, 혹은 민간 전국기구들이 자율적으로 다양하게 실시하고 있다. 대학, 직장 등도 역시 자원봉사자들의 봉사활동 경력을 신입생모집, 직원채용시 자율적으로 반영하고 있다. 그러나 일부 청소년사업에 한해 국가가 인증제도를 마련해 놓고 있으며, 1998년 사회협약 이후 도입한 Millenium Volunteers 프로그램에 등록하고 봉사한 청소년들의 경우

100시간 이상 자원봉사를 했을 경우 '격려증서'(*Certificate of Recognition*)를 주고 2백 시간 이상 봉사활동을 했을 경우 '우수상'(*Award of Excellence*)을 주어 국가가 인증해주고 있다(김동배, 2006; Smith, 1998을 김범수 외, 2006: 44 재인용).

(2) 영국의 자원봉사 지원체계

영국의 주요 자원봉사 지원체계를 보면 다음과 같다(김범수 외, 2006; 남기철, 2007).

① 영국 자원봉사센터 (Volunteer Center UK)

영국의 대표적 자원봉사조직으로 정부의 재정지원을 80% 가량 받고 있으며 전국에 250개의 산하단체가 있다. 1973년 설립된 후 영국 내의 자원봉사활동을 전국적 차원에서 지원하고 있다. 대정부 로비활동, 학술연구, 활동개발, 전문서적 발간, 자조집단 육성, 홍보간행물 발간 등과 서비스 통합기능을 수행하고 있다.

② 황태자 기업지도자 포럼 (Princes of Wales Leaders Business Forum)

영국 기업의 사회봉사는 찰스 황태자의 지도력에 의해 영국사회뿐만 아니라 전 세계적으로도 활발하게 진행되고 있다. 찰스 황태자는 기업의 활발한 사회참여를 촉진하고 기업정신을 진작시키기 위하여 1990년 미국의 찰스톤(Charleston)에서 기업지도자 포럼을 창설하였다. 여기에는 미국의 코카콜라, 3M, 독일의 BMW, 영국의 석유회사 등을 포함, 세계적으로 약 330여 개에 달하는 그룹들이 참여하고 있으며, 연간수입은 천8백만 파운드에 달한다.

포럼은 국제적 네트워크를 통해 중앙유럽, 아시아, 아프리카, 중동, 라틴아메리카 등지에서 지역사회를 원조하는 다양한 활동을 전개했으며, 5년간 5천여 개가 넘는 각국 기업들이 개발의 파트너로서 지역사회에 참여하는 한편 지역사회를 돕는 프로그램을 지원하고 있다.

③ **전국 자원봉사단체협의회** (*National Council for Voluntary Organizations*: **NCVO**)

1924년에 창설된 영국 최대의 자원봉사단체협의회로, 영국자원봉사센터연합회가 자원봉사센터들간의 협의체인 반면, 이 조직은 전국 자원봉사센터들을 포함한 전국 혹은 지방단위의 자원봉사단체협의회와 각 분야별 자원봉사단체들을 망라하는 조직이며, 전국의 천 개가 넘는 단체들이 회원으로 가입되어 있다.

NCVO는 영국의 국가적 현안에 대한 정책연구와 건의, 세미나 개최, 통합유럽의 자원봉사 활성화 등과 같은 국제적 현안에 깊이 개입해서 활동하는데, 정부기금을 지원받기 때문에 정부의 주요 정책자문에 응하고 정부의 정책결정에 결정적 역할을 수행하기도 한다. 정책연구를 포함한 각종 간행물 발간, 자원봉사 관리자의 교육훈련 담당, 자원봉사단체 회원들의 컨설팅 등을 주요 사업으로 삼고 있다(주성수, 2000a).

④ **영국자원봉사센터연합회** (*National Association of Volunteer Bureau*: **NAVB**)

영국에서 가장 규모가 큰 전국조직이다. 전국 4백여 곳의 자원봉사센터(*Voluntary Bureau*)의 지부를 회원조직으로 두고 있다. 이 조직의 특성은 "지역 자원봉사센터들이 전국 본부가 아니라 자치적 지역 자원봉사센터들이 참여하는 민주적 회원제 네트워크"임을 강조하는 데 있다(NAVB, 1997). 전국 자원봉사센터 대표들이 총회를 구성하여 직접투표를 통해 중요 의사결정을 하며, 이사회의 이사진도 총회에서 선출한다.

1997년 4월, 332개 센터와 85개 지부가 회원으로 등록되어 있으며, 이 중 161개 자원봉사센터는 순수한 독립센터들이고, 나머지 171개 센터들은 프로젝트 중심으로 회원조직이 되었지만 이들 가운데 144개는 또 다른 전국 자원봉사협의체인 "Councils for Voluntary Service"의 회원센터들이다. 전국의 센터들 가운데 35%가 도심 및 도시주변에 위치해 있고, 40%는 도농복합지역에, 그리고 나머지 25%는 농촌지역에 있는 센터들이다. 이 센터들 재정의 80% 가량은 정부가 보조하고 나머지 20%는 기업의 협찬, 수익사업, 총회 등의 수수료 수입 등으로 충당된다.

⑤ 새천년 자원봉사단(Millenium Volunteers)

새천년 자원봉사단은 영국에서 전국적 규모로 시작된 가장 큰 청년 자원봉사 프로그램의 하나이다. 16세에서 24세의 청년들이 지역사회에 이바지하는 자원봉사활동에 참여하도록 영국정부가 장려하고 인정하기 위해 시작되었다. 이는 청년 자원봉사자 수와 자원봉사 활동 기회를 늘리려는 목적이었다. 1998년 6월부터 9개의 시범사업을 거쳐 프로그램이 진행되었다. 자원봉사자들 스스로 봉사활동계획을 세우거나 지역단체에서 제공하는 활동업무를 택하기도 한다. 이 프로그램에서는 100시간 이상 자원봉사활동을 수행하면 인증서를 제공하고, 2백 시간 이상 활동하면 표창하는 두 단계의 평가를 통해 참여자들을 격려하고 있다.

2. 미국의 자원봉사

1) 미국의 자원봉사 발전과정

미국은 전 세계적으로 자원봉사가 가장 활성화된 국가로 미국의 자원봉사활동은 17세기 초 유럽으로부터 온 이민자들의 정착과 생존을 위해서 이웃의 도움을 서로가 절실히 필요하게 됨에 따라 자발적으로 시작되었으며, 이러한 활동은 독립전쟁시대의 시대적 상황과 독립 이후 이민자들의 증가에 따라 더욱 확대되었다.

미국의 자원봉사활동과정에서 빼놓을 수 없는 활동 중의 하나는 1861~1865년까지 남북전쟁시기에 남성들은 지원병으로, 여성들은 물자보급 등의 자원봉사활동을 했다는 점이다. 이처럼 미국의 자원봉사활동의 출발은 생존권 확보를 위한 민간주도의 자발적 참여로 시작되었다.

미국에서 인간애와 생활공동체의식에 입각한 자원봉사활동이 태동하기 시작한 것은 보건·의료를 포함하여 광범위한 사회복지가 출범을 보인 1600년에서부터 1700년대이다(김영호 외, 1996: 151). 윈스롭(Winthrop)은 1630년 뉴잉글랜드로 항해하는 동안에 지역공동체 지원의 필요성에 대해 청교도들에게 훈계하기도 하였다. 또한 1657년에 병자를 돕고 빈민을 구제해 주는 최초의 우호방문협회인 스콧자선협회(Scot's Charitable)가 보스턴에 설립된 이후 각각의 자선협회가 설립되기 시작했으며, 그 외에도 고아원, 병원 등이 생겨나기 시작했다(한국복지연구회, 1988: 89).

제1·2차 세계대전 후 사회적 혼란기에 사회적 공백을 메우기 위한 다양한 민간단체의 활발한 활동 및 이들 단체를 조직화하는 민간기관들이 1820년을 기점으로 설립되었다. 그리하여 1840년대에 뉴욕에만 30개 이상의 민간단체가 설립되었으며, 이들 단체간의 연락조정을 위해 1843년에 뉴욕에 빈민생활상태개선협회(AICP)가 조직되었다(한국복지연구회, 1988: 93). 또한 1851년 YWCA가 설립되었고, 1853년에는 브레이스(Brace)에 의해 아동구호협회(Children's Aid Society)가 설립되었으며, 시민전쟁 발발 이후에는 자원봉사활동이 폭발적으로 증가했다. 1877년에는 버팔로에 최초의 자선조직협회가 설립되었고 이후 미 전역에 퍼지기 시작했는데, 1890년대에는 100여 도시에 자선조직협회가 생겼다. 자선조직협회는 열등처우의 원칙을 근간으로 하는 영국의 개정빈민법의 영향을 받아 무차별적 자선은 노동자의 나태, 사치, 낭비를 조장한다고 생각하고 자선의 조정 및 조직화를 도모하고자 한 것으로, 보스턴, 뉴욕, 볼티모어 등 대도시에 4천 명의 우애방문원을 두며 성황을 이뤘나(박병현, 1994: 113~114).

미국은 서구국가 중 개인주의와 자유주의 사조가 강한 사회이기 때문에 유럽국가들에 비해서 공공복지의 비중이 작은 편이었다. 이는 상대적으로 민간자원봉사조직이 보다 다양한 형태로 육성될 수 있는 조건이 되었다.

전쟁 후 인구의 도시집중, 슬럼지역의 형성, 실업문제 등 새로운 사회문제가 등장하여 도시 슬럼지역을 중심으로 하는 인보사업이 발전하였다. 20세기 초에 인보관운동과 더불어 보이스카우트, 걸스카우트, YMCA, 미국 적십자사 같은 국가 및 국제봉사기관들의 활약이 활발했다.

미국 자원봉사활동의 제도화는 1920년 미니애폴리스에 자원봉사자의 모집·훈련·배치를 전담하는 '자원봉사센터'(Bureau of Volunteer Service), 1926년에 보스턴에 적십자사의 지원으로 '자원봉사센터'가 설립되고, 그후 세인트루이스와 필라델피아에도 자원봉사센터가 계속해서 설립된 때부터이다(김범수 외, 2005: 46).

1960년 케네디 대통령은 평화봉사단을 창설하여 미국의 청년들을 저개발국에 파견하였고, 1963년에는 존슨 대통령이 VISTA(*Volunteers in Service to America*)를 조직하여 미국 내의 빈부격차를 좁히려는 봉사활동을 전개했다. VISTA는 1950년대의 고도 지속성장의 부산물로서 나타난 빈부격차문제를 해결하기 위해 이에 관심이 있는 시민을 동원하고 훈련하여 그들의 정력과 잠재력을 빈민을 돕는 사업에 연결시키고 지원하기 위한 인력관리기구이다. 종래 무급의 단기근무 봉사자와 1년간 최소한의 생활비를 지급받으면서 해당지역에 주재하여 봉사하는 전일제 정규 자원봉사자를 병행하여 활용하였다.

1969년에는 전국자원봉사활동프로그램법이 제정되어 1970년도부터 정부지원을 받는 자원봉사센터가 설립되었고, 닉슨 행정부는 그동안 3개 부처로 나누어 운영되던 연방프로그램 7개(VISTA, Peace Corps, Foster Grandparent Program, Retired Senior Volunteer Program, Service Corps of Retired Executive, Active Corps of Executive, National Student Volunteer Program)를 하나의 독립기구가 통합하여 관장토록 하고, 민간자원봉사 프로그램을 지원하기 위해서 '정부 내의 독립기관'인 ACTION청을 창설했다(ACTION, 1978: 13).

처음으로 자원봉사를 지원하는 법이 제정된 시기는 닉슨 정부 때로, ACTION청의 창설과 더불어 자원봉사활동을 더욱 법적으로 보장할 '국내자원봉사활동법'(*Domestic Volunteer Service Act*)이 만들어졌다. 이 법은 특별법으로서 자원봉사자에 대한 연방정부의 각종 지원활동을 규정하고, 정부의 직접적 공공자원봉사단 운영에 관한 내용을 담고 있었다.

1979년에는 전국자원봉사활동정보센터(The National Information Center on Volunteerism)와 전국자원봉사센터(National Center of Voluntary Action)가 통합되어 전국시민참여센터(The National Center for Citizen Involvement)인 VOLUNTEER가 만들어졌다.

VOLUNTEER는 현대적 의미의 자원봉사센터의 개념을 확립하는데 크게 기여하였다. 특히 촛불재단과 통합하기 이전까지 50여 개의 자원봉사센터와 자원봉사자활동센터(Volunteer Action Center)를 기초로 하여 4백 개나 되는 자원봉사센터를 네트워크화하였다(류기형 외, 2001: 69).

1980년대는 미국의 대학 등 각종 교육기관에서 봉사학습의 원리하에 교육과 자원봉사활동을 연결하는 프로그램이 활성화되었다. 또한 기업의 사회공헌과 관련된 자원봉사활동도 활성화되기 시작하였다.

공공기관 관리자들이 효율성, 효과성을 향상시키고자 할 때 레이건 대통령이 민간부문의 주도권을 강조하여 자원봉사활동이 더욱 부각되었다. 이에 지방 차원에서는 지역자원봉사센터를 조직·설치하고, 중앙에 이들 센터를 기술적으로 원조하는 정부지원의 민간자원봉사전문기관인 촛불재단(Point of Light Foundation)을 설치하였다. 미국에는 지역단위로 450여 개의 자원봉사센터와 4천 개의 지부가 있다(Point of Light Foundation, 1991: 3).

1990년대에 들어서는 '전국지역사회봉사법'(*National and Community Service Act*)이 제정되어 자원봉사 활성화를 위한 법적 지위가 강화되었고(이번송 외, 1996: 181), 1993년에는 클린턴 행정부가 '전국자원봉사트러스트법'(*National Service Trust Act*)을 새로이 제정하여 자원봉사활동을 위한 별도의 전담기구 설치 및 예산지원이 행해졌다. 이후 2001년 9·11 테러사태 이후에는 부시행정부에 의하여 새롭게 확대되어 조직된 국가봉사단(USA Freedom Corps)이 출범하였다.

이와 같이 자원봉사사업에 대한 미국정부의 지원은 정권의 정치적 배경과는 관계없이 일관되게 계속되고 있다. 또한 자원봉사활동은 민간분야뿐 아니라 공공분야에까지도 정부의 지원을 받아 중요한 부분을 담당하게 되면서 협력관계가 더욱 강조·강화되고 있다. 이러한 협력관계가 점차적으로 보편화될수록 자원봉사 분야에 대한 체계적이고 과학적인 관리의 중요성이 더욱 커지고 있다(류기형 외, 2001: 70).

2) 미국의 자원봉사 현황 및 지원체계

(1) 미국의 자원봉사 현황

미국은 자원봉사활동이 시민정신으로 실천되고 있다. 현대사회가 점차 복잡하고 다양해지면서 발생하는 사회문제와 이를 해결하기 위한 대안으로서의 정부, 기업, 제 3섹터 등 각계간의 공조와 파트너십 정신이 강력하게 요구되는 상황에서 1970년대부터 사회개혁운동을 추진했다. 그 가운데 시민의 자원봉사운동이 사회문제의 해결과 공동체의 재건을 위한 각계의 공조와 파트너십의 새로운 패러다임으로 제시되는 것이다. 미국은 현재 전 국민의 50%가 자원봉사활동에 참여한 것으로 나타나 연간 자원봉사를 시간의 가치로 환산한 금액이 전국적으로 2천 660억 달러에 달한다고 발표한 바 있다.

1992년 18세 이상 미국인의 자원봉사 참여율은 54%로 주당 4.3시간 이상씩 봉사하였다(성민선, 1997).

미국의 자원봉사 참여현황을 보면 2005년 6만 가구를 대상으로 미 사상 최대규모로 실시한 U.S. Census자료를 연방기구인 CNCS (*Corporation for National and Community Service*)가 전국 및 지역별 순위까지 분석하여 그해 8월 결과를 발표하였는데, 이 분석에 따르면 2005년 중 미국 성인의 28.8%인 6천 540여만 명이 연평균 50시간을 자원봉사한 것으로 집계되었는데, 이 참가자 수는 2002년도보다 560만 명이 늘어난 것이었다. 연도별 자원봉사 참가자 수는 2002년 27.4%, 2003년과 2004년 각각 28.8%로 증가추세를 나타냈으며 2005년도의 미국 자원봉사 참여를 시간으로 계산하면 총 82억 시간으로 금액으로는 1,476억 달러에 이르는 것으로 나타났다. 인구집단 및 분야별 자원봉사 참여율(2005년)을 살펴보면 성인여성들의 참여율은 남성들보다 높은 것으로 나타났으며 특히 '일하는 여성'(*working women*)들의 참여율은 36.1%로 '일하지 않는 여성'(*non-working women*)

참여율 27.2%보다 크게 높았다. 또한 '어린 자녀를 둔 여성들'(39.9%)이 '자녀가 없는 여성들'(29%)보다 훨씬 자원봉사를 많이 하는 것으로 집계되었으며, 이는 전업주부들이 더 많은 자원봉사를 할 것이라는 사회통념을 깨는 중요한 통계이기도 하다. 2005년도 미국 직장인 수는 1억 640만 명으로 이 중 26.5%가 자원봉사에 참여하고 있으며, 이는 전국평균 28.8%보다 다소 낮은 비율이다(류기형 외, 2006).

청소년의 경우 12~28세의 55%(성인의 2배)인 1천 550만 명이 참가하였고 그 중 39%가 최소 연 12주 봉사활동을 정기적으로 펼쳤으며, 청소년 봉사를 시간으로 환산하면 연간 13억 시간 이상으로 추산된다. 가장 많은 자원봉사활동 분야는 종교기관을 통한 활동으로 34.8%, 청소년 교육/서비스(26.2%), 사회/지역사회 서비스(13.4%), 병원 및 의료활동(7.7%) 등의 순서로 나타났다(주성수, 2005). 미국의 자원봉사계는 철저한 민간주도이다. 따라서 각 기관, 단체들이 자율성에 따라 인정·보상활동을 실시하고 있으며(예: YMCA 인증서, Boy Scout 인증서 등) 정부, 학교 등도 자원봉사기관, 단체의 인정, 보상내용을 자율적·선별적으로 받아들이고 있다(예: 하버드대 입학생 면접시). 자원봉사관리협회(The Association for Volunteer Administration)와 촛불재단 등 일부 자원봉사 전국기구들이 매년 우수 자원봉사기관, 단체, 센터, 자원봉사가족, 개인 등을 대상으로 시상하는 등 자원봉사 민간 전국기구들의 인정, 포상이 있는 반면, 정부의 인증은 단지 국가봉사 프로그램에 한한다.

Peace Corps, VISTA, RSVP 등 국가봉사단 참가자들에게는 정부 차원의 수료증, 인증서가 발급되고 장학금 등 보상체계가 마련된다. 그러나 이 인증보상은 그 정도로 한정되고, 더 이상의 제도화된 사회적 혜택은 없다. 즉, 대학진학 혹은 공무원 임용시 가산점 혜택 등은 없으며, 이것은 최대한 민간의 다양성, 자율성을 유지하기 위함이기도 하다(주성수, 2005).

한편 미국은 자원봉사활동비용을 연말정산에서 다음과 같이 공제하여 자원봉사활동을 유도하고 있다(*USA TODAY*, 2002년 2월 5일; 김동배, 2006: 138 재인용).

미국 국세청(IRS)은 국내 자원봉사활동을 촉진하기 위해 여러 가지 세제혜택을 부여하고 있다. 다음과 같은 활동에 소요된 경비는 연말정산에서 공제해 준다. 단, 연간총액이 싱글은 4,550달러, 부부는 7천6백 달러 이상인 경우에 한한다.

- 자동차 연료비, 고속도로 통행료, 주차료: 집에서 자원봉사활동처까지의 왕복 자동차 연료비, 자원봉사활동에 소요된 고속도로 통행료 및 주차료.
- 기타 교통비: 자원봉사활동을 위해 소요된 버스, 기차, 비행기 값.
- 숙식비: 자원봉사활동을 위해 타 지역에 출타한 경우, 저렴한 숙박시설의 숙식비 및 정상적 식대.
- 대회참가비: 자원봉사단체의 대표로 선정되어 자선 혹은 종교목적의 대회에 참가한 경우 참가등록비.
- 유니폼: 자원봉사단체에서 요구한 유니폼을 구입할 경우 그 대금.

(2) 미국의 자원봉사 지원체계

미국은 공공과 민간의 자원봉사 지원체계가 가장 활성화되어 있는 나라이다. 앞서 발전과정에서 살펴보았듯이 1930년대 초기에는 시민자원보존단(Civilization Conservation Corps), 1960년대에는 평화봉사단(Peace Corps)과 VISTA, 1970년대의 ACTION, 1990년대 이후의 촛불재단과 미국봉사단(Corporation for National Service-AmeriCorps) 등을 대표적 자원봉사조직으로 들 수 있다(김범수 외, 2004; 류기형 외, 1999; 배기효, 2008; 최덕경, 2008; 최일섭 외, 1996; 김동배, 2006; 남기철, 2007; 박태영, 2008).

① 시민자원보존단 (CCC)

1933년 3월 뉴딜정책의 일환으로 제정된 최초의 사회입법으로 루즈벨트 대통령에 의해 창설됐다. 18~25세 사이의 청년들이 캠프에서 생활하며 나무심기, 삼림개발, 도로보수, 하천공사 등의 일을 할 때 급료를 지급하는 국가재건 프로그램이다.

② 평화봉사단 (Peace Corps)

1961년 케네디 대통령이 국제평화에 이바지하고 저개발국의 교육, 의료, 기술개발 등의 분야에서 활동할 수 있는 기회를 미국 청년들에게 제공하고자 창설한 프로그램이다. 주로 해외활동을 하였으며 저개발국가의 문맹퇴치운동, 빈곤추방 등의 활동을 전개하였다. 직접적 접촉을 통한 대인관계에 기반하는 것을 원칙으로 하였다. 대부분이 전임제 자원봉사자로 활동하였고 이들에 대한 훈련도 보통 해당 해외국가에서 이뤄졌다. 1969년 1만 명의 자원봉사자들이 60개국에서 활동을 시작한 후 1975년 중반까지 5천6백만 명의 자원봉사자들이 69개국에서 활동하였다.

③ VISTA

1964년 존슨 대통령은 국내 평화봉사단 'VISTA'를 조직하였다. 이 조직은 1950년대의 경제성장으로 발생한 미국 내의 빈부격차를 해소하기 위한 목적으로 창설되었다. VISTA에서는 이러한 빈곤문제에 관심 있는 시민들을 동원하여 교육시킨 후 지방정부, 지역사회 서비스단체, 농촌조직, 교회 등 교육기관에서 주로 활동하였다. 또한 자원봉사자가 지역사회 자원을 동원하고 활용할 수 있도록 교육하여 지역사회를 도우며, 지역사회가 보다 더 독립적이 될 수 있도록 하고 있다.

④ ACTION

1971년 닉슨 대통령이 1960년대의 평화봉사단과 VISTA를 병합하여 50개 주정부에 각각 지부를 두고 프로그램별로 각 부처에서 관리해오던 자원봉사자의 모집과 훈련·배치 등 운영을 통합하였다. ACTION의 사업내용은 5천여 명의 자원복지활동원을 대상으로 하는 프로그램 개발과 실행을 위한 전국지원센터를 운영하였다. 뿐만 아니라 지방의 지역사회 조직이 발전할 수 있도록 지원하고 문제해결을 위한 상담을 하는 것이었다.

⑤ VOLUNTEER

1979년 전국자원봉사활동정보센터(National Information Center on Volunteerism)와 전국자원봉사센터(NCVA)가 통합되어 전국시민참여센터(National Center for Citizen Involvement)인 VOLUNTEER를 창립하였다. 평화봉사단, VISTA, ACTION 등이 공공봉사단의 형태라면 이는 민간봉사조직체 연합으로서의 성격을 가진다.

VOLUNTEER는 촛불재단과 통합하기 이전까지 50여 개의 자원봉사센터와 자원봉사자활동센터(Volunteer Action Center)를 기초로 하여 4백 개에 이르는 자원봉사센터를 네트워크화하였다.

⑥ 학생자원봉사조직(*National Student Volunteer Program*: **NSVP**)

NSVP의 활동규모는 작지만 정부의 예산지원을 받는 프로그램이다. 학생자원봉사 프로그램 구성원들은 전국 대학생과 고등학생들이 주축이 되어 노인, 청소년문제, 소비자운동, 주택개선 등의 활동에 참여하며, 지역사회 소외지역에서 봉사하는 지방대학·고등학교 자원봉사자프로그램의 질을 향상시키고 성장을 촉진하기 위해 기술적 지원을 하고 출판 등의 활동을 하고 있다. 1976년에 이 프로그램에 약 50만 명의 대학생과 6만여 명의 고등학생들이 참여하였다.

⑦ 촛불재단(POLF)

촛불재단은 전국 및 지역사회봉사법이 제정된 이후에 1990년 부시 대통령의 선거공약으로 설립되었으며, 당시 자원봉사 전국협의회인 VOLUNTEER와 통합하여 자원봉사활동의 중요성을 전파하고 자원봉사자를 확산시키는 업무를 담당하였다. 촛불재단은 56개 기업자원봉사협의회(Corporate Volunteer Council)와 천 2백여 명의 회원을 가진 전국자원봉사센터(National Volunteer Center)를 합병해서 조직되었기 때문에 창립 초부터 탄탄한 지역구성체를 가진 전국적 기구이며 국회로부터 독립적 예산편성을 받는 민간기구이다.

이 기관이 개발한 프로그램 중 널리 알려진 것은 '학습 및 봉사단'(*Learn and Service America*) 프로그램으로 현재 유치원생, 초등학생, 중고생을 위한 학교중심 프로그램, 지역사회중심 프로그램, 대학생을 위한 고등교육 프로그램 등으로 구분해 운영하고 있다. 중고생들의 봉사활동은 방과후, 주말, 휴일, 방학기간에 이뤄지는데, 교육청과 학교는 많은 기관과 단체를 사회봉사기관으로 지정하고 학생들로 하여금 각 기관에서 마련한 활동내용, 시간, 장소를 선별해서 활동하도록 권장하고 있다.

활동영역과 대상은 매우 다양한데, 육아시설, 노인시설, 공공시설, 사회단체, 하급학교 등에서 대인서비스, 업무보조, 캠페인 참여 등이 주된 내용이며, 매 학기 1학점을 이수받으며 실습결과는 보고서로 제출하고 있다.

⑧ 미국전국봉사단(*Corporation for National Service Ameri Corps*: CNS)

1990년 전국 및 지역사회봉사법이 제정된 이후 클린턴 정부가 백악관의 National Service와 1971년 창설된 ACTION을 통합하여 창설한 것이다. 1993년 미국봉사단(AmeriCorps)이 결성되었다. 국내평화봉사단인 AmeriCorps는 미국의 도시와 농촌지역에서 활동을 활성화하기 위한 새로운 전국적 서비스운동이다.

미국전국봉사단(CNS)은 현재 대표적 미국정부 내의 자원봉사활동 전담기구라고 할 수 있다. 350개 이상의 조직과 AmeriCorps · VISTA[1]와 AmeriCorps · NCCC[2]라는 2개의 전국적 프로그램을 포함하여 모든 주에서 활동중인 프로그램 연결망이다. 약 2만 명의 회원이 교육 · 환경 · 사회복지 · 지역개발 · 공공안전 등 여러 분야에서 자원봉사활동을 하고 있다.

미국은 특히 9 · 11테러 사태 이후 부시 대통령이 이를 개편하여 국가봉사단(New Freedom Corps)로 전면 확대하여 출범시켰으며, 주요 프로그램으로는 미국봉사단(AmeriCorps), 학습봉사(Learn and Service America), 전국노인봉사단(National Senior Service Corps) 등이 있다.

결국 미국의 자원봉사가 생활화되었다는 것은 국민의 봉사의식이 높고, 그 실천이 생활화되어 있어 이에 대한 사회적 보상체계가 잘 갖춰졌다는 것이다. 어려서부터 봉사정신 함양과 실천을 위한 교육이 가정, 교회, 학교, 사회에서 이뤄지고 있다. 또한 봉사자들의 발굴, 봉사활동에 대한 기술적 교육, 훈련, 봉사자 관리, 보상체계가 고도로 조직화되어 운영되고 있다.

---

1) AmeriCorps · VISTA: 18세 이상의 성인과 노인들이 전임제로 장기간 활동하는 프로그램.

2) AmeriCorps · NCCC: 10개월 이상 봉사할 수 있는 18~24세의 젊은이들이 훈련받고 활동하는 프로그램.

3. 일본의 자원봉사

1) 일본의 자원봉사 발전과정

일본의 자원봉사활동의 기원을 살펴보면, 그 활동이 1890년경부터 도입되었다고 하지만 일반적으로 보급된 것은 '사회식민사업', '대학식민사업'이라고 불리던 자원봉사활동이 '인보사업'으로 표현되기 시작한 1920년경부터라고 할 수 있다.

제 2차 세계대전 이후 일본사회에서 싹트기 시작한 자원봉사는 패전 후의 혼란수습에 대하여 국가적 공권력에 의존할 수밖에 없는 배경에서 자발적 지역활동이 시작되면서부터이다(이강현, 1994). 1940년대에는 패전 후 혼란한 사회를 배경으로 부상자의 원호, 부랑자의 보호를 위한 자생적 단체가 민간 차원에서 생겨나기 시작했고, 1948년 '민생위원법'이 제정되어 정부가 위촉하는 관립자원봉사자인 민생위원제도가 시행되었으며, '오사카 사회사업 볼런티어협회', '적십자봉사단', '동경 소년보호 사회청년부' 등의 단체가 발족되었다. 또한 1947년에는 '공동모금', 'BBS운동'이 시작되었고, 그후 Workcamp 활동, 학생인보관운동이 시작되었다. 이러한 인보관활동 중 대표적인 것으로는 태풍의 피해가 계기가 되어 동경대학을 중심으로 한 인보운동이 재개됨으로써 1955년에는 '전국 세틀먼트연합회'가 결성되기도 했다(이청자 외, 1993).

1951년에 사회복지에의 시민참가조직으로서 사회복지협의회가 전국 및 도도부현(道都府縣)에 창설되어 자원봉사활동의 적극적 추진을 위한 토대가 마련되었다. 일본에서 최초로 자원봉사라는 말이 사용된 것은 1952년에 에히메현〔愛媛縣〕에서의 청년사회사업가자원봉사조직(Volunteer Youth Social Worker)에 의해서였지만, 일반인들에게 알려지게 된 것은 그후 고도성장기에 접어들어 어느 정도 경제적 여유와 생활의 안정을 찾으면서부터이다(최덕경 외, 2008: 136).

1962년에는 사회복지협의회가 일본의 현 자원봉사센터라 할 수 있는 '선의은행'(Good Will Bank)을 설치하여 자원봉사단체를 설치하는데 기여하기도 하였다.

1968년은 자원봉사활동이 일대 전환기를 맞이하는 시점으로 전국사회복지협의회에서 '자원봉사자 육성 기본요강'이 책정되었으며, '전국 선의은행 연락협의회'가 발족되었다. 이것은 종전까지 자의적으로 행해지던 자원봉사활동에 대해 전국 차원의 통일된 규정과 기준을 제시한 것으로, 자원봉사활동의 건설적 발전방향을 모색함은 물론 그 수준까지 한층 향상시키는 계기를 제공했다고 할 수 있다(김동배, 2006: 140).

1975년 '사회복지사업법'에 의해 전국사회복지협의회 내에 '중앙볼런티어센터'가 설치되어 복지교육의 필요성을 강조함에 따라 자원봉사자의 양적 확대에서 질적 확대의 전환기를 맞이하게 되었다. 1977년부터는 '자원봉사보험제도'를 실시하였으며, 1978년에는 학생의 자원봉사활동 보급을 위해 '복지협력교사업'을 실시했다. 이로 인해 학교교육 현장에서 자원봉사활동이 확산되기 시작하였다.

1990년대에는 많은 기업들의 사회공헌활동이 활성화되었는데, 이들 기업들의 사회공헌활동은 주로 기부, 직원의 자원봉사활동지원, 독자적 프로그램 실시의 세 가지 방법으로 이뤄지고 있다.

후생성은 1993년 '국민의 사회복지관련 활동참여 조치에 관한 기본지침'을 작성하고 이를 기초로 자원봉사활동의 진흥을 추진하고 있다.

한편 1995년 고베의 아와지 대지진을 계기로 자원봉사정책은 커다란 전환점을 맞게 된다. 대도시지역을 강타한 고베 대지진은 전후 일본 최악의 지진이었다. 그런데 1995년을 '자원봉사 원년'이라고 하는 것은 지진발생 이후 3개월 사이에 구조와 복구활동에 120만 명이 넘는 자원봉사자들이 참가하였기 때문이다. 짧은 시간 동안 많은 사람들이 참여한 자원봉사활동이 원활하게 이뤄진 배경은 네트워크형 지원조직이 유기적으로 활동을 전개하였다는 점과 자원봉사자와 관리조정자들 사이에 신뢰관계가 형성되고 기업이 자원봉사활동에 참여했다는 점을 들 수 있다.

1998년에는 자원봉사단체 등 민간비영리단체 활동의 건전한 발전을 지원하기 위하여 '특정비영리활동촉진법'이 제정되었다.

2002년부터는 문부성이 전인교육의 일환으로 공립학교에 자원봉사교육을 교과과정으로 도입했는데, 자원봉사과목은 강의와 실습으로 구성되어 있다. 이에 따라 일본은 어릴 때부터 자원봉사를 생활화하고 있다.

2) 일본의 자원봉사 현황 및 지원체계

(1) 일본의 자원봉사 현황

일본은 전 국민을 대상으로 한 자원봉사 통계자료는 없고 주로 사회복지분야의 자원봉사자들을 연례 조사한 사회복지협의회 전국조사에 따르면 2003년에는 779만 명으로 나타났다. 전체국민 16명 중 1명이 자원봉사활동을 하고 있다.

사회복지협의회의 전국조사에 따르면 1997년 545만 명에서 2001년 722만 명으로 증가한 것으로 나타나 있다(단체소속 683만 명, 개인 38만 5천 명). 이는 10년 전에 비해 1.7배 증가한 수치이며, 사회복지협의회 볼런티어센터에 등록한 연령은 60대 이상이 51.7%로 가장 많고, 다음이 40, 50대이다. 또한 주부, 정년퇴직자가 자원봉사자 구성의 중심이다. 사회복지협의회 및 청소년 볼런티어 활동지원센터를 중심으로 자원봉사 표창, 시상 등을 실시하고 있고, 자원봉사 체험의 달, 전국 볼런티어페스티벌, 자원봉사주간(12월 5일부터 1주간) 등의 행사시에 시상한다. 사회복지협의회 볼런티어센터는 특히 자원봉사자 중 리더급의 봉사자를 뽑아 볼런티어 어드바이저로 인정하며 일부 지자체에서는 볼런티어 어드바이저 인정제도를 갖고 있기도 하다(구혜영 외, 2004). 또한 1977년부터는 전사협이 일본화재해상보험주식회사 등 2개 보험회사와 단체계약을 체결하여 자원봉사 보험제도를 확립하였다. 가입대상은 사회에 신고 또는 등록된 자원봉사자 개인 또는 단체로서 매년 4월 1일부터 1년간 보상기간을 설정하고 있다.

자원봉사활동 등 복지분야는 사회복지협의회의 볼런티어센터를 중심으로 이뤄지고 있다. 이 볼런티어센터는 전국, 도도부현, 각 시구정촌(市區町村) 단위로 있으면서 지역복지와 밀접한 연관하에 활동하고 있으며 중앙정부나 지방자치단체의 지원을 받고 있다. 복지분야 외 자원봉사활동은 각 행정부처별로 특정 사업에 따라 필요한 경우에 하고 있다.

1994년 전국사회복지협의회 내의 전국 볼런티어 활동진흥센터가 있고, 도도부현 및 지정도시 사회복지협의회에 57개소의 볼런티어센터가 있으며, 시구정촌 사회복지협의회에 3,367개소의 볼런티어센터가 있다. 볼런티어센터는 국고 및 지방자치단체의 지원을 받고 있다(김성이 외, 2003).

(2) 일본의 자원봉사 지원체계

일본은 서구와 달리 민간의 자발적이고 자주적인 자원봉사활동 참여역사가 짧아 1995년 고베지진을 주요한 전환점으로 보는데, 여기서 자원봉사 지원체계를 살펴보면 다음과 같다(남기철, 2007; 박재택, 1997; 배기효 외, 2008; 김범수, 2004; 김동배, 2006).

① 민생위원제도

민생위원은 1917년에 조직된 방면위원제도를 1948년 민생위원법의 제정으로 민생위원으로 변경하여 정부가 위탁하는 일종의 관립 공공자원봉사자로 활동하였다.

'민생안정의 협력자'란 뜻에서 이름지어진 민생위원은 지역사회의 복지증진에 협력하는 '지역사회 자원봉사자'로서 사회복지의 예방적·협력적 활동에 역점을 두게 되었다. 이들의 활동은 지역사회의 생활실태 파악을 위한 조사, 요보호자에 대한 상담지도, 저소득층을 위한 세대갱생자금 대부사업 등과 사회복지 행정기관이나 시설과의 업무연락 및 협력에 관한 것이다. 현재 전국적으로 약 20만 명에 이르고 있고 도시의 경우 270가구당 1인, 농촌의 경우 120가구당 1인씩 임명되어 있으며 임기는 3년이다. 이들에게는 적지만 매월 교통비 등 소정의 활동비가 지원되었고, 집 대문에는 '민생위원의 집'이라는 표찰을 달아주어 생활이 어려운 사람들은 이곳을 찾아가 상담할 수 있도록 하였다(김범수 외, 2004). 이처럼 특정 분야에 행정당국에 의해 지명되어 활동하는 민생위원제도는 서구와는 다른 일본 특유의 자원봉사활동이라 할 수 있다(최덕경, 2008 재인용).

② 선의은행

1962년에 도쿠시마현 사회복지협의회가 금품과 서비스 제공기관으로 설치했던 '선의은행'이 도도부현, 시구정촌 사회복지협의회로 확대되면서 자원봉사 개발과 수급조정 기능을 담당하는 역할을 하였다. 1970년대 후반부터 1980년대 전반에는 중앙정부와 지방정부의 보조로 사회복지협의회를 중심으로 자원봉사활동체계가 조직되었다. 1962년 설립된 선의은행은 1975년 이후 사회복지협의회 조직 내의 '볼런티어 센터'로 개편되었다.

③ 자원봉사센터

사회복지협의회 내에 1950년 자원봉사연구회가 조직되어 처음에는 '선의은행'으로 불리다가 이후 '자원봉사센터'로 명칭이 바뀌었으며,

후생성이 1973년부터 자원봉사 프로그램 지원비를 지급하고 있다.

자원봉사활동을 좀더 효율적이고 효과적으로 수행하기 위한 상담, 교육, 연구, 활동원조 등의 기능을 하고 있으며, 센터의 설치·운영 주체는 공공기관, 사회복지협의회, 민간육성기관, 시설단체 등의 네 곳이다. 이 중에서도 앞서 설명한 바와 같이 사회복지협의회를 중심으로 한 자원봉사센터가 가장 많은 수를 차지하고 있다.

④ 볼런토피아(*Voluntopia*)사업

1980년대 이후 사회문제와 사회적 필요가 다양해짐에 따라 민간활동과 자원봉사활동도 다양한 영역으로 확대되었다. 1986년부터 후생성은 볼런토피아사업을 진행하여 자원봉사센터를 강화함과 동시에 지방자치단체를 중심으로 행정기관의 위촉을 받은 유급 자원봉사자가 나타났다.

⑤ 기타 자원봉사활동

일본청년봉사협회는 중·고·대학생들의 자원봉사를 활성화하기 위해 1967년 설립되어, 문부성이 승인한 전국단위의 자원봉사단체이다.

자원봉사 유급휴가는 오사카자원봉사센터에서 기업의 시민의식 향상을 위한 기능을 수행하면서 기업이 비영리부문과 쉽게 접촉할 수 있도록 활동을 전개하고 있다.

후지제록스사는 1990년 초 이미 사회봉사 프로그램으로 이 프로그램에 참여하는 직원에게 2년 동안 유급휴가를 허용하고 있다.

4. 한국의 자원봉사

1) 한국의 자원봉사 발전과정

우리나라의 경우 고대부터 농촌부락단위로 공동경작, 공동채집에 참가하면서 자발적으로 상부상조하는 두레와 농촌의 노동력 교환인 품앗이, 신라시대부터 성행된 계조직, 그리고 지역사회의 발전과 지역주민들의 순화, 덕화, 교화를 목적으로 하는 지식인들간의 자치적 협동조직인 향약 등을 자원봉사활동의 초기단계인 상부상조활동이나 전통적 자선활동으로 이해할 수 있다(최현기, 1992; 류기형, 2001 재인용).

그러나 자발성, 무보수성, 복지성 등의 특성을 띠면서 현대적 의미의 자원봉사활동이 우리나라에서 시작된 것은 1903년 YMCA창립을 시작으로 1905년 대한적십자사 등의 사회단체와 1921년 태화기독교회관에서 여성계몽과 어린이 건강을 위한 봉사활동이 전개되면서부터이다. 그러나 이 시기에는 기독교의 전파에 따라 기독교 사상, 민주주의 철학 등이 유입되면서 교회 및 관련단체의 자선적·박애적 성격을 띠는 초보적 형태의 자원봉사가 시작되었을 뿐이었다.

일제시대의 자원봉사활동은 크게 두 가지 성격으로 구분할 수 있는데, 하나는 조선총독부에서 설립한 인보관을 중심으로 행해진 관주도의 교화사업의 형태이고, 다른 하나는 일제 식민지시대의 구국운동으로 시작한 학생운동의 형태이다. 그 중 구국을 위한 학생운동은 광복 이후 그 성격이 사회개량적 성격으로 전환되어 문맹퇴치를 위한 야학, 농촌봉사활동, 질병구제 등의 사회봉사활동으로 전개되었다.

1960년대에는 종전까지 산발적으로 전개되었던 자원봉사가 YMCA, YWCA를 중심으로 민주주의와 본격적 자원봉사를 기본정신으로 하는 적십자운동을 중심으로 보다 조직적으로 활성화되었다(류기형 외, 2001).

1971년부터 전개된 새마을운동은 자원봉사정신의 확산 및 고취에 큰 영향을 미쳤고, 1978년 한국사회복지협의회가 사회봉사안내소를 개설하여 자원봉사자의 모집 및 교육을 통한 양성 및 배치, 사후지도 등의 기능을 수행하면서, 여러 사회단체에서 자원봉사자 개발과 활용이 가속화되었다.

1980년대에 들어서면서 자원봉사활동에 대한 관심이 본격적으로 증가되기 시작하였다. 1984년에 한국여성개발원의 자원봉사인력은행이 설치되고, 1985년에는 올림픽조직위원회의 자원봉사단이 조직되어 한층 조직적 자원봉사활동이 전개되었으며, 1987년 서울에서 자원봉사자 모집·교육·배치를 전문으로 하는 한국자원봉사능력개발연구회가 발족되었고, 대구에서 국내 최초의 자원봉사센터인 대구자원봉사지원센터가 설립되었다. 특히 1986년 아시안게임과 1988년 올림픽은 전국적으로 자원봉사를 인식, 확산시키는 데 큰 기여를 하였다(김동배, 2006).

1980년대가 자원봉사활동에 대한 관심이 증가한 시기라면, 1990년대는 자원봉사를 더욱 체계적으로 육성시키려한 시기라고 할 수 있다. 1991년에는 한국자원봉사연합회가 창립되어 전문적 민간자원봉사단체가 활성화되기 시작하였다. 1992년 보건복지부는 한국사회복지관협회에 전국 사회복지관 부설 재가복지봉사센터의 관리업무를 위탁하였는데, 이는 많은 자원봉사자의 활동무대가 되었다. 1994년에는 자원봉사 관련 전산정보체계 구축, 자원봉사자 지도자 교육, 자원봉사활동 조사연구와 교재발간, 홍보와 정책건의 등을 위한 활동이 활발해졌다. 1994년에 한국자원봉사단체협의회가 조직되었고, 1995년에는 학계, 정부, 기업, 사회복지관 등 각계 자원봉사 전문가들이 한국자원봉사포럼을 구성하였다.

1990년대 중반부터 자원봉사가 양적으로 확대되기 시작한 것은 정부의 지원도 큰 역할을 했다. 보건복지부는 1991년부터 15개 광역시·도에 사회복지자원봉사안내센터를 설치하였고, 전국 355개 사회복지관에 재가복지봉사센터를 설치하였다. 행정자치부는 시·도, 시·군·구 250개소의 자원봉사센터를 설치하였고, 여성부에서도 전국 시·군·구에 263개소의 여성자원활동센터를 설치하여 운영하였으며, 문화관광부는 전국 17곳에 청소년자원봉사센터를 설치하였다. 한편 법무부는 범죄예방자원봉사단체협의회를 결성하여 자원봉사자들로 하여금 지역 범죄예방사업을 전개하도록 지원하고 있다.

그러나 일반국민들의 자원봉사활동에 대한 인식개선과 참여를 높이는 데 크게 기여한 사업은 1994년 〈중앙일보〉에서 시작한 자원봉사 캠페인이다. 이 캠페인은 1995년 교육인적자원부에서 실시한 5·31 교육개혁조치와 함께 중·고교생들을 자원봉사활동에 의무적으로 참여시키는 결과를 가져왔다. 이후 각 시·도에 '청소년자원봉사센터'와 시·군·구의 '종합자원봉사센터'가 설립되면서 자원봉사활동자원을 통하여 민·관이 상호 파트너십을 유지하게 되었다(김범수 외, 2006: 27). 이와 함께 학계, 정부, 기업, 사회복지관 등 각계의 자원봉사 전문가들이 지속적 자원봉사 관련정책을 제안하려는 목적으로 '한국자원봉사포럼'을 구성하였다. 1996년에 정부는 '국민복지기본구상(안)'에서 279개 사회복지관에 지역단위 자원봉사센터를 신설한다는 계획을 발표하였고, 행정자치부 사회진흥과에서 자원봉사 관련업무를 관리토록 하였다. 이와 함께 1996년 7월에는 총장들의 모임인 '한국대학사회봉사협의회'가 창립되어 그동안 각 대학별로 산발적으로 운영되던 자원봉사 프로그램을 상호연계하며 정보교환을 할 수 있도록 조직화하였다.

문민정부 이후 NGO에 대한 정부지원이 이뤄지면서 우리 사회에 다양한 NGO가 다양한 영역에서 사회운동을 개척하고 이러한 NGO 활동의 대부분이 자원봉사로 이뤄짐으로써 자원봉사의 영역이 사회복지영역뿐 아니라 정치영역까지 확대하는 기회를 제공하였다.

이와 같이 자원봉사에 대한 시민참여가 확산되고 그 필요성이 증대되자 자원봉사를 체계적으로 지원하기 위해 2005년 자원봉사활동기본법, 2006년 동법 시행령이 제정되어 자원봉사활동에 대한 독립법안을 갖게 되었다.

2) 한국의 자원봉사 현황 및 지원체계

(1) 한국의 자원봉사 현황

우리나라의 자원봉사활동 참여율은 2008년 행정안전부 조사에서는 20.0%, 통계청 조사에서는 14.3%로 나타났다.

보건복지가족부 소속의 한국사회복지협의회와 각 16개 시·도 사회복지협의회에서 사회복지정보센터를 운영하면서 사회복지분야 자원봉사활동의 활성화를 위하여 사회복지봉사활동 인증관리사업을 진행하고 있다.

인증관리사업은 보건복지가족부로부터 위탁받아 한국사회복지협의회와 16개 시·도 사회복지협의회에서 총괄관리하고 있으며, 사회복지봉사활동인증센터는 2008년 12월 말 5,120개소에 12,551명의 사회복지인증요원이 있다.

(2) 한국의 자원봉사 지원체계

자원봉사활동 지원체계는 행정자치부 관할의 자원봉사센터(시·도 16개소와 기초자치단체 232개소), 보건복지가족부 관할의 사회복지정보센터 17개소와 중앙, 지방 청소년활동진흥센터 17개소, 교육과학기술부 관할의 학생봉사활동정보안내센터 181개소, 대학사회봉사협의회 188개 대학으로 구성되어 각 부처에서 자원봉사 지원정책을 수립하고 있다.

한편 민간 차원의 자원봉사 관련 지원체계는 한국자원봉사협의회,

한국자원봉사포럼, 볼런티어 21, 한국자원봉사센터협회에서 자원봉사활동의 활성화를 위해 노력하고 있다(자세한 자원봉사현황과 지원체계는 제 4장 참고).

제4장

자원봉사 현황

1. 자원봉사활동 현황

1) 자원봉사자 참여현황

(1) 자원봉사 참여율

우리나라는 1990년대 이후 자원봉사활동이 급격히 증가하였다. 1991년 통계청의 표본조사에서 15세 이상 인구의 5.4%만이 자원봉사활동에 참여하고 있다고 응답했다. 그러나 2006년 15세 이상을 대상으로 한 통계청의 자료에 의하면, 2006년 14.3%가 자원봉사활동에 참여하여 2003년에 비해 0.3% 정도 참여율이 낮았다.

행정안전부가 볼런티어 21에 의뢰하여 조사한 결과는 우리나라 성인 20세 이상 자원봉사자 참여율은 2008년 20.0%로 나타나 전체 인구 대비 총 약 7,286천 명이 자원봉사활동에 참여한 것으로 나타나 2005년도에 비해 0.5% 낮아졌다.

한편 자원봉사활동영역 중 가장 대표적인 영역이라 할 수 있는 사회복지영역에서의 자원봉사활동 현황을 보면 보건복지가족부와 한국사회복지협의회에서 발간한 《사회복지자원봉사 통계연보》를 통해 살펴볼 수 있다. 이를 보면 2008년 12월 말 사회복지시설·기관 중 5,120개소가 사회복지봉사활동인증센터로 지정되어 활동중에 있으며 총 2,521,168명의 자원봉사자가 등록되어 이 중 36.3%인 연간 총 915,122명의 자원봉사자가 활동한 것으로 나타났다(〈표 4-1〉 참조).

(2) 주요 선진국의 자원봉사 참여율

주요 선진국 대비 자원봉사 참여율을 살펴보면 영국은 56%, 미국 26.2%, 호주 34%, 싱가포르 16%로 나타나 싱가포르만이 한국보다 낮았다.

〈표 4-1〉 자원봉사 참여율 및 참가자 수

구분	행정안전부(%)			통계청(%)			보건복지가족부·한국사회복지협의회(명)		
연 도	2002	2005	2008	1997	2003	2006	2002	2005	2008
자원 봉사자	16.3	20.5	20.0	13.0	14.6	14.3	71,521	345,064	915,122

자료: 행정안전부, 2008; 통계청, 2007; 보건복지가족부·한국사회복지협의회, 2009.
조사대상: 통계청의 자료는 15세 이상, 행정안전부, 보건복지가족부·한국사회복지협의회 자료는 20세 이상임.

〈표 4-2〉 주요 선진국 대비 자원봉사 참여율(2008)

(단위: %)

국가 (조사연도)	영국[1] (2008)	미국[2] (2007)	호주[3] (2006)	한국[4] (2008)	싱가포르[5] (2008)
참여율	59.0	26.2	34.0	20.0	16.0

자료: 행정안전부, 2009.

2) 자원봉사자의 특성

지난 1년간 자원봉사활동에 참여하는 대상자에 한해 인구사회학적 특성을 행정안전부 자료(2008)와 보건복지가족부·한국사회복지협의회(2008년)와 비교하여 살펴보면 〈표 4-3〉과 같다.

먼저 성별비율은 행정안전부 자료는 여성이 50.5%, 남성이 49.5%로 거의 비슷한데, 보건복지가족부·한국사회복지협의회 자료는 여성이 59.6%로 남성의 40.4%보다 높았다. 행정안전부의 경우 남녀의 비율이 비슷한 이유로는 태안자원봉사자는 남자가 여자보다 20% 가까이 많이 차지하였기 때문이라 추측할 수 있다.

연령분포는 행정안전부의 자료는 50대 이상이 35.2%로 가장 많았으며, 40대가 29.4%, 30대 18.3%, 20대 17.1% 순으로 나타나 나이 많은 계층이 자원봉사를 더 많이 하는 것으로 나타났다.

반면 보건복지가족부·한국사회복지협의회 자료는 20대와 40대가 자원봉사 활동률이 높았고, 50대 이상은 24.6%에 그쳤다.

학력은 행정안전부의 자료는 대부분을 차지하는 85.1%가 고졸 이

---

1) 영국: 16세 이상 인구 중 조직 또는 그룹을 통한 공식적 자원봉사활동을 말함. 자원봉사활동이란 친척 이외의 타인을 돕거나 환경을 개선하기 위해 무보수로 시간을 투여하는 활동을 의미한다(www.volunteering.org.uk 참조).

2) 미국: 여기서 자원봉사자란 16세 이상의 인구 중에 등록된 기관을 통한 공식적이고 무보수(활동비용을 제외한)의 활동을 한 사람을 말한다. 2004년도에는 28.8%(Bureau of Labor Statistics of the US Dept. of Labor). 2000년도 Independent Sector Survey에는 44%로 나타났는데, 자원봉사자에 대한 정의는 공식적 기관을 통한 자원봉사활동을 한 사람으로 노동부의 정의와 같으나, 21세 이상의 성인인구를 대상으로 한 점이 다르다.

3) 호주: 18세 이상 공식적 자원봉사활동, 호주통계국(Australian Bureau of Statistics) 자료.

4) 한국: 20세 이상 성인 중 등록된 기관을 통한 공식적 자원봉사활동.

5) 싱가포르: 15세 이상 공식적 자원봉사활동(www.nvpc.org.sg 참조).

〈표 4-3〉 자원봉사자의 인구사회학적 특성

(단위: %)

구분	행정안전부 (2008)		보건복지가족부 · 한국사회복지협의회 (2008)	
성별	남자	49.5	남자	40.4
	여자	50.5	여자	59.6
연령	20대	17.1	20대	32.4
	30대	18.3	30대	17.6
	40대	29.4	40대	25.4
	50대	20.9	50대	15.7
	60세 이상	14.3	60세 이상	8.9
학력	초졸 이하	-	초졸 이하	0.6
	중졸	14.8	중졸	0.9
	고졸	39.9	고졸	7.9
	대재 이상	45.2	대재 이상	4.8
	무응답	-	무응답	85.8
직업 분포	농 · 임 · 어업	4.3	주부	14.8
	자영업	20.6	학생(초-대재)	49.0
	판매 · 서비스직	14.4	공무원	2.4
	능 · 숙련공(생산직)	2.3	전문직	3.9
	일반 작업직	-	사무관리직	6.1
	사무 · 기술직	16.5	자영 · 서비스	2.4
	경영 · 관리직	1.7	기술 · 단순노무직	1.1
	전문 · 자유직	2.8	농수산업	0.3
	전업주부	23.4	군인	2.6
	학생	7.0	기타	16.4
	무직	6.5	무직	2.0

자료: 행정안전부, 2009; 보건복지가족부 · 한국사회복지협의회, 2009.

상이었으며, 그 중 대재 이상은 45.2%로 높게 나타났고, 중졸 이하는 14.8%에 불과하였다.

반면 보건복지가족부·한국사회복지협의회 자료는 고졸 이상이 가장 많지만, 무응답이 85.8%로 나타났다. 무응답이 많은 이유는 자원봉사자들이 학력을 밝히는 것을 기피하기 때문일 것이다.

직업분포는 행정안전부 자료에 의하면 전업주부가 23.4%로 가장 많고, 자영업 20.6%, 사무·기술직 16.5% 순으로 나타났다. 반면 보건복지가족부·한국사회복지협의회 자료에 의하면 학생(초등~대학생)이 48.0%로 가장 많고, 그 다음이 주부로 14.8%이며, 사무관리직 6.1%, 전문직 3.9%, 군인 2.6%, 무직 등으로 나타났다.

3) 자원봉사활동기관

행정안전부 자료에 의한 자원봉사자의 주요 활동처를 보면 〈표 4-4〉와 같이 2008년 사회복지기관 47%, 종교단체가 24.4%, 지역사회개발 14.8%, 관공서 14.6%, 환경단체 10.6%, 교육기관 8.0%, 공익민간단체 7.5%, 보건의료기관 7.3% 순으로 나타났다. 예년과 마찬가지로 사회복지기관과 종교단체가 가장 많은 활동영역으로 나타나 좀더 다양한 영역에서의 프로그램 개발이 필요함을 보여준다. 그러나 예년에 비해 지역사회개발이나 환경단체에서의 활동비율이 눈에 띄게 증가했는데, 이는 자원봉사영역을 기관에 한정짓지 않고 지역사회 문제해결을 위한 활동에 참여하게 된 것으로 고무적으로 평가한다. 환경단체에서의 참여가 늘어난 것은 지구온난화 등 환경문제에 대한 심각성이 일반대중에게 인식이 확산되는 것과 맥을 같이 한다고도 볼 수 있으며, 태안 기름제거 자원봉사활동에 많은 자원봉사자들이 참여한 것에서도 그 원인을 찾아볼 수 있다.

한편 보건복지가족부·한국사회복지협의회 자료에 의하면 85.9%

〈표 4-4〉 자원봉사활동기관(2008)

(단위: %, 복수응답)

행정안전부 자료		보건복지가족부 · 한국사회복지협의회 자료	
활동기관	비율	활동기관	비율
보건의료기관	7.3	아동시설	7.7
교육기관	8.1	노인시설	27.1
종교단체	24.4	장애인시설	24.2
사회복지기관	47.0	여성시설	0.4
환경단체	10.6	정신요양시설	1.7
공익민간단체	7.5	부랑인시설	1.8
지역사회개발	14.8	복지관	17.4
예술, 문화, 스포츠 단체	4.5	법인 · 단체	5.6
노동조합, 직능단체, 전문가	0.1	보건의료	4.3
정치 및 정당	2.5	기타	9.8
관공서(구청, 동사무소 등)	14.6		
청소년단체	4.5		
재난구호	5.0		
국제기구	0.1		

자료: 행정안전부, 2009; 보건복지가족부 · 한국사회복지협의회, 2009.

〈표 4-5〉 미국의 공식적 단체를 통한 자원봉사활동

(단위: %)

구분		시민단체, 정치, 전문, 국제단체	교육, 청소년 단체	환경단체, 동물복지	병원, 의료 기관	공공 안전	종교 기관	사회, 지역 봉사	스포츠, 취미, 문화
전체		6.4	27.4	1.7	8.2	1.2	34.6	11.8	4.1
성별	남성	8.1	24.7	1.9	6.3	2.1	33.9	12.6	5.5
	여성	5.2	29.3	1.5	9.6	0.5	35.1	11.2	3.2
나이	16~24	4.6	31.9	2.4	8.6	1.3	29.1	13.4	4.0
	25~34	5.3	35.1	1.7	8.4	1.6	29.7	10.7	3.3
	35~44	5.3	38.5	1.3	5.8	1.2	31.5	8.8	3.9
	45~54	6.3	27.2	2.1	8.0	1.2	35.3	10.6	4.5
	55~64	9.8	13.5	1.8	9.4	1.0	39.1	14.5	4.7
	65 이상	8.4	6.4	0.8	10.9	0.7	46.5	16.3	4.5

자료: Bureau of Labor Statistics, 2003; 주성수, 2005 재인용.

가 사회복지시설·기관에서 자원봉사활동을 하였다. 이를 자세히 보면 노인시설이 전체의 27.1%로 가장 많고, 그 다음이 장애인시설 24.2%, 복지관 17.4%, 아동시설 7.7% 등의 순으로 나타났다. 기타는 9.8%나 되었다.

한편 미국 노동통계국(2003) 자료를 보면, 〈표 4-5〉와 같이 주로 종교단체와 교육·청소년단체를 통해 많은 자원봉사활동이 이뤄지고 있다. 활동영역의 남녀 성별 차이는 두드러지게 나타나지 않지만 연령별 차이는 뚜렷하다. 청년과 중년층은 교육과 청소년단체에서 많이 활동하고, 45세 이상 장년층은 종교기관, 의료기관, 지역사회 봉사단체에서 많이 활동하고 있다(주성수, 2005).

4) 자원봉사활동의 시간과 가치

행정안전부(2009)의 자료에 의하면 20세 이상 성인인구 자원봉사 참여율이 20.0%로 보고되어, 이를 통해 우리나라 성인 자원봉사 인구수를 추정해 보면 〈표 4-6〉과 같이 자원봉사 경험자는 약 7,374천 명으로 나타났다.

그리고 자원봉사자의 월간 자원봉사 시간수는 총 2,993시간으로 집계되었는데, 이는 2005년과 2002년에 비해 매우 높은 수치이다. 2008년에는 보다 정확한 시간수를 측정하기 위해 '1회당 평균 활동시간'을 물어보았고, 이를 활동 횟수와 곱하여 다시 활동영역별 전체 빈도수와 곱하여 시간수를 산출하였다. 그 결과 자원봉사자들은 1개월간 주 평균 2.91시간 동안 자원봉사활동을 한 것으로 나타났다. 이 자원봉사 시간수를 지난 1년 동안 자원봉사자들의 주 평균시간으로 환산해 보면 1.73시간[6]으로 추정할 수 있고, 연간 총 자원봉사 시간

6) 공식으로는,

〈표 4-6〉 자원봉사자 비율 및 추정치

구분	2008년	2005년	2002년	1999년
비율(%)	20.0	20.5	16.3	14.0
추정치(명)	7,374,406[1)]	7,287,388[2)]	5,519,201[3)]	4,576,777[4)]

주: 1) 2008년도 20세 이상 인구수 추계(36,872,028명)×0.2.
자료: 통계청(2008), 〈연령별(전국) 추계인구〉.
주: 2) 2004년도 20세 이상 인구수 추계(35,548,236명)×0.205.
자료: 통계청(2004), 〈연령별(전국) 추계인구〉.
주: 3) 2001년도 20세 이상 추계인구(33,860,126명)×0.163.
주: 4) 1999년도 20세 이상 추계인구(32,644,629명)×0.1402.
자료: 행전안전부, 2008: 60; http://kosis.nso.go.kr

〈표 4-7〉 연간 자원봉사 시간과 가치

구분	2008년	2005년	2002년
자원봉사자 1인의 1개월 주간 평균 자원봉사 시간	2.91	1.95	3.24
조사대상 자원봉사자 1인의 주간 평균 자원봉사 시간	1.73	1.02	1.9
총 자원봉사자의 연간 총 자원봉사 시간	665,187,645	387,563,699	532,376,609
총 자원봉사자의 자원봉사 활동의 연간 금전적 가치(원)	7조 3,896억	3조 1,710억	3조 6,196억
GDP(국내총생산) 대비 비율(%)	0.93 (2007년 798.057조 원)	0.46 (2004년 693.995조 원)	0.6 (2001년 600.866조 원)

자료: 행전안전부, 2009.

$$\frac{\text{1개월 자원봉사자 1인당 주간 평균 자원봉사 시간} \times \text{1개월 자원봉사자 비율}}{\text{1년 자원봉사자 비율}}$$

을 사용했는데, 이는 자원봉사자들이 한 달에 한 자원봉사 시간이 일정하다는 가정하에 이러한 공식을 사용한 것임.

수는 1.73시간에 7,374,406명(연간 자원봉사자 추정치)을 곱하고 이를 다시 52.14주로 곱하면 약 6억 6,518만 7,645시간으로 추정할 수 있다(〈표 4-7〉). 6억 6,518만 7,645시간에 전 산업 남녀 시간당 평균 임금 11,109원을 곱한 결과 7조 3,896억 원으로 추정되었다.

이 금전적 가치는 한국은행 통계인 2007년도(국내총생산 798경 57조 원)의 0.93%에 해당하는 것으로 2004년도 GDP의 6.46%보다 상당히 늘어난 수치이다.

이 수치는 살라몬 교수의 연구결과인 전 세계 22개 국가의 평균 GDP에 미친 효과 1.1%(1999년도 조사)[7]에 근접한 수치이다(참고: 1999년도 미국 2%, 호주 1.4%, 일본 0.5%). 따라서 민간은 물론 정부도 자원봉사의 활성화를 위해 자원봉사자로 인한 사회적, 개인적 혜택과 자원봉사활동의 경제적 가치의 중요성에 관심을 가지고 자원봉사를 권장할 수 있는 제도 마련을 위한 노력이 필요하다(행전안전부, 2009).

5) 자원봉사활동의 참여동기 및 참여경로

행정안전부의 자료에 의하면(2008) 자원봉사자의 자원봉사활동 참여동기는 2008년도의 경우 '의미 있는 여가'가 36.4%로 나타났고, 그 다음으로는 '다양한 경험의 기회'가 34.9%, '많이 가진 자의 의무'가 34.2%, '친구 또는 동료의 요청'이 32.7% 순으로 나타났다. 그리고 전혀 동기가 되지 못하는 경우는 '자기개발에 도움'(45.2%), '부모·친척의 권유'(44.2%), '고용주의 장려'(40.5%) 순으로 나타났다.

2005년도에는 '많이 가진 자의 의무'와 '친구나 직장동료의 요청'이

---

7) Salamon, L. M. et al. (eds.) (1999), Global Civil Society: *Dimensions of the Nonprofit Sector*, Baltimore, MD, Johns Hopkins University Center for Civil Society Studies.

공히 39%로 가장 많고 그 다음이 다양한 경험 33.8%, '사회도덕성 강조'와 '사회문제해결에 도움'이 각각 32.9%로 나타나 자원봉사활동의 동기가 많은 변화가 있었음을 알 수 있다(〈표 4-8〉).

한편 일본의 〈요미우리신문〉의 1995년 비교분석 결과를 보면 일본, 미국, 영국, 독일, 프랑스 5개국 모두 이타주의가 공통적으로 가장 많았고, 도구주의·의무감 등 다양한 동기들이 혼합되어 있었다. 우리나라는 이미 지적했듯이 친구의 권유가 가장 많게 나타났다(〈표 4-9〉).

자원봉사자의 자원봉사활동 처음 참여경로는 '자원봉사에 참여하도록 누군가로부터 요청받았다'가 34.9%로 가장 많으며, '참가하는 단체(종교단체 포함)나 조직 또는 직장을 통해서 알게 되었다'는 경우가 34.2%, '스스로 참여'한 경우가 23.4%로 나타났다(〈표 4-10〉).

〈표 4-8〉 자원봉사 참여동기

(단위: %, 복수응답)

구분	2008	2005
친구나 직장동료 요청	32.7	39.0
사회환원	27.9	30.5
고용주 장려	12.1	10.9
도덕적 의무와 책임	20.4	26.9
사회도덕성 강조	21.9	32.9
많이 가진 자의 의무	34.2	39.0
의미 있는 여가	36.4	28.7
다양한 경험	34.9	33.8
사회문제 해결에 도움	26.4	32.9
종교적 신념	24.4	28.1
자기개발에 도움	11.8	9.4
자신의 위로	14.8	13.3
부모나 친척 권유	7.3	4.5

자료: 행정안전부, 2009.

〈표 4-9〉 자원봉사활동에 참여하게 된 동기: 5개국 비교

(단위: %, 복수응답)

구분	일본	미국	영국	독일	프랑스
〈이타주의〉					
사회와 타인에 도움	44	70	61	47	71
〈도구주의〉					
다른 사람을 알고 싶어서	25	23	16	20	34
활동 자체가 흥미로워서	18	43	22	36	19
내 능력을 유용하게 사용하려고	12	34	25	30	30
〈의무감〉					
친구의 권유	19	24	13	7	10
지역단체의 요청을 받아서	37	33	15	10	26
학교의 권유로	7	16	9	7	12
종교적 이유로	6	42	11	21	11

자료: 〈요미우리신문〉, 1995; 주성수, 2005 재인용.

〈표 4-10〉 자원봉사자의 자원봉사 처음 참여경로

(단위: %, 복수응답)

구분	2008	2005	2002	1999
누군가로부터 요청받음	34.9	32.3	23.5	20.5
자원봉사활동을 하는 가족/친구가 있어서	10.6	10.0	9.7	7.4
자원봉사활동의 도움을 받은 가족/친구가 있어서	2.8	1.8	1.6	-
단체/조직/직장을 통해서	34.2	54.4	49.0	54.9
라디오, TV, 기타 인쇄매체를 통해	2.3	0.6	2.8	1.9
자원봉사센터를 통해[1]	3.0	1.2	-	-
스스로 참여	23.4	18.1	21.5	25.1
인터넷을 통해[2]	2.5	-	-	-

주: 1) '자원봉사센터를 통해'는 2005년 조사에서 새로 추가됨.
2) '인터넷을 통해'는 2008년에 새로 추가됨.

자료: 행정안전부, 2008.

한편 유럽인의 자원봉사활동 참여경로는 비공식적으로 가족과 친구 등을 통해 이뤄지는 경우가 가장 많았다(44%). 이는 자원봉사활동이 가까운 가족이나 이웃과 더불어 지역단위에서 이뤄지고 있음을 알 수 있다. 다음으로 결사체(협회), 교회와 종교기관 등 단체의 멤버십으로 자연스럽게 참여하는 '조직적' 참여경로 또한 중요하다. 덴마크와 스웨덴이 다시금 공통적 특징을 보여준다. 단체활동이 사회적으로 조직화된 일면을 볼 수 있다.

간과할 수 없는 또 다른 특징은 유급과 구직활동으로 자원봉사가 이뤄지고 있다는 사실이다. 전체의 9%에 달하는 적지 않은 비중을 차지하고 있으며, 독일과 슬로바키아에서는 20%에 달하는 높은 비중을 차지하고 있다(〈표 4-11〉).

6) 자원봉사활동의 중단 또는 더 많이 하지 않는 이유

'개인적으로 바빠서'가 45.7%로 가장 많고, 그 다음이 건강상의 문제, 신체적 문제로 인한 것이 3.0%이며 나머지는 미미한 것으로 나타났다. 2005년도와 비교는 거의 차이가 없었다.

2. 자원봉사활동 지원체계의 현황

자원봉사활동이 원활하게 이뤄지기 위해서는 자원봉사자들을 활용하는 수요 측면도 필요하지만 공급 측면에서 자원봉사활동을 원하는 사람들을 육성하고 추진하는 체계적 노력도 필수적이다. 체계적이고 조직적인 활동은 잠재적 자원봉사자의 참여를 증진시킬 뿐 아니라 효과적이고 효율적인 자원봉사활동이 되도록 해야 한다.

우리나라는 지난 2005년 자원봉사활동기본법이 제정되어 자원봉사

〈표 4-11〉 유럽인의 자원봉사 참여경로

(단위: %)

경로 / 구분	가족 및 친구	유급 및 구직	신문	라디오	TV	자원봉사센터	기관 포스터 등	단체 회원으로	공공기관(병원, 도서관, 복지관)	교회 및 종교기관	자원봉사자 훼어	기타
전체	44	9	4	1	1	2	7	27	4	13	3	7
남성	43	10	3	1	1	2	8	32	4	11	3	7
여성	45	9	5	1	1	2	7	22	3	14	3	6
벨기에	42	6	1	1	-	1	20	35	5	30	3	6
불가리아	33	20	7	5	2	6	12	18	8	4	-	16
덴마크	53	12	7	7	7	2	12	13	1	3	-	17
독일	45	10	3	-	-	3	7	29	2	19	15	3
아일랜드	55	3	2	1	1	1	2	23	1	13	1	9
네덜란드	37	7	5	-	1	2	5	34	5	6	4	7
슬로바키아	35	20	10	-	1	2	7	25	9	15	1	2
스웨덴	49	11	4	-	1	1	5	36	2	9	-	7
영국	48	8	4	1	1	1	6	15	3	11	1	12

자료: Gaskin & Smith, 1997: 41; 주성수, 2006 재인용.

〈표 4-12〉 자원봉사의 중단 또는 더 많이 하지 못한 이유

(단위: %)

구 분	2008	2005
개인적으로 바빠서	45.7	51.7
봉사활동 의의를 공감할 수 없어서	0.3	0.6
건강상·신체적 문제로 인해서	3.0	4.8
흥미가 없어서	0.5	1.2
부업을 하게 되어서	1.5	2.4
참가방법을 잘 몰라서	-	1.8
할 수 있는 만큼은 했기 때문에	1.3	2.7
나이 때문에	0.8	1.8
교통수단 문제로	-	0.3
개인적으로 요청하는 사람이 없어서	1.3	0.3
단체가 자원봉사활동을 권유하지 않아	0.3	1.2
경제적 이유로	-	0.9
가족을 돌봐야 해서	1.0	3.9
복지기관의 부패를 느끼게 되어서	-	0.3
비해당	44.5	26.0
합 계	100.0	100.0

자료: 행정안전부, 2008.

〈표 4-13〉 자원봉사활동의 지원체계 현황

기관명칭	센터명	재원	운영형태	설치근거
행정안전부	자원봉사센터 (시·도 16개소, 기초 248개소)	지방비, 국비, 민간재원	직영, 민간위탁, 법인	자원봉사활동 기본법, 지방자치단체조례
보건복지가족부	사회복지정보센터 17개소	지방비	사회복지협의회 부설	사회복지사업법
	중앙·지방청소년 진흥센터 17개소	청소년육성기금	민간위탁, 직영	청소년활동 진흥법
교육과학기술부	학생봉사활동정보 안내센터(196개소) 대학사회봉사협의회(198개 대학)	국고보조사업	보조사업	교육과학기술부 지침

자료: 대한민국정부, 자원봉사활동진흥을 위한 제1차 국가기본계획(08'~12'), 2007 저자가 재구성.

활동에 대한 법적 지원체계를 갖추었다. 또한 2008년 자원봉사활동을 지원·육성하기 위한 공공정책은 국가차원에서 일원화하여 추진되는 것이 아니라 3개 부처 차원에서 이뤄지고 있다. 즉, 자원봉사활동과 관련된 중앙행정지원체계는 〈표 4-13〉에서 보듯이 행정안전부, 보건복지가족부, 교육과학기술부에서 각각 자원봉사지원정책을 수립하고 있으며 각각의 정책을 집행하는 하위 지원부서를 두고 있다.

1) 행정안전부의 자원봉사센터

행정안전부는 자원봉사활동기본법에 근거해 자원봉사 국가기본계획을 수립하고 자원봉사제도의 개선과 운영, 사회통합과 국가발전을 위한 에너지로써 작용할 수 있도록 자원봉사활동의 체계적 육성·발전을 통하여 건전한 시민운동으로 정착시켜, 자원봉사센터 활성화 지원을 주요 업무로 하며 지방행정본부의 주민참여팀에서 담당한다. 행정안전부는 1996년 '지역종합자원봉사센터 설치운영지침'을 마련하고 한국자원봉사단체협의회의 '자원봉사센터지원육성' 보고서에 의한 실천방안에 따라 전국의 시·도, 시·군·구 단위에서 한 곳씩 자원봉사센터를 설치하는 것을 기본목표로 추진한 결과, 2008년 248곳에 이르고 있다. 행정안전부는 자원봉사센터에 대하여 재정적·행정적 지원을 하고 있으나, 운영의 경우 직영과 민간위탁을 병행하고 있다.

자원봉사센터는 전형적 지역자원봉사센터의 유형으로 시작되었으며, 자원봉사자를 직접 모집·육성하는 데 주력하고 있다. 그 외 행정안전부에서는 센터의 자원봉사관리자 및 지방자치단체 담당공무원의 교육과 행정지원을 간헐적으로 시행하고 있다.

2) 보건복지가족부의 사회복지정보센터와 청소년진흥센터

(1) 사회복지정보센터

보건복지가족부 사회복지영역의 자원봉사는 1997년에 개정된 사회복지사업법 제9조에서 규정하고 있는데, 그 내용은 사회복지자원봉사활동의 지원, 육성에 대한 것으로 사회복지법인이나 비영리법인·단체에 위탁할 수 있도록 되어 있다. 이에 따라 2001년 사회복지정보센터는 한국사회복지협의회가 보건복지가족부로부터 위탁·운영하는데, 이 사회복지정보센터는 1991년 설립된 지역복지봉사센터가 1996년에 사회복지자원봉사정보안내센터로 명칭이 바뀌었고, 2001년에는 사회복지정보센터로 명칭이 바뀌었다.

사회복지정보센터는 사회복지정보의 수집·가공·관리·제공의 일련과정을 전문적으로 담당하는 조직·기관으로 사회복지 및 자원봉사에 대한 도민의 이해증진은 물론 자원봉사에 관한 홍보, 사회복지봉사활동 인증관리사업을 통한 자원봉사의 활성화에 기여하고 있다.

한국사회복지협의회는 보건복지가족부로부터 사회복지정보센터를 위탁받아 현재 17개 센터가 설치·운영중에 있다.

한편 사회복지정보센터는 DB시스템(vms.or.kr)을 구축하여 시설·기관과 연계하여 사회복지봉사활동 인증관리사업을 전개하여 전국 자원봉사단체·기관 상호간 네트워크체계를 구축하고, 자원봉사자 봉사실적의 체계적·조직적인 관리를 통한 활성화 기반조성, 그리고 봉사실적에 대한 인센티브 제공의 기반마련으로 자원봉사활동의 질적 관리 및 활성화를 도모하고 있다.

(2) 한국청소년진흥센터

주 5일 수업 확산 등으로 청소년의 여가활동 정보수요가 급속하게 증대함에 따라 기존의 자원봉사활동 위주의 정보제공만으로는 청소

년 및 부모의 활동욕구를 충족시키기에는 역부족이었다. 이에 따라 정부에서는 자원봉사활동 외에 청소년활동 전반에 걸친 정보 및 프로그램을 제공할 수 있는 새로운 청소년활동 추진체계 구축의 필요성을 절감하고, 중앙단위 추진체계로 '한국청소년자원봉사센터'를 법정단체인 '한국청소년진흥센터'에 통합하여 '한국청소년진흥센터 자원봉사부'로 재편(2006년 3월) 하였다.

아울러 지방단위 추진체계는 근거법인 청소년활동진흥법의 개정을 추진하면서 기존의 16개 시 · 도 청소년자원봉사센터를 '지방청소년활동진흥센터'로 개칭하고, 청소년자원봉사활동과 병행, 청소년활동 전반에 걸친 프로그램 · 정보제공 등의 기능확대를 통해 추진체계 개편(2006년 6월 30일) 을 단행하였다. 사실상 지방센터 개편은 관련법률의 개정을 기다려 정책추진을 하면 적절한 정책집행 시기를 실기할 우려 때문에 관련법 개정 없이 추진하였으며, 청소년활동진흥법 개정에 따른 공포(2007년 7월 27일 법률 제8570호) 로 지방센터의 추진체계 개편을 완료하였다(보건복지가족부, 2008).

3) 교육과학기술부의 학생자원봉사활동정보안내센터

교육과학기술부의 지침에 의거 교육과학기술부는 학생자원봉사활동정보안내센터(181개) 와 한국대학사회봉사협의회(회원대학 198개교) 등의 자원봉사관련 조직을 운영하고 있다. 교육과학기술부는 국고보조사업으로 각 기관의 사업비 보조형태로 자원봉사활동사업을 지원하고 있다(박태영, 2008: 104).

4) 기타 관련부처

이밖에 자원봉사와 관련된 업무를 담당하는 정부부처로는 문화관광부, 법무부, 소방방재청, 외교통상부 등이 있다. 문화관광부의 교육문화교류단사업 기획팀에서는 자원봉사 양성교육 및 운영을 담당하고 있으며, 법무부의 보호국에서는 범죄예방자원봉사위원회 위촉과 교육훈련을, 소방방재청의 예방안전본부 안전문화팀에서는 안전관리 자원봉사자 육성 및 지원과 외교통상부에서는 국제협력단을 운영하고 있다.

이상에서 살펴보면 자원봉사 업무를 담당하는 중앙부처가 다양해 이를 조정하고 연계하는 시스템 구축이 필요함을 알 수 있다. 아울러 부처별 또는 지역별 자원봉사센터 업무를 지원하고 총괄할 수 있는 전국단위의 기구가 없어 자원봉사 관리업무의 체계화가 미흡할 수 있다. 또한 자원봉사센터의 설립주체, 운영주체, 재원구조 등이 일원화·체계화되지 않아 자원봉사센터의 정체성 확립과 위상제고에도 어려움이 있어 보인다. 이러한 것을 보완하기 위해 국무총리 산하 자원봉사진흥위원회의 설치로 부처간의 자원봉사 업무에 대한 연계협력체계의 기반이 조성되었으나 상시적으로 부처간의 업무를 조정하고 연계·협력하기 위해서는 주무부처의 직제 및 시스템 개선이 필요하다(박태영, 2008: 104~105).

그 외 민간차원의 주요 자원봉사 관련단체들을 구체적으로 살펴보면 다음과 같다.

(1) 한국자원봉사협의회

한국자원봉사협의회는 전국단위의 자원봉사활동을 진흥, 촉진하기 위해 2005년 자원봉사활동기본법에 의해 설립된 협의회로 이의 사업내용은 ① 회원단체간의 협력 및 사업지원, ② 자원봉사활동의 진흥을 위한 대국민 홍보 및 국제교류, ③ 자원봉사활동과 관련된 정책의 개발 및 조사·연구, ④ 자원봉사활동과 관련된 정책의 건의, ⑤ 자원봉사활동과 관련된 정보의 연계 및 지원, ⑥ 그 밖에 자원봉사활동의 진흥과 관련하여 국가 및 지방자치단체로부터 위탁받은 사업이다.

(2) 한국자원봉사포럼

1995년 창단된 한국자원봉사포럼은 우리나라 자원봉사운동이 올바른 방향으로 전개되고, 활성화되도록 자원봉사 전문가 및 단체의 의견수렴과 정책연구를 목적으로 운영된다. 이 포럼은 ① 자원봉사운동에 대한 전략수립과 사회적 이슈들의 올바른 진단 및 문제해결을 위한 토론과 연구, ② 바람직한 자원봉사운동을 위한 정책연구·개발 및 건의, ③ 자원봉사의 범국민적 생활화를 위한 논리개발 및 전파, ④ 자원봉사 이론정립 및 이론전파에 공이 있는 자를 발굴하여 포상하는 등 자원봉사활동의 확대와 내실을 기하기 위한 다양한 기능을 수행하고 있다.

(3) 볼런티어 21

자원봉사가 우리 사회의 다양한 문제를 해결하는 힘이라 믿는 볼런티어 21은 보다 많은 시민들이 효과적으로 자원봉사에 참여하도록 함으로써 서로 돌보고 신뢰하는 성숙한 사회를 위해 노력하고 있다. 1996년 창단되어 자원봉사를 통한 지역사회의 변화를 만들기 위해 즐거운 자원봉사의 직접적 실천, 변화를 이끄는 시민리더 양성, 변화를 위한 네트워크의 허브로서 역할을 수행하고 있다.

주요 사업으로는 자원봉사리더십센터를 통한 다양한 자원봉사 교육사업, 자원봉사 캠페인, 프로그램 개발 및 실천을 통한 자원봉사액션사업, 기업자원봉사컨설팅 등의 기업자원봉사사업, 해외자원봉사교류사업, 연구개발사업 등을 수행하고 있다.

(4) 한국자원봉사센터중앙회

한국자원봉사센터중앙회는 자원봉사활동을 보다 효율적으로 조정·지원·육성함으로써 공익을 위한 자원봉사의 촉진에 기여하고자 한다. 전국 시·도 및 시·군·구에 설치된 전국 248개소 자원봉사센터 상호간의 조직적 활동과 정보교환, 협력체계 구축을 비롯하여 민주시민의 공동체의식 배양과 공익증진에 기여함을 목적으로 운영되고 있다.

주요 사업으로는 지역센터간 정보교류 및 협력사업, 자원봉사관련 정책개발사업, 자원봉사활동에 관한 조사연구사업, 자원봉사활동 계몽 및 홍보사업, 국제협력 및 교류사업, 자원봉사자 및 센터종사자의 자질향상사업 등을 수행하고 있다.

5) 사회복지봉사활동 인증관리사업

(1) 인증관리사업의 목적 및 추진배경

인증관리사업은 사회복지분야 자원봉사활동의 활성화를 위해 보건복지가족부 위탁으로 한국사회복지협의회 및 16개 시·도 사회복지협의회가 2001년 11월부터 시행하는 정부의 정책사업이다.

인증관리사업의 목적은 첫째, 경제위기에 대한 대응으로 사회복지 자원봉사를 활성화하여 소외계층의 복지서비스 증진, 둘째, 다양한 자원봉사단 조직·운영 및 자원봉사 일감개발을 통해 봉사활동 참여문화 조성, 셋째, 사회복지 자원봉사자 인정·보상 등 동기부여 확대를 통한 자원봉사 참여촉진에 두고 있다.

인증관리사업의 추진배경은 첫째, 사회복지욕구 충족을 위한 민간부문의 참여를 통한 복지서비스의 양적·질적 수준확대 필요, 둘째, 등록 자원봉사자의 지속적 봉사활동 참여를 위한 다양한 봉사일감 개발 및 동기부여를 위한 인센티브 제공방안 마련〔봉사자 현황(2008. 12

월 말) : 등록봉사자 252만 명, 활동봉사자 87만 명(34.5%)], 셋째, 사회복지시설중심의 자원봉사체계 및 단발성 노력봉사 위주에서 지속적 봉사활동을 위한 새로운 자원봉사 패러다임 요구, 넷째, 사회복지자원봉사 활성화를 위한 정보제공 및 투명한 실적관리 등을 위한 자원봉사 인증관리 강화에 있다.

(2) 인증관리사업 운영체계

인증관리사업의 운영체계는 〈그림 4-1〉과 같다.

① 중앙관리본부는 전국의 인증관리사업을 총괄하며, 지역관리본부는 당해 시·도 관할지역의 인증관리사업을 총괄관리하고, 기초관리본부는 당해 시·군·구 관할지역의 인증관리사업을 관리한다.

② 중앙관리본부는 사회복지봉사활동에 대한 정보등록·관리를 위하여 '사회복지봉사활동 인증관리 DB시스템'(이하 'DB시스템'이라 한다)을 구축·운영한다.

③ 제2항의 DB시스템에는 자원봉사자의 인적 사항 및 사회복지봉사활동 실적(이하 '봉사실적'이라 한다), 자원봉사단체 및 자원봉사 수요처 현황, 기타 인증센터에 관한 정보 등을 등록하여 관리하여야 한다.

④ 제1항에 의거한 기초관리본부는 지역관리본부의 위임을 받은 곳에 한한다.

(3) 인증관리사업의 주요 내용 및 기대효과

인증관리사업의 주요 내용은 ① 자원봉사 확대를 위한 일감개발, ② 자원봉사 참여문화 확산을 위한 교육·홍보 활성화, ③ 자원봉사 동기부여를 위한 인정·보상확대, ④ 자원봉사 인증관리사업 운영지원, ⑤ 사회복지자원봉사 인증관리본부 운영이다(보건복지가족부, 2009).

한편 인증관리사업의 기대효과는 ① 사회복지분야 자원봉사활동 활성화 기반조성 및 계기마련, ② 사회복지봉사활동 활성화관련 각종

〈그림 4-1〉 인증관리사업 운영체계도

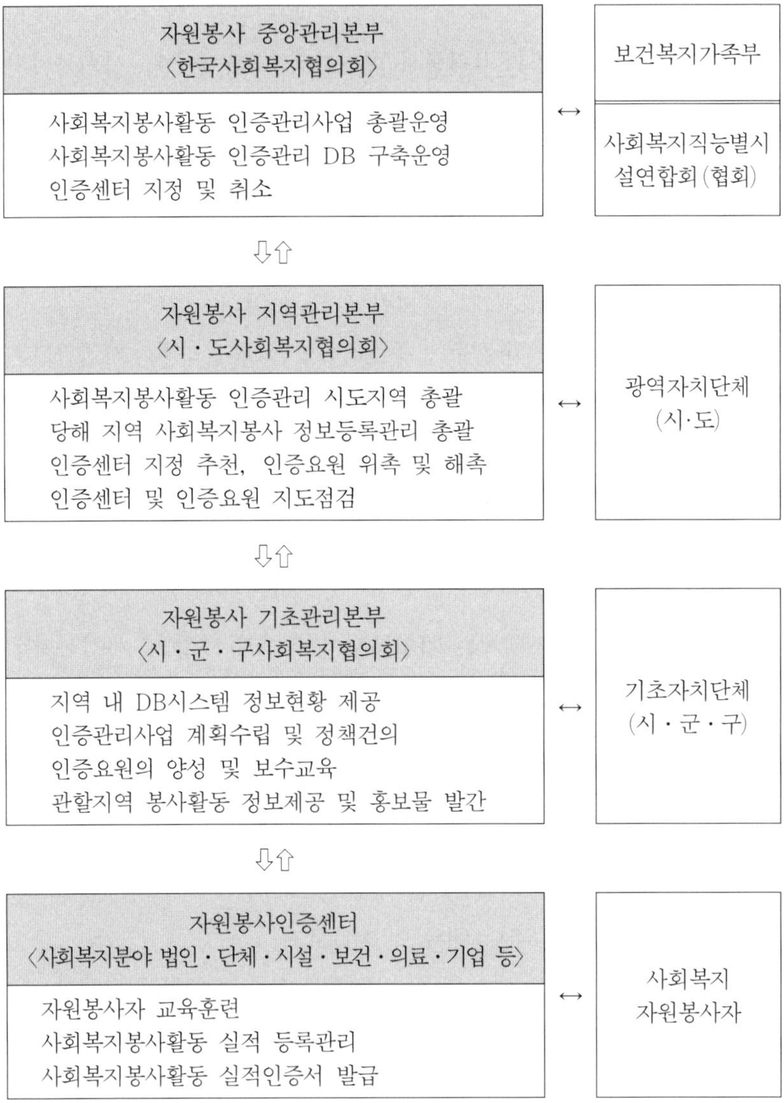

연구개발, 기초통계 신속제공, ③ 사회복지봉사활동 관리체계간 유기적 상호협력체계 구축, ④ 사회복지봉사자의 사회적 인정 및 실질적 보상체계 마련의 분위기 조성, ⑤ 조직적, 체계적인 사회복지 인적 자원 활용으로 생산적 복지증진 기여이다(한국자원봉사포럼, 2005).

(4) 사회복지봉사활동 인증센터 현황

사회복지인증요원은 2008년 12월 말 12,551명, 인증센터는 총 5,120개소로 사회복지시설이 77.5%로 대부분을 차지하고 있으며, 보건의료는 6.2%로 나타났다. 그리고 전체적으로 본다면 노인시설이 25.2%로 가장 많고 그 다음이 장애인시설 15.6%, 아동시설이 14.0%, 법인, 단체 11.0% 등으로 나타났다.

〈표 4-14〉 인증관리사업 주요 내용

구 분	내 용
자원봉사 확대를 위한 일감개발	▪ 온·오프라인 지원을 통한 봉사활동 참여경로 다양화 ▪ 계층별·지역별 봉사단 〈지역사회 돌봄이〉 구축 ▪ 사회복지봉사활동 긴급지원캠프 운영
자원봉사 참여문화 확산을 위한 교육·홍보 활성화	▪ 사회복지 자원봉사대회 개최 ▪ 전문관리자 양성교육 및 전담직원 워크숍 개최 ▪ 사회복지자원봉사 통계연보 제작·보급(4천 부)
자원봉사 동기부여를 위한 인정·보상확대	▪ 자원봉사자 상해보험 가입 및 관리(7만 명) ▪ 인증센터 카드리더기 보급(2천 개소) ▪ 자원봉사 인센티브 민간자원 발굴·연계 ▪ 우수 인증관리센터 현판 제작 및 보급
자원봉사 인증관리사업 운영·지원	▪ 자원봉사인증관리시스템(VMS) 운영 ▪ 우수인증센터 인증요원 활동비 지급(분기별 3백 명)
사회복지 자원봉사 인증관리본부 운영	▪ 자원봉사 중앙·지역·기초관리본부 운영

3. 자원봉사활동영역 및 프로그램

자원봉사활동은 활동영역과 대상 차원에서 분류할 수 있다.

1) 영역별 분류

봉사활동은 모든 생활영역에서 이뤄질 수 있으므로 삶의 다양성만큼이나 많은 종류의 활동이 있다. 봉사활동의 역사를 볼 때, 어떤 영역은 다른 영역보다 더 발달되어 있기도 하고, 봉사활동을 조직하는 기관이나 단체에 따라서 특정 영역이 강조되기도 한다.

처음 봉사활동이 개발될 때에는 가난한 사람들의 생계를 지원하기

〈표 4-15〉 사회복지봉사활동 인증센터 현황

(괄호 안은 %)

구 분		개 소
사회복지시설	법인단체	560(10.9)
	복지관	386 (7.5)
	부랑인	43 (0.8)
	정신요양	89 (1.8)
	여성	86 (1.7)
	장애인	796(15.6)
	노인	1,289(25.2)
	아동	717(14.0)
	계	3,966(77.5)
보건의료		318 (6.2)
기타		836(16.3)
합계		5,120(100)

자료: 보건복지가족부·한국사회복지협의회, 2009.

위한 부조활동, 혼자 외롭게 사는 노인과 고아를 돕는 보호활동 등 사회복지활동이 주를 이뤘지만, 점차 보건의료활동, 지역사회의 안전유지, 문화 및 여가생활과 관련된 활동 등이 개발되었다.

최근에는 사회의 각 분야에서 개인과 집단이 가진 자원을 충분히 활용할 수 있는 다양한 봉사활동이 개발되고 있다. 한 예로 미국은퇴자협회(AARP)는 〈표 4-16〉과 같이 예술과 문화, 경영, 소비자 관련 업무, 교육, 환경·동물보호, 보건, 주택공급, 법·보호, 법률입법, 레크리에이션, 안전, 과학·공학, 사회적 서비스·대인적 서비스, 특별서비스, 노동관련 활동 등 열여섯 가지 영역으로 나눠서 봉사활동을 장려하고 있다(한국사회복지협의회 자원봉사프로그램백과 ①, 1997: 79 재인용).

우리나라는 자원봉사활동기본법 제7조에 의한 자원봉사활동의 범위를 다음과 같이 규정하고 있다.

① 사회복지 및 보건증진에 관한 활동
② 지역사회개발·발전에 관한 활동
③ 환경보전 및 자연보호에 관한 활동
④ 사회적 취약계층의 권익증진 및 청소년의 육성보호에 관한 활동
⑤ 교육 및 상담에 관한 활동
⑥ 인권옹호 및 평화구현에 관한 활동
⑦ 범죄예방 및 선도에 관한 활동
⑧ 교통 및 기초질서계도에 관한 활동
⑨ 재난관리 및 재해구호에 관한 활동
⑩ 문화·관광·예술 및 체육진흥에 관한 활동
⑪ 부패방지 및 소비자보호에 관한 활동
⑫ 공명선거에 관한 활동
⑬ 국제협력 및 해외봉사활동
⑭ 공공행정분야 사무지원에 관한 활동
⑮ 그 밖에 공익사업의 수행 또는 주민복리의 증진에 필요한 활동

〈표 4-16〉 미국 은퇴자협회의 자원봉사 분류

영역별	봉사활동
예술과 문화	예술과 기능, 미술품, 그래픽, 미술관, 공연·오락, 역사박물관, 자연사박물관, 과학관
경영	기업경영, 컴퓨터시스템, 판매·광고, 프로그램 개발, 소기업경영, 전기통신, 관리, 재무·회계
소비자 관련업무	소비자 권리, 재무기획, 식품, 기획, 보험, 위원회 봉사, 에너지·편익사업, 여성노인의 경제적 관심
교육	수준: 미취학, 초·중·고·대학교, 성인교육, 특수교육 주제·영역: 성인, 예술, 영어, 외국어, 문학, 수학, 독서, 과학, 사회과학, 도서관학, 보건, 환경, 안전 역할: 행정, 상담, 교과과정개발, 토론진행자, 훈련지도자, 교사 보조자, 조언자, 가정교사
환경·동물보호	에너지, 환경보호, 원예, 천연자원, 국립공원, 오염, 야생동물서식지, 도시계획, 수목원·식물원·동물원, 야생생물조사, 동물보호, 정보제공, 박물관 전시품 보존, 캠프장 관리
보건	성인주간보호, 혈액프로그램, 지역사회 정신보건프로그램, 위기개입, 최초단계 원조, 건강에 관한 정보개발, 건강에 대한 정보계획, 건강증진, 호스피스, 병원자원봉사프로그램, 저소득층 의료보호, 의료보장·보충적 의료보험, 요양원자원봉사프로그램, 레크리에이션치료, 약학, 재향군인회·보훈청 자원봉사, 관절염 교육과 인식, 보호대책, 가정보호서비스, 여성노인의 건강에 대한 관심, 장기 보호교육, 영양, 양호
주택공급	건축, 건설, 주택사양, 옹호·입법, 저소득층주택, 무주택자
법·보호	옹호, 긍정적 행동, 시민권, 법원시스템, 법원 자원봉사자, 법시행과 연장자, 법적 원조서비스, 보호서비스, 대리인, 희생자·증인원조, 형사재판, 요양원 옴부즈맨
법률입법	법안초안 작성, 로비활동, 정책분석, 증언, 입법주제에 대한 교육, 공무원·후보자와의 협력, 투표인등록·선거위원장, 투표행사
레크리에이션	활동기획, 카드게임, 야영·하이킹, 댄스, 낚시, 집단소풍, 피크닉, 스포츠, 여행안내, 운동프로그램
안전	범죄보호, 운전자 개선·정신 차리기 프로그램, 화재안전, 군중과 교통통제, 해양안전·순찰, 수색과 구조업무, 재해구호, 직업안전

〈표 4-16〉 계 속

영역별	봉사활동
과학 · 공학	인류학, 천문학 · 우주학, 생물학, 식물학, 화학, 인구학, 공학, 지학 · 지구과학, 수학 · 통계학, 물리학, 심리학, 사회학, 동물학, 컴퓨터과학, 해양학 · 해양과학, 물질과학, 과학
사회적 · 대인적 서비스	요리, 상담프로그램, 우호방문, 가정조성, 독서, 노인프로그램, 재봉 · 수선, 시장보기, 노인을 위한 세금상담, 전화보증, 운송 · 운전경호, 미망인을 위한 서비스, 간병인 교육, 노인음식프로그램
특별 서비스	전시회, 총회 · 회의, 워크숍, 자원봉사 리더십, 홍보, 외국관련 업무, 지역사회활동, 소수집단 업무, 여성의 주도권
노동관련 활동	은퇴계획, 노인차별, 직업전환 · 고용계획, 연금과 종업원 급여, 군인퇴역 · 원조, 고용주 · 현장사무소

자료: 한국사회복지협의회, 자원봉사프로그램백과 ①, 1997.

한국사회복지협의회(1997)에서는 자원봉사활동의 활동영역을 다음과 같이 분류하고 있다.

① 아동 · 청소년 관련 영역
② 노인 관련 영역
③ 장애인 관련 영역
④ 여성 관련 영역
⑤ 지역사회 영역
⑥ 보건 · 의료 영역
⑦ 환경 · 교통 영역
⑧ 문화 · 예술 영역
⑨ 생활체육 · 스포츠 이벤트 영역
⑩ 국제협력 영역

우리나라의 자원봉사활동영역은 〈표 4-17〉과 같이 보건의료기관,

〈표 4-17〉 우리나라 자원봉사활동영역

활동영역	활동내용 및 활동기관
보건의료기관	정신보건, 지적 장애・발달장애를 위한 일반의료기관 및 재활의료기관, 약물 오남용 치료・방지기관, 질병연구 및 공공교육기관, 병・의원, 요양원, 호스피스, 위기상담, 전화상담서비스
교육기관	공・시립 초・중・고등교육기관, 도서관, 교육기관에서의 연구, 성인교육, 비공식교육기관에서의 활동
종교기관	종교관련기관, 영성훈련기관에서의 활동
사회복지기관 (대인서비스)	노인・장애인・종합사회복지관, 노인복지센터, 경로당, 어린이집, 쉼터, 주거환경 개선, 가정위탁보호, 가족상담, 소비자보호, 법률상담, 범죄 및 비행예방, 노숙자 돕기, 실직자 취업상담, 먹거리 나누기
환경단체	생태계보호, 녹색가게, 쓰레기문제 해결, 도시환경미화, 우리말 살리기운동, 야생동물보호, 유기농산물 생협운동
공익민간단체	사회개혁, 언론개혁, 지방자치, YMCA, YWCA, 여성운동, 인권보호, 시민권리 찾기운동, 지역사회 참여활동, 대변활동(장애인, 여성, 아동, 어르신 실직자 등 사회적 약자), 주거권, 지역사회 생산자공동체, 자선단체, 소비자보호단체, 자원봉사단체
성인취미단체	요리, 꽃꽂이, 종이접기, 스포츠동호회 등 클럽회원 활동
예술/문화/스포츠 단체	건축 디자인, 행위예술 역사유적지 보호하기, 박물관, 미술전시, 오페라, 심포니오케스트라, 사진전, 극장, 공공TV와 라디오 코치, 감독, 레크리에이션 활동
노동조합, 기능단체, 전문가단체	노동조합, 농민단체, 신용조합, 변호사, 의사, 약사, 기술자 등 전문직종협회 활동
정치조직/ 정당	정당활동, 비당파적 정치 혹은 지역단체, 다른 정치적 목적의 단체들
관공서	구청, 동사무소, 소방서, 보건소 활동
청소년단체	YMCA 청소년사업부, 청소년상담원, 청소년폭력예방재단, 한국보이스카우트연맹, 한국걸스카우트연맹, 청소년상담소, 지역청년회 활동

〈표 4-17〉 계 속

활동영역	활동내용 및 활동기관
기업재단 및 민간재단	기업 사회공헌팀 활동
국제기구	국제기구활동, 유네스코, KOIKA(국제협력단), UNDP, 교환학생봉사프로그램, 개발도상국 경제개발 활동

자료: 볼런티어 21, 2002.

교육기관, 종교기관, 사회복지기관(대인서비스), 환경단체, 공익·민간단체, 성인취미단체, 예술·문화·스포츠, 노동조합·직능단체·전문가단체, 정치·정당조직, 관공서, 청소년단체, 기업이나 민간재단, 국제기구 등에서의 활동으로 구분된다.

미국에 비해 국내 자원봉사활동영역은 기업경영, 컴퓨터 시스템, 판매·광고, 프로그램 개발, 소기업경영 등의 경영관련 분야의 인류학, 천문학, 우주학, 화학, 공학, 지학 등의 과학이나 공학분야의 활동이 이뤄지지 않음을 알 수 있고, 이밖에도 법률입법이나 법적 서비스분야 등의 활동은 상대적으로 부진함을 알 수 있다(박태영, 2008: 118).

2) 대상별 분류

봉사활동의 1차적 대상자는 요보호대상자였던 아동, 노인, 장애인, 여성 등이지만 이밖에도 다양한 계층과 분야의 사람들이 그 대상이 될 수 있다. 최근에는 사회복지에 국한되지 않고 환경, 제도 등의 정비와 계발활동을 포함하고 있다. 예컨대 일본 오사카자원봉사협회의 자원봉사 분류를 살펴보면 〈표 4-18〉과 같다.

〈표 4-18〉 일본 오사카자원봉사협회의 대상별 자원봉사 분류

대상		자원봉사활동의 종류
노인대상		재가방문·우애방문, 전화서비스, 사랑의 목소리, 화기 등의 안전점검, 외출시 집 보기, 급식서비스(배식, 회식), 식사보조·대화상대, 식사준비, 장보기, 약 타오기, 간호보조, 손톱깎기, 입욕보조, 세탁물 정리, 세탁 돕기, 이불 말리기, 청소, 통원보조, 휠체어보조, 산책보조, 편지 등의 대필, 고령자모임 운영, 스포츠 지도, 레크리에이션 지도, 결혼상담, 법률상담, 취직알선, 위탁보호, 카운슬링 등
아동대상		직업보증인, 대리부모(1일 부모, 주말보모), 유아시설 등에서 학습지도, 유아원에서 기저귀 정리, 어린이문고 순회도서 활동, 비행방지를 위한 계몽운동, 보호관찰사업의 보조사업, 갱생보호 부인회·소년보호협조원 등, BBS활동, 어린이회 지도, 스포츠소년단·해양소년단 등의 지도, 게임 지도, 보이·걸스카우트 활동, 동물원 자원봉사활동, 교통안전활동, 교통유아를 격려하는 활동, 놀이상대, 놀이의 전승활동, 장난감의 수리, 가정보육(위탁아), 베이비시터 등
장애인·환자	장애인	재가방문, 휠체어 보조, 자립장애인의 신변 도움, 재활의 보조, 편지 등의 대필, 부모회 활동의 원조, 사랑의 소리, 화재안전점검 서비스, 게임, 유니크댄스 등의 지도, 공동작업소 만들기, 취직알선, 결혼상담, 유도견 사육, 수화통역, 점역·낭독
	장애아	재가방문서비스, 통학·통원 보조, 놀이상대, 학습지도, 요육보조, 시설에서의 원외 보육돕기, 식사 등의 보조, 그림책 만들기, 장난감 전시실
	환자	장기입원 아동의 학습지도, 대화상대, 재활보조, 신변보조, 약타기, 장보기, 회복기 아동의 놀이상대, 통원보조, 병원 내에서의 안내서비스, 헌혈, 헌체(장기제공), 임종환자에 대한 정신적 보호, 카운슬링, 신문·서적 등의 낭독, 도서관 서비스 등
기타 대인활동		유학생 받아들이기, 난민원조, 관광안내, 산에서의 가이드, 부인상담, 교류를 창출하기 위한 커피하우스, 워크캠프, 집회·회의 등의 접수, 고교야구 심판원 등

〈표 4-18〉 계 속

대상	자원봉사활동의 종류
기능	간호, 요리지도, 법률상담, 배우고 싶은 일 지도, 노래·악기 연주 등의 지도, 인형극·그림 극장, 스포츠지도, 목공·도예, 이용·미용, 캠프 카운슬러, 카운슬링, 영화상영(영화기술), 카메라맨, 운전, 원예(분재 만들기), 강사, 민화·동화 등 읽기, 의료(장애아의 치과치료), 양복수선(장애인·노인 상대), 속기, 통역 등
환경·제도 등의 정비와 계발	계몽영화 상영운동, 강연회 등의 개최, 서명운동·청원운동, 보육소시설 만들기, 복지촌 만들기, 누구나 이용할 수 있는 공공시설 설비를 위한 건축기준 만들기 운동, 복지지도 만들기와 장애체험 오리엔테이션, 자원봉사활동 사무소 만들기, 녹화식수운동, 자연보호운동, 지역청소·환경미화, 문화재 패트롤, 민화·민요 수집활동, 역사기록, 조사활동, 바자회 개최, 모금활동, 법률상담(변호), 신문(홍보지, 정보지, 기관지) 만들기 등

자료: 한국사회복지협의회 자원봉사프로그램백과 ①, 1997: 82 재인용.

4. 자원봉사단체 유형

한국의 자원봉사단체 유형은 정부, 기업, 종교, 중·고교, 대학, 기타 교육기관, 언론, 사회복지, 청소년단체, 시민사회단체, 구호단체, 종교단체, 멤버십단체, 보건의료기관, 국제구호단체, 국제봉사단체, 국제단체, 행사단체, 전문단체 등으로 이를 광의 및 협의로 구분하면 〈표 4-19〉와 같이 대부분 자원봉사단체가 제 3섹터인 시민사회단체이다.

〈표 4-19〉 한국 자원봉사단체 유형: 협의와 광의의 단체 분류

유형	협의의 자원봉사단체	광의의 자원봉사단체
정부	자원봉사센터(행정안전부) 청소년진흥센터(보건복지가족부) 사회복지정보센터(보건복지가족부) 학생자원봉사활동정보안내센터(교육과학기술부)	주민자치센터(읍, 면, 동) 범죄예방위원회(법무부) 도서관, 미술관 등 공공기관 공무원, 군부대
기업	사회봉사단, 사회공헌팀	사회봉사동아리, 노동조합 봉사팀
중고교		중고교 자원봉사팀
대학	사회봉사센터	학생회, 동아리
기타교육기관		사회교육원, 야학단체
언론		중앙일보 전국자원봉사 축제 언론사 환경보호운동
사회복지	복지관(종합, 노인, 장애인)	복지시설(이용, 생활시설)
청소년단체	청소년활동진흥센터	수련관, 수련시설, 상담소, 보이스카우트, 걸스카우트
시민사회단체	한국119유선봉사단, 장애인 봉사단체, 볼런티어 21	대부분의 시민단체, 환경단체, 소비자단체
구호단체	대한적십자사(구호)	적십자사(병원 등) 구세군
종교단체	불교자원봉사단, 기독교연합봉사회, 천주교 사회복지회	교회, 성당, 사찰 자원봉사팀
멤버십 단체		라이온스, 로타리클럽
보건의료기관	한방의료봉사단	병원, 보건의료기관(호스피스)
국제구호단체	월드비전, 국제기아대책기구, 굿네이버스	아프칸 난민구호 NGO 연대
국제봉사단체	세계청년봉사단, 태평양아시아협회	지구촌 나눔운동 우리민족 서로돕기
국제단체	유엔봉사단(UNV) 세계 자원봉사협회(IAVE)	UNICEF, UNESCO

〈표 4-19〉 계 속

유형	협의의 자원봉사단체	광의의 자원봉사단체
행사단체	2001 IVY 한국위원회 2002 IAVE 서울대회	월드컵 문화시민운동 협의회
전문단체	자원봉사단체협의회 자원봉사센터협의회 자원봉사인증센터 자원봉사연구기관	대학 자원봉사 연구소 자원봉사포럼 자원봉사학회

자료: 한국자원봉사단체협의회, 2003을 저자가 재구성.

제 2 부

자원봉사관리

제5장

자원봉사관리의 개요

1. 자원봉사관리자의 개념

최근 인간적 대인서비스 활동에 중심을 둔 자원봉사활동의 가치와 필요성이 사회적으로 더욱더 인식되면서 자원봉사활동관리의 중요성도 부각되고 이를 담당할 인력, 즉 관리자에 대한 관심이 증대됨에 따라 자원봉사관리자가 새로운 전문직종으로 등장하고 있다. 이러한 전문직은 자원봉사관리자(*volunteer administrator*), 감독자(*director*) 혹은 조정자(*coordinator*)의 역할이다(Schindler-Rainman & Lippitt, 1975: 101~102).

자원봉사관리에서 주체가 되는 핵심은 자원봉사관리자(*volunteer manager* 혹은 *volunteer coordinator*)이다. 자원봉사관리자는 자원봉사조정자 혹은 자원봉사관리조정자라고 불리기도 한다. 자원봉사활동을 지원하는 사람의 욕구와 자원봉사활동을 요청하는 사람 혹은 기관의 욕구를 연계하고 자원봉사활동이 효과적으로 이뤄지도록 양자를 조정하는 역할을 담당하는 사람이다. 자원봉사 프로그램의 운영은 행정절차로서만 이뤄질 수 있는 것이 아니다. 자원봉사활동이 실제로 이뤄지는 실무내용과 관련체계 등을 이해하고 조정할 수 있는 능력이 필요하다. 이에 따라 관련된 기술을 보유하는 사회복지사가 자원봉사관리자의 역할을 담당하는 경우가 많다(남기철, 2008).

그러나 자원봉사에 대한 필요성이 증가하고 있고 그 중요성도 높아지고 있지만, 여전히 낮은 자원봉사의 참여율과 높은 중도탈락률, 자원봉사관리의 전문성과 체계성 미흡은 자원봉사의 활성화에 걸림돌이 되고 있다. 따라서 자원봉사를 활성화시키기 위해서는 자원봉사자를 발굴, 훈련, 배치, 지시·감독 및 평가하는 과학적이고 전문적인 관리기술이 필요하고 그러한 능력을 갖춘 자원봉사관리자를 육성할 필요성이 증가하고 있다(최희순, 2006: 15).

자원봉사관리자는 자원봉사 관리조정기구가 어디인가에 따라 사회복지기관 시설과 같이 자원봉사 수요처에 근무할 수도 있고 학교나 기업 등 자원봉사 공급처에 근무할 수도 있다. 또한 직접적 공급처나 수요처가 아니더라도 자원봉사 추진체계에서 근무할 수도 있다. 현재 자원봉사 수요처의 가장 중요한 부분을 차지하는 사회복지기관이나 시설에서 사회복지사가 자신의 담당업무 중 하나로 겸직하는 경우와 학생사회봉사 과정을 주관하는 교육기관에서 담당업무를 수행하는 경우가 많다.

2. 자원봉사관리자의 역할과 자질 및 기능

1) 자원봉사관리자의 역할

사회복지기관에서 자원봉사자를 받을 때, 자원봉사 프로그램 관리자로서 사회복지사에게 어떻게 자원봉사자를 관리해야 하는가, 기관의 특성에 맞는 역할을 적절하게 부여할 수 있는가, 그리고 이를 통해 추구하려는 목적이 무엇인가 등의 문제는 자원봉사자의 활용에서 대단히 중요한 문제이다.

이러한 자원봉사관리자들의 역할에 관한 견해는 학자들에 따라 다양하게 제시되고 있다. 피셔와 콜(Fisher & Cole)은 "기존의 연구문헌과 자원봉사 분야에서 실제로 활동하는 전문직업인에 의해서 거론되는 자원봉사관리자들의 업무역할은 다음과 같이 몇 가지로 설명되고 있다"고 주장하면서 "자원봉사관리자들의 직무지침서는 다음의 다섯 가지 전부 또는 일부를 포함하지만, 지도자(*leader*)와 관리자(*manager*)로서의 역할이 가장 중요하다"고 지적하고 있다(유성호 역, 1997: 13).

① 자원봉사자들의 지도자와 봉사활동지침의 결정자
② 자원봉사 프로그램의 관리자와 인사관리자
③ 조직에서 활동하는 자원봉사자들의 옹호자
④ 조직과 조직에서 활동하는 자원봉사자들 사이의 주요 의사전달자
⑤ 자원봉사 프로그램의 지지를 위한 기금조성자

김영호는 자원봉사관리자의 역할을 활동업무와 관련하여 다음과 같이 제시하고 있다(김영호, 1996: 54~55).

① 자원봉사센터, 사회복지기관·시설, 기타 지역사회의 다양한 기관과 단체들에 대해 자원봉사활동에 대한 관심을 유발시키고 봉사자들을 친절하게 받아들이며 협조분위기를 조성하는 역할
② 자원봉사자를 육성하기 위한 총체적 계획을 입안하고 소그룹 리더를 지도·지원하는 역할
③ 자원봉사활동 신청자를 위한 접수·오리엔테이션 워커(*intake-orientation worker*)의 역할
④ 자원봉사자와 클라이언트의 연결·조정자(배치·조정자)의 역할
⑤ 자원봉사자의 변화욕구와 각 개인의 특성을 파악하고, 그들이 능력을 발휘할 수 있는 기회를 제공하고 지원하는 역할

⑥ 자원봉사자와 전문적 신뢰관계를 바탕으로 자원봉사활동의 상담자로서 자원봉사자 자신의 문제 상담과 해결을 위한 측면에서 지도·지원하는 상담자의 역할
⑦ 자원봉사센터에 소그룹과 지역사회의 여러 집단을 필요에 따라 조직화하고(*networking*), 그 집단이 자율적·민주적으로 활성화할 수 있도록 지도·지원하는 조직자 혹은 지원자의 역할
⑧ 소그룹 모임의 커뮤니케이션 과정 속에서 회원들이 커뮤니케이션 과제의 본질적 의미와 집단의 존재가치를 올바로 인식하고 활동과정상의 문제처리 능력을 향상시키는 해설자 또는 전문지도자의 역할
⑨ 자원봉사자 또는 소그룹 리더를 위한 교육훈련자(계속교육 포함)의 역할
⑩ 소그룹 모임의 사례발표, 토의방법, 평가 등을 지도·지원하고 자원봉사자가 자원봉사활동의 가치를 깨닫고 공감하며, 감동, 충족감, 기쁨과 보람, 감사하는 마음, 자신감과 신비감을 느끼고, 자원봉사활동을 계속 유지, 발전시킬 수 있도록 격려하는 격려자·평가자·촉진자의 역할
⑪ 자원봉사센터와 지역사회 내 여러 소그룹의 가치창조적 공동목표(= 공동가제)를 설정하고 필요시 타 집단(조직)과 상의할 수 있는 협의체를 구성하여 협동노력에 의해 목표를 달성할 수 있도록 지원하는 촉진자 또는 교섭자의 역할
⑫ 자원봉사활동의 활성화를 위하여 소그룹 모임 또는 협의체와 지역사회 내외의 타 자원체계와의 연결·협동을 추구하는 과정에서 관계형성을 위한 매개자의 역할
⑬ 자원봉사활동 프로그램의 연구개발자 및 평가지도자의 역할
⑭ 자원봉사센터의 사업방향을 계획·자문하는 자문자 또는 조정자의 역할
⑮ 소속기관 이외의 자원봉사활동을 활성화하기 위한 자문·지원자의 역할
⑯ 자원봉사자가 초기의 활동업무를 스스로 선택하고 실천과정에서 창조적이고 협동적인 능력을 향상시킬 수 있도록 도와주며, 소

그룹 과정을 통한 학습체험을 가정과 지역사회 생활에 응용·적용하여 민주복지 공동체문화를 창조할 수 있도록 지도·지원하는 역할

2) 자원봉사관리자의 자질

자원봉사관리자가 자신의 역할을 잘 수행하기 위해서는 다음과 같은 자질을 갖춰야 할 것이다(박태영 외, 2008: 132).

① 적극적 태도: 소극적 태도는 실패를 자초한다. 도전적이고 개척적인 태도를 가진다.
② 공정성 유지: 선입견이나 편견은 금물이다. 클라이언트와 자원봉사자 쌍방의 의견을 잘 들어서 공정하게 업무를 처리해야 한다.
③ 새로운 사고에 대한 수용력: 완전한 사람은 없다. 배우려는 자세를 가져야 한다.
④ 경청과 이해: 자신의 주장을 펴기보다는 상대방의 느낌, 의도, 신념 등을 이해하려고 노력한다.
⑤ 능숙한 의사소통: 명료한 대화와 정확한 서류작성을 한다.
⑥ 인권의 존중: 자원봉사와 관련된 모든 사람의 인권을 존중한다(클라이언트, 자원봉사자, 조정자 간의 대등한 관계 유지).
⑦ 재치 있는 유머: 긍정적이고 지지적인 유머를 구사한다.
⑧ 긍정적 사고: 인간의 잠재성과 가능성에 대한 신뢰와 긍정적 사고를 한다.

결국 바람직한 자원봉사관리자는 다음과 같은 자질의 소유자여야 한다.

① 창의적이고 진취적이며 사교적인 자
② 감성이 풍부하고 대인관계가 원만한 자

③ 헌신적이고 리더십이 있는 자
④ 건전한 가치관이 있는 자
⑤ 상식이 풍부한 자

3) 자원봉사관리자의 기능

자원봉사관리자의 기능은 단순한 행정적 관리에 그치지 않고 실제로 새롭고 다원적이며, 도전과 융통성이 요구되는 기능으로 학자에 따라 다르게 분류되고 있다.

자원봉사관리자 기능을 살펴보면 다음과 같이 제시하고 있다(남기철, 2007: 124~126).

(1) 계획수립 (*planning*)

자원봉사활동의 기획은 자원봉사활동 목표를 수립하고 이 목표에 맞춰 자원봉사활동의 직무분야를 설정하며, 목표와 직무를 고려하여 적정한 자원봉사자를 모집선발하고 교육훈련시키며, 활동의 지속성을 위해 지도감독하고 최종적으로는 이 활동을 평가하는 다양한 내용을 포함하는 것이다.

(2) 직무설계 (*job design*)

직무설계는 자원봉사활동이 이뤄질 구체적 업무마다 목표, 활동시간, 활동의 구체적 내용, 활동위치 등에 대해 명시화되는 것이다.

(3) 요원구성

요원구성은 설계된 직무를 실행할 적절한 자원봉사자를 결정하는 것이다. 여기에는 자원봉사자 모집, 선발, 면접 등의 절차가 해당된다. 설계된 직무내용을 잠재적 자원봉사자군(群)에 알려 희망자를 지원받는 과정이 모집이다.

(4) **교육 및 훈련**(*education and training*)

선발된 자원봉사자를 업무내용에 비춰 필요한 교육과 훈련을 이수하도록 해야 한다. 즉, 지식과 정보전달, 가치관의 변화, 흥미유발, 대인관계 기술개발 등의 기능을 말한다.

(5) **지도감독**(*supervision*)

자원봉사자가 자신에게 내재된 자원을 동원하여 활용하는 과정에서 최대한 만족하고 욕구가 충족될 수 있도록 지원하는 기능을 말한다.

(6) **자원동원**(*mobilization*)

자원봉사 프로그램의 운영과 기관의 목적을 위해 필요한 자원을 조직 내외에서, 그리고 지역사회로부터 발굴하고 동원하는 기능을 말한다.

(7) **평가**(*evaluation*)

자원봉사자들의 활동이 원래 프로그램의 목표를 얼마나 달성하였는지에 대한 전문적·객관적으로 자료를 수집하고 판단하는 기능을 말한다.

김영호는 자원봉사관리자의 기능을 다음과 같이 제시하고 있다(김영호 외, 2006).

① 조정자의 기능: 자원봉사 지원자의 욕구와 봉사활동을 필요로 하는 서비스를 조정하는 것이다.
② 훈련자의 기능: 훈련을 담당하는 훈련자로서의 기능과 자원봉사 과정의 수행을 지도평가하고 조언하며 지도감독(*supervision*)하는 것이다.
③ 연계자의 기능: 자원봉사관리자는 공공기관 및 지역사회와 연계하는 연계자로서 활용가능한 공공기관과 민간기관의 재원과 정

보를 수집해 이를 바탕으로 자원봉사활동업무를 계획하고 연계된 지역사회의 자원을 최대한 활용한다.

④ 대변자의 기능: 자원봉사관리자는 사회 내에서 존재하거나 발생하는 욕구에 대한 대변자로서, 지지옹호자로서 지역사회 및 사회 전체에 대해 특정 프로그램이 필요한 사실을 알리고 이를 위한 프로그램 전체를 유도하는 한편 자원봉사자의 역할과 기능을 사회에 부각시켜 아동·청소년·요보호여성·노인·자원봉사자의 욕구를 대변하고 지지한다.

메구리 세이치〔巡静一〕는 자원봉사관리자의 기능을 ① 수급조정, ② 기록·등록, ③ 자원봉사활동의 지원, ④ 양성·연수, ⑤ 홍보·개발, ⑥ 네트워크화, ⑦ 조사·연구 등으로 제시하고 있다(박태영 역, 1996).

스테푸타트(Stepputat)는 자원봉사관리자의 기능을 ① 모집, ② 신청, 면접 및 심사, ③ 오리엔테이션 및 훈련, ④ 자원봉사자 배치, ⑤ 수퍼비전 및 평가, ⑥ 인정, ⑦ 유지존속, ⑧ 기록유지, ⑨ 프로그램 평가, ⑩ 권익옹호 및 교육 등으로 제시하고 있다(류기형, 2006을 배기효, 2008 재인용).

3. 자원봉사관리과정

자원봉사기관에서 자원봉사자를 관리하는 일은 오늘날 전문적 과업으로 변화되었다. 자원봉사자에 대한 관리업무가 점점 중요시되고 있다.

자원봉사관리과정에 대한 일치된 견해는 없으나 이와 관련한 몇 가지를 제시하면 다음과 같다.

스완슨(Swanson)은 자원봉사관리과정 및 기능을 ① 자원봉사 조직, ② 모집과 홍보, ③ 면접과 배치, ④ 자원봉사자에 대한 오리엔테이션, ⑤ 자원봉사자의 유지 및 보존, ⑥ 업무기록, ⑦ 예산조정 및 후원, ⑧ 자원봉사 프로그램의 평가 등으로 구분한다.

던(Dunn, 1995)은 《미국사회사업백과사전》에서 자원봉사관리과정을 크게 네 가지로 구분하고 있다. 이는 ① 프로그램의 기획과 사전평가, ② 업무설계와 자원봉사자 모집, ③ 자원봉사자의 선택과 배치, ④ 자원봉사자 유지 등이다(김동배, 2006: 345~347).

이상의 내용을 종합하면 자원봉사 프로그램을 효과적으로 조직하고 관리하는 데 필요한 여섯 가지 핵심적 요소들을 관리의 과정에 따라 ① 자원봉사 프로그램의 기획 및 업무설계, ② 모집, ③ 교육 및 훈련, ④ 배치 및 업무, ⑤ 지도·감독 및 평가, ⑥ 인정과 보상 등으로 제시할 수 있다.

제6장

자원봉사 프로그램 기획 및 업무설계

1. 자원봉사 프로그램 기획

기획(*planning*)은 우리가 처한 곳과 나아가야 할 곳의 간격을 연결해 주는 것으로서, 해야 할 바를 결정하는 역할을 하며, 기본적으로 여러 대안들 중에서 어떤 목적을 위해 행동방침을 선택하는 것이다.

자원봉사 프로그램의 기획은 "자원봉사를 활용하고자 하는 기관에서 유능한 자원봉사의 유지, 기존의 업무에 새로운 자원봉사자 선택, 새로운 업무에 자원봉사자의 접근 등이 가장 기본적인 작업"이라고 말할 수 있다(Dunn, 1995; 김동배, 2005: 347 재인용).

이 과정에서 고려해야 할 중요한 점은 프로그램이 실행가능하게 계획되어야 하는 실행가능성, 프로그램의 실행결과가 현실적이고 긍정적인 결과로 산출할 수 있는 실용성, 프로그램의 주관기관이나 조직이 제안된 프로그램을 진행할 만한 준비성, 프로그램의 객관적 사실에 의한 합리성이 있어야 한다.

즉, 자원봉사프로그램 기획과정에서 고려해야 할 사항은 다음과 같다(정무성, 1999).

① 가치: 프로그램 관여자들이 받아들일 수 있는 가치가 반영되어 있는가?
② 실현가능성: 프로그램을 실행할 만한 정치적 승인과 경제적 자원을 동원할 수 있는가?
③ 준비성: 프로그램의 주관기관이나 조직이 제안된 프로그램을 진행할 만한 준비가 되어 있는가?
④ 합리성: 프로그램이 객관적 사실에 근거하여 준비되는가?

제이콥슨(Jacobson)과 조휘일이 제시한 자원봉사 프로그램 기획지침과 사전 점검사항은 다음과 같다(Jacobson, 1999: 9; 조휘일, 2002; 박태영, 2008: 179 재인용).

자원봉사 프로그램 기획지침(Jacobson, 1987)

① 기획은 기관의 목적 및 목표와 일치하면서 합리적이어야 한다.
② 매년 장단기 목표를 설명하고 분기마다 검토·수정한다.
③ 현재목표의 타당성을 평가하고 가용자금, 장소, 지원과 관련이 있어야 한다.
④ 프로그램(또는 서비스)에 대한 지역사회의 사명감과 책임감을 고려해야 한다.
⑤ 프로그램(또는 서비스)의 적용가능성을 고려해야 한다.
⑥ 일련의 발달과정이 진행되는 설계구조를 갖춰야 한다.
⑦ 구체적 과업과 이를 완수하는 일자를 구체적으로 명시한다.
⑧ 대중에게 홍보하고 대중과의 관계를 장려해야 한다.
⑨ 정기적으로 브레인스토밍(*brainstorming*)을 할 수 있는 현실적 이사회, 위원회가 필요하다.

자원봉사 프로그램 기획 사전점검사항(조휘일, 2002)

① 자원봉사 프로그램으로 무엇을 얻고자 하는가?
② 자원봉사 프로그램을 기획하고 운영하는 데 대해 이사회, 그리

고 상급관리자들이 얼마나 책임감을 느끼는가?
③ 기관사업 중 일부 구체적 업무를 자원봉사자에게 맡길 수 있는가?
④ 기관은 자원봉사자들을 모집할 수 있는 잠재력이 있는가?
⑤ 자원봉사자에 대한 직원의 태도는 어떠한가?
⑥ 자원봉사자에게 직원에 준하는 훈련프로그램을 제공할 수 있는가? 아니면 그 외 활용가능한 훈련프로그램이 있는가?
⑦ 직원들이 자원봉사자와 함께 일하는 것에 동기화되어 있고 도움을 주고받을 수 있는가?
⑧ 직원들에게 자원봉사자의 업무를 규정하고 훈련·지도감독할 수 있는 사명감이 있는가?
⑨ 기관은 자원봉사에 관한 정책이 있거나 정책을 세우려고 하는가?
⑩ 프로그램 평가계획이 있는가?

자원봉사자를 활용하는 이유가 분명하게 확인되면 자원봉사 프로그램 기획은 〈표 6-1〉의 5단계 과정으로 진행할 수 있을 것이다(류기

〈표 6-1〉 자원봉사 프로그램 개발의 5단계

① 문제확인	▪ 도움이 가장 필요한 대상은? (예: 아동, 장애인 …) ▪ 어떤 도움을 필요로 하는가? (예: 빈곤, 학대 …) ▪ 동원할 수 있는 자원은? (예: 시간, 비용, 기술 …)
② 프로그램 조직	▪ 목표설정(예: 학대아동 5가정, 주 1회 방문 …) ▪ 활동방법 결정(예: 가사지원, 학습지도 …) ▪ 업무분담(예: 파트너 결정, 역할분담)
③ 오리엔테이션, 훈련	▪ 자원봉사활동의 정신, 활동현장 이해와 유의점, 오리엔테이션 ▪ 프로그램 및 업무수행에 필요한 기술과 상식
④ 프로그램 실행	▪ 교육받은 내용에 유의하는가? ▪ 계획된 프로그램에 충실한가? ▪ 융통성을 어느 정도 갖고 있는가?
⑤ 평가	▪ 수혜자에게 어떤 변화가 있었는가? (효과성) ▪ 나에게 어떤 변화가 있었는가? (성취감) ▪ 문제점과 애로사항은 어떤 것인가? (개선사항)

형 외, 2006: 230~231; 남기철, 2007: 134~139).

이를 구체적으로 살펴보면 다음과 같다.

1) 문제확인

자원봉사 프로그램은 본질적으로 특정한 사회문제에 대응하는 것이다. 사회문제를 인식하여 이를 변화시킬 계획을 수립하고, 그것을 실천하여 바람직한 상태나 환경을 만들어내려는 노력이다. 따라서 자원봉사 프로그램에서 가장 선행되어야 하는 것은 문제를 발견하고 논의를 통하여 원인을 규명하고 근본적 문제를 진단하는 것이다. 문제의 진단은 현상보다 이면에 있는 문제에 접근하려는 노력이 필요하다. 문제접근이 바르게 되어야 프로그램이 이루고자 하는 목적과 목표를 바람직하게 설정할 수 있다.

2) 프로그램의 조직

(1) 목적과 목표설정

목적과 목표는 문제에 적절하게 연결되는 것이어야 한다. 또한 목적과 목표, 그리고 하위목표가 서로 논리적으로 연결되고 동시에 달성가능한 것이어야 한다. 자원봉사 프로그램의 근본목적은 사람과 사회를 변화시키는 궁극적 문제해결에 있다. 목표는 '무엇을 할 것인가?' 그리고 '누가 그 과업을 수행할 것인가?' '언제 할 것인가?' 등을 포함하는 것이다.

(2) 문제해결책의 결정

목적과 목표를 달성하여 신난된 문제를 해결하기 위한 수난을 상구하여야 한다. 이를 위해서는 자유롭게 다양한 대안을 모색하는 브레인스토밍이 필요하다. 브레인스토밍은 몇 명이 모여서 집단으로 많은 아이디어를 모으는 토의방법이다. 브레인스토밍에서는 다음 네 가지를 지키는 것이 중요하다. 즉, ① 발언을 비판하지 않는다. ② 자유로운 발언을 환영한다. ③ 발언은 많을수록 좋다. ④ 남의 아이디어에 편승한다(박경일, 1990: 207; 류기형 외, 2005: 234 재인용).

그리고 대안 중 최선의 것을 선택하기 위한 대안선택기법, 선택된 대안을 실제적으로 실천하기 위한 실천계획의 수립이 필요하다.

(3) 활동업무 분담

의미와 가치가 있는 일인지, 팀 구성원이 수행가능한 일인지, 상호협력체계가 갖춰질 수 있는지 등을 감안하여 해결책으로 선정된 대안 내에서 업무를 추출해야 한다.

3) 자원봉사자 오리엔테이션과 훈련

자원봉사에서 봉사자의 교육과 훈련은 필수요건으로 아주 중요하다. 자원봉사의 의의와 자원봉사를 통해 지역사회와 공동체에 많은 도움과 발전에 기여한다는 자원봉사의 동기부여와 자신의 역할수행과 자원봉사자 자신 또한 자원봉사를 통해 발전하고 더불어 살아가는 의미를 일깨우는 중요한 시간이다.

따라서 계획된 프로그램의 성공적 수행을 위해서는 자원봉사자 각자에게 오리엔테이션과 함께 역할수행에 필요한 훈련이 제공되어야 한다. 반면에 교육이 선행되지 않으면 금방 지치거나 만족감을 얻지 못하여 참여강도가 떨어지고 지속적 활동을 하지 못하게 될 수 있다. 이러한 현상은 동료에게도 부정적 영향을 미치게 되며 심각한 경우 동료간 갈등을 유발하게도 한다. 훈련모형은 사전훈련, 현직훈련 및 직무전환 훈련 등이 있다.

4) 자원봉사 프로그램의 실행

적절한 이벤트를 통하여 공식적으로 계획에 너무 얽매이지 않고 탄력적으로 프로그램을 실행한다. 이 과정에서 지속적 모니터링과 관리가 이뤄져야 한다.

5) 평 가

평가는 자원봉사 프로그램이 얼마나 효과적으로 서비스를 제공하는지, 어떤 어려움이 있는지 봉사대상자의 입장에서 봉사자의 활동을 어떻게 인식하는지 등을 주기적으로 파악하는 작업이다.

평가는 자원봉사의 효과성과 적합성을 인식할 수 있는 유일한 방법이며 봉사자와 직원, 자원봉사 조정자의 사기함양을 위해서도 중요하다. 평가를 통해 자원봉사를 개선할 수 있고 미래에 발생하게 될지도 모르는 문제를 예방할 수 있다.

자원봉사 프로그램 평가는 그 평가의 시점에 따라 사전평가, 중간평가, 최종평가가 있다.

여기서 프로그램 평가요소를 살펴보면 다음과 같다(류기형, 2006: 240).

자원봉사 프로그램 평가요소

① 이직률(*Turnover ratio*): 이직률은 기존의 자원봉사자들 가운데 자원봉사관리(또는 선발, 교육, 배치, 평가와 같은 특정한 활동에서) 기간과 그 기간 동안 봉사활동을 그만두었다가 이직한 자원봉사자들을 제외하고 현재 남아있는 자원봉사자들의 수를 비교한다.

② 자원봉사서비스의 시간당 비용(*Cost per Hour of Volunteer Service*): 이는 자원봉사 프로그램에 소요된 비용을 자원봉사자

들이 봉사활동으로 소비한 서비스 시간으로 나눈 비율이다.

③ 자원봉사서비스의 단위당 비용(*Cost per Unit of Volunteer Service*): 효율성과 관련되는 것으로 서비스 제공을 위해 투입되는 비용의 서비스당 비율을 말한다.

④ 클라이언트 만족도/서비스를 제공받은 클라이언트 수(*Client Satisfied/Clients Served*): 프로그램의 효과성을 측정하기 위해 서비스를 제공받은 클라이언트 수와 제공받은 서비스에 대하여 만족하는 클라이언트를 비교한다.

⑤ 자원봉사 프로그램에 소요된 비용에 대한 가치(*Cost/Value of Volunteer Program*): 프로그램의 효율성을 측정하기 위하여 자주 사용되는 방법으로 자원봉사서비스로 발생한 금전적 가치를 자원봉사서비스를 제공하는 데 소요한 비용으로 나눠 계산한다. 이 수치(비율)의 변화는 자원봉사서비스로 발생한 금전적 가치로부터 자원봉사 프로그램의 수행에 소요된 비용을 공제함으로써 발생한 순수한 혜택(이익)을 평가한다(유성호 역, 1997; 류기형 외, 2001: 240 재인용).

2. 자원봉사자의 업무설계

1) 업무설계의 의미

업무설계(*job design*)는 업무기획 또는 업무디자인이라고도 한다. 업무설계는 자원봉사자 개인과 조직을 연결시켜 주는 가장 기본적인 단위의 업무내용, 방법, 관계를 구체화하여 업무수행자의 욕구와 조직의 목표를 통합시켜줌으로써 조직의 목표달성과 개인의 욕구충족에 직접적 영향을 미친다는 점에서 중요하며 기관의 전체 자원봉사 프로그램을 계획하고 관리하며 평가하는 총체적 틀이다(Wilson, 1976: 101~102; 현외성, 2006: 90).

한편 업무설계과정에서 자문해야 할 원리로 다음과 같은 내용들이 중요하게 고려되어야 한다(이강현 역, 1997: 14~15).

자원봉사 업무개발과 설계를 위한 기본원리

① 봉사자들에게 맡길 업무는 의미 있는 것인가? 또한 기관, 프로그램, 고객들에게 유용하고 중요한 것인가?
② 업무상 요구사항이 설명되는가?
③ 그 업무가 자원봉사자들도 할 수 있는 것인가? 저녁과 주말에 나눠 일해도 되는가? 파트타임으로도 가능한가? 필요한 기술이 자원봉사자들에게서 쉽게 얻을 수 있는 것인가? 혹은 필요한 지식과 배경의 이해 면에서 쉽게 훈련받을 수 있는 것인가?
④ 자원봉사자들이 하는 일이 비용 면에서 효과적인가? 직원을 활용하는 것보다 더 많은 시간과 노력을 자원봉사자 모집과 교육에 투자하는 것은 아닌가? 자원봉사자 활용에 장·단기적 계획을 가지고 있는가?
⑤ 자원봉사 프로그램을 위한 지원체제가 갖춰져 있는가? 자원봉사 관리자로 활동할 사람이 있는가? 자원봉사정책, 수행과정의 세부사항, 보험체계 등이 갖춰져 있는가?
⑥ 직원들은 그 일이 자원봉사자들에게 맡겨지기를 원하는가? 자원봉사자들과 함께 일해야 하는 직원들이 그들의 역할을 이해하고 있는가?
⑦ 그 일에 적합한 기술을 가진 자원봉사자들을 파악하고 있는가?
⑧ 사람들이 이 일을 자원봉사활동으로 참여하고 싶어 하는 것인가? 자원봉사자에게 보람 있고 재미있는 것인가?
⑨ 자원봉사자 모집 후에 해야 할 일을 알고 있는가? 업무공간관리를 책임질 사람들을 확보하고 있는가?
⑩ 기관이 자원봉사 프로그램에 대한 확실한 의지를 가지고 있는가? 아니면 단지 과도한 업무문제의 한 해결로 생각하는가?

2) 업무설계의 구성요소

자원봉사 업무를 설계할 경우 '일'(*work*)이라기보다 '게임'(*game*)을 설계한다는 마음으로 스스로를 위해서 시간과 재능, 물질을 사용하도록 참여동기를 자극시켜주는 것이 필요하다. 직무설계를 위해서는 다음의 네 가지 구성요소가 강조된다(McLurley & Lynch, 1989: 30~34; 배기효 외, 2008: 111; 남기철, 2007: 147).

① 주인의식 부여: 주인의식은 자원봉사자에게 자신의 직무에 관한 권한을 높여주고 그 업무에 대한 자부심을 높여준다.
② 생각하고 기획할 수 있는 권한: '단순히 일만하고 있다'는 의식 대신 '일의 방법을 결정하고 자신의 역할을 한다'는 의식을 갖게 되면 직무에 대해 보다 높은 동기를 갖게 된다.
③ 결과에 대한 책임의식 부여: 만약 자원봉사자들이 활동과정에 대한 결과 또는 성과에 대하여 책임을 지게 한다면 동기부여와 만족을 얻을 수 있다.
④ 평가: 나타난 결과를 어떻게 평가할 것인가를 결정하는 것이다. 이에는 평가기준이 있어야 한다.

3) 업무분장

업무분장이란 업무설계에 의해서 각자의 기능과 역할분담을 정하는 것을 의미하는 것으로서 크게 유급직원의 업무와 자원봉사자의 업무로 구분할 수 있다. 업무분장에서는 실행빈도수(일을 얼마나 자주 실행해야 하는가)와 일의 중요성, 필요한 전문성 등을 고려하여야 하며, 특히 자원봉사자의 경우 돈이나 물질적 보상보다는 성취감, 인정, 자아실현 등의 요구에 의해 활동이 좌우되므로 내적 욕구와 동기가 충분히 보상될 수 있도록 해야 한다. 명확한 업무분장은 업무책임을 분명히 하고, 자원봉사자 모집과 배치를 용이하게 하며, 효과적 업무실행에 필요한 훈련영역을 제시하고, 자원봉사자 업무실행에 대한 감독과 평가를 위한 토대를 마련하며, 업무에 참여하는 사람들간의 역할을 이해하게 한다(Ilsley & Niemi, 1981: 52; 류기형 외, 2001: 502 재인용).

제이콥슨은 자원봉사 업무분장의 요소로 ① 업무명칭, ② 활동의 목적과 목표, ③ 수행해야 할 책임, ④ 자격조건, ⑤ 활동시간, ⑥ 교육훈련, ⑦ 활동장소, ⑧ 관리감독, ⑨ 보상, 혜택을 제시하고 있다(Jacobson, 1990: 10). 예를 들면, 〈표 6-2〉, 〈표 6-3〉과 같다.

〈표 6-2〉 제이콥슨의 자원봉사 직무기술 항목에 따른 업무분장의 실례(Ⅰ)

제목	▪ 독거노인을 위한 국배달
목적	▪ 거동이 불편한 독거노인을 위해 뜨거운 국을 집으로 배달
활동내용과 책임성	▪ 사전에 예약한 날짜에 계획된 노선으로 20명의 수혜자에게 배달 ▪ 이전 배달시의 용기수거 ▪ 정해진 수혜자들에게 음식물을 배달하고, 도움을 필요로 하는 다른 사람들을 점검
필요자격	▪ 사회복지, 관련전공 대학(원)생 ▪ 편안하게 대화를 나누고 돌볼 수 있으며 노인에 관심을 가진 분
활동시간	▪ 월, 수, 금요일 중에서 택 1 ▪ 오전 11:30~13:00, 16:00~17:30 중 택 1 ▪ 월 1회 자원봉사자 모임
교육훈련	▪ 지역특성 및 지리에 대한 교육 ▪ 독거노인의 특성 및 면접방법
장소	▪ 서울시 성북구 월곡동 산 2번지 일대지역
관리감독담당	▪ ○○복지관 재가복지팀 1급 사회복지사 ○○○
보상 및 혜택	▪ 자원봉사활동 중 사고를 대비하기 위한 자원봉사자 상해보험 ▪ 봉사기간중 식사제공 ▪ 자원봉사활동 증명서

〈표 6-3〉 자원봉사자 업무설계 사례(II): 음식물 차량배달 자원봉사

제목	▪ 음식물 차량배달
목적	▪ 거택보호 노인을 지원하기 위해 뜨거운 음식물을 집으로 배달
책임성	▪ 사전에 계약한 날짜에 계획한 노선으로 5명의 수혜자에게 배달 ▪ 정해진 수혜자에게 음식물을 배달하고 도움을 필요로 하는 다른 사람을 점검
자격	▪ 운전면허증과 자가용소지 여부 ▪ 편안하게 대화를 나누고 돌볼 수 있으며, 노인에 대한 관심을 가진 분
활동기간	▪ 최소한 주 1회 1년, 오전 11:30～오후 1시까지 ▪ 1년 동안 다른 운전자를 3회 이상 만나 경험을 공유하는 시간을 갖는다.
장 소	▪ 음식물을 ○○상점에서 받아간다.
관리감독	▪ 음식물 배달담당자는 ○○○이다.
보상 및 혜택	▪ 사고시 보험에 대한 부담을 해소하기 위해 자동차보험 가입 ▪ 봉사 일에 점심제공 ▪ 가능하면 운전자들이 쉽게 배달할 수 있도록 업무분담

자료: 김성이 편, 1997.

제7장

자원봉사자 모집

1. 자원봉사자 모집의 의의

자원봉사 모집이란 자원봉사자와 조직의 욕구를 조화시키는 과정이다. 모집과정은 조직의 욕구와 부합되는 욕구를 가진 자원봉사자를 확인하여 구하려는 노력이다. 따라서 최상의 모집도구는 성실한 기획과 업무설계를 거쳐 완성된 탁월한 자원봉사 프로그램과 자원봉사자들에게 의미 있는 업무내용들이다(조학래, 1998; 조휘일, 1998).

적합한 자원봉사자를 모집하려면 어디서 어떻게 발견하고, 자원봉사에의 참여를 호소하며, 업무에 투입해야 하는가를 면밀히 고찰해야 한다. 자원봉사자를 효과적으로 모집하기 위해서는 무엇보다도 자원봉사 프로그램이 우수해야 하고 자원봉사자에게 큰 의미를 부여할 수 있는 업무라야 한다.

2. 자원봉사자 모집방법

모집방법은 몇 가지로 구분할 수 있는데, 먼저 일슬리와 니에미에 의하면, 자원봉사자의 모집방법은 여러 사람을 한번에 모집하는 대중적 모집과 특정대상과 범위를 정하여 모집하는 개별적 모집으로 구분된다(Ilsley & Niemi, 1981: 55~56). 스텐젤(Stenzel)과 피니(Feeney)는 스스로 강한 동기를 가지고 자원봉사에 참여하는 자기모집(*self-recruitment*), 기존의 자원봉사자나 기관의 직원들을 통한 비공식적 모집, 지역사회 내에서 공공광고를 통한 일반적 모집으로 구분한다(이번송 외, 1995: 70 재인용). 그 외에도 첫째, 개별 기관별로 직접 모집하는 방법, 둘째, 자원봉사센터나 기관을 통해서 의뢰하는 방법, 셋째, 기관들이 지역 차원에서 공동으로 모집하는 방법 등으로 구분해 볼 수가 있다.

그런데 자원봉사자 모집에서 발생하는 문제점은 자원봉사자가 충분하지 못하다는 점과 적합한 자원봉사자들을 찾기 어렵다는 점이다. 그러므로 효과적 모집은 적합한 자원봉사자를 충분히 확보하는 것이다. 모집 프로그램에는 다음과 같은 네 가지 유형이 있다(McCurley & Lynch, 1996; 조학래, 1998; 김범수, 2005: 100 재인용).

1) 다수모집(*warm body recruitment*)

특별한 기술이 필요하지 않거나 특정한 행사나 이벤트에서의 안내와 같은 단시간 내에 많은 자원봉사자를 확보하기 위하여 자원봉사자의 자격조건을 제한하지 않고 누구나 참여하게 할 때 활용하는 모집방법이다.

① 모집 브로셔와 포스터를 사람들이 많이 모이는 장소에 배포하는 방법.
② 신문, 라디오, TV 같은 대중매체와 PC통신과 인터넷을 이용하는 방법.
③ 반상회, 부녀회, 로터리클럽과 같은 지역사회 단체 등과 접촉하는 방법.

2) 표적모집 (*target recruitment*)

특정 자원봉사 업무를 수행할 인력층의 특성(기술, 시간, 능력) 등을 제한하여 자원봉사자를 모집할 때 활용되는 방법이다.

3) 동심원 모집 (*concentric recruitment*)

동심원 이론에 근거하는데, 연못에 돌을 하나 던졌을 때 그 돌이 던져진 곳을 중심으로 물결이 밖으로 퍼져 나가는 것처럼 기관과 관련을 맺는 사람들을 시작으로 밖으로 확산해 나가 자원봉사자를 모집하는 방법이다. 동심원을 형성할 이상적 그룹에는 현 자원봉사자, 자원봉사자의 친구나 친척, 자원봉사대상자 및 그들의 친구, 직원, 후원자, 지역사회 사람들이 있다.

4) 연계성 모집 (*ambient recruitment*)

자아 정체감과 연계성이 강한 사람들이나 그룹으로 이뤄진 닫힌 체계로부터의 모집방법이다. 이 방법은 학교, 회사, 전문직업, 종교집단 등 집단결속력이 강하고 상호간의 연계성이 강한 집단을 자원봉사자로 유인하는 방법이다. 이러한 자원봉사자 모집방법 중에서 기관의 특성, 그리고 자원봉사활동의 내용에 적합한 방법을 선택하여야 한다.

제8장

자원봉사자 면접·선발

1. 면접과정

면접은 자원봉사자와 기관이 서로간의 기대와 욕구가 맞는지를 구체적으로 확인하는 과정이다. 즉, 자원봉사자와 기관은 면접을 통해 서로에 대해 생각하고 기대했던 바가 서로 잘 맞고 일치되는지를 확인하며 최종결정을 짓게 된다. 〈표 8-1〉은 성공적 면접을 위해 고려해야 할 전략이다(Ilsley & Niemi, 1981: 62; 류기형, 2005: 211 재인용).

한편 자원봉사자와의 면접은 두 가지 측면인데, 첫째는 기관이 배치하기 위하여 자원봉사자에 관해서 알아야 할 사실들, 둘째는 자원봉사자 자신이 기관이 자신에게 적합한가를 결정하기 위해 기관에 대해서 아는 것들을 포함한다(N. L. Macduff, 1987: 94; 박태영, 2008: 193 재인용).

자원봉사자와의 면접에서 물어볼 사항을 요약하면 다음과 같다.

① 왜 이 업무에 흥미를 갖는가?
② 해당분야의 과거 경험이 있는가?
③ 특정 업무에서 얻으려는 것이 무엇인가?

④ 이 기관의 업무에 어떻게 기여할 수 있는가?
⑤ 자신의 취미와 관심사는 무엇인가?
⑥ 자원봉사 업무에 6개월 또는 1년 동안 책임 있게 봉사할 수 있는가?
⑦ 기관, 클라이언트, 그리고 업무에 대해 알고 싶은 것은 무엇인가?
⑧ 현재 자신의 생활에 자원봉사 업무가 여전히 적합한가?

2. 선발과정

선발은 자원봉사 지원자 중에서 현재의 환경적 상황들을 고려하여 선발기준에 부합되는 사람을 선택하는 과정이다. 프로그램에 적합한

〈표 8-1〉 성공적 면접을 위한 전략

구분	바른 지침	유의해야 할 점
면접을 위한 단계 설정	▪ 정직하고 개방된 마음을 갖도록 편안하고 안정된 분위기를 선택하라. ▪ 대화하는 동안 경험의 형태, 비언어적·신체적 동작을 주의 깊게 관찰하라.	▪ 피면접자로 하여금 신경 쓰이게 하거나 방해받는다고 느낄 수 있는 나쁜 환경을 피하라. ▪ 끈질긴 질문, 오만한 질문을 함으로써 피면접자로 하여금 방어적 태도를 갖게 하는 것을 피하라.
질문을 위한 전략	▪ 개방형 질문을 하라. 피면접자로 하여금 몇 가지 선택이 가능할 수 있도록 그런 방법으로 질문하라. ▪ 자원봉사활동의 철학이나 동기 등 관련정보를 얻을 수 있는 질문을 하라.	▪ "예"나 "아니오"라는 대답이나 피면접자로 하여금 유도질문은 피하라. ▪ 더 많은 정보를 얻기 위해 무례한 행동은 피하라.
면접 과정	▪ 특정한 업무에 대한 설명과 프로그램의 목적을 설명하라. ▪ 자원봉사자들과 빠른 초기면접을 형성하도록 이해와 관심을 보여라. ▪ 당신이 찾고자 하는 정보가 무엇인지를 알아라.	▪ 면접과정에서 성급하지 마라. ▪ 거칠거나 위협적, 위압적인 자세는 피하라. ▪ 무계획적이거나 융통성 없는 것을 피하라.

자원봉사자를 선발하기 위해서는 효과적 업무성과를 얻기 위해서 요구되는 자원봉사자의 특성에 관한 내용이 업무분장에 잘 기술되어 있어야 한다. 자원봉사자를 선발할 때 자원봉사자의 현재 또는 과거의 직업과 적성, 연령, 성별, 종교, 학력수준 등의 요소가 충분히 고려되어야 한다(조학래, 1998; 김범수, 2005: 104 재인용).

잠재적 자원봉사자와 기관이 가진 욕구가 서로 조화될 수 있는 것인지를 알아보고 적절한 자원봉사자를 뽑는 것이 선발과정이다. 따라서 자원봉사 신청자 모두를 선발하면 좋겠지만 계획된 자원봉사활동에 가장 적절한 사람을 선발하는 것이 중요하다. 선발을 위해 사용되는 가장 보편적인 방법이 면접이다.

잠재적 자원봉사자를 선발하지 않는 경우는 다음과 같다(신승연, 2004).

① 기관 내에 그 지원자에게 적합한 업무가 없는 경우
② 지원자가 기관이 충족시켜 줄 수 없는 기대를 가진 경우
③ 기관과 지원자의 철학이 다른 경우
④ 지원자가 기관의 요구사항(근무시간, 훈련이수)에 동의하지 않는 경우

모집과정을 통해 응모한 자원봉사자 중에서 적절한 자원봉사자와 부적절한 자원봉사자를 구별하는 것은 선발과정의 핵심이며, 적절치 못한 자원봉사자를 활용할 경우 위험성은 다음과 같다(남기철, 2007: 177).

첫째, 잘못된 실천이 나타날 수 있다. 적합하지 못한 자원봉사자들은 기관의 클라이언트들에게 상처를 입힐 수가 있다.
둘째, 적절치 못한 자원봉사자들은 기관의 평판을 나쁘게 만든다. 나쁜 평판을 듣는 기관은 클라이언트를 위한 훌륭한

서비스를 제공하기 어렵다.

셋째, 적절하지 못한 자원봉사자들은 클라이언트나 기관뿐만 아니라 그 기관의 직원이나 자원봉사관리자, 그리고 더 중요하게는 자원봉사자 자신을 힘들게 한다. 자신에게 맞지 않는 활동은 스스로를 고통스럽게 할 뿐이다.

제9장

자원봉사자의 교육·훈련

1. 교육·훈련의 의의 및 목표

사실 교육과 훈련을 구분하기도 하는데, 교육은 종사자 개인의 능력배양은 물론이고, 종사자의 잠재력을 유인하는 정신적 의미가 강조되며, 훈련은 연습과정을 통해 육체적이고 기술적인 내용을 습득, 연마하거나 지식을 부여하는 것을 말한다.

자원봉사자를 적재적소에 배치하기 전에 자원봉사자로서의 자세와 태도, 그리고 특정 자원봉사업무에 필요한 지식과 기술을 습득할 수 있도록 자원봉사자에 대한 교육과 훈련이 필요하다.

교육·훈련은 자원봉사자의 동기를 강화하고 자원봉사업무에 대한 기술이나 지식의 습득기회를 제공하며 더 나아가서는 자기 발전과 성장의 기회를 제공한다.

그리고 자원봉사활동에 참여할 수 있는 기회는 모두에게 주어지지만 모두 자원봉사활동에 투입되는 것은 결코 아니다. 자원봉사활동에 필요한 준비가 된 사람만이 참여가 가능하다. 예컨대 자원봉사활동에서 서비스 수혜자에게 어떻게 접근해야 하며 자원봉사자의 역할이나 자세는 어떠해야 하며 직원이나 동료간의 관계형성, 자원봉사활동에서 지켜야 하는 규칙이나, 직무에 필요한 기술 등에 대한 교육이 필요하다(배기효 외, 2008).

사회복지기관이나 시설에 참여하는 자원봉사자들을 위한 교육목표는 다음과 같은 사항이 포함되는 것이 좋다고 제시하고 있다(김영호, 1989: 82).

① 인간의 가치와 존엄의 확신을 기초로 하는 사회복지철학과 기본적 인권에 관한 내용
② 인간의 이해와 전인적 인간교육에 관한 내용
③ 민주주의 이념에 관한 내용
④ 가정을 비롯한 지역사회의 이해와 그 기능회복을 위한 내용
⑤ 가정, 지역사회 및 국가의 주인의식을 자각하게 하는 내용
⑥ 사회문제의 이해와 사회발전에 대한 공동책임의식을 갖게 하고, 공동선(*common good*)을 위하여 자발적, 자주적으로 참여하고 협동하도록 하는 내용
⑦ 복지사회의 이념과 그 실천방안에 관한 내용
⑧ 자원봉사활동의 이론과 실제에 관한 내용
⑨ 기타 인간의 바람직한 생활과 공동복지를 위해 필요한 내용

2. 자원봉사의 교육·훈련 내용 및 대상

교육·훈련은 그 시기에 따라 업무 전 교육, 업무중 교육으로 구분할 수 있다. 먼저 업무 전 교육에는 오리엔테이션, 사전훈련이 있고 업무중 교육·훈련에는 초기훈련, 인지서비스 훈련이 있다(Ilsley & Niemi, 1981: 68; 류기형 외, 2005: 213 재인용).

1) 오리엔테이션 (*orientation*)

기관 오리엔테이션이란 기관의 목적, 연혁, 활동분야, 재정상태, 주요 서비스대상자, 직원들의 고유업무 등과 같이 기관에 관한 기초적 정보를 기관 담당자로부터 제공받는 것을 말한다. 이는 자원봉사자들이 일할 기관에 대해 이해하고 편안하게 느낄 수 있도록 준비하는 과정이 된다.

기관 오리엔테이션은 봉사처 및 봉사활동 대상에 대한 이해를 위해 지속적이고 질 높은 봉사활동을 위해 반드시 필요하다.

〈표 9-1〉 오리엔테이션에서 다루어야 할 내용

구분	내용
기관의 기능	▪ 서비스 대상 ▪ 프로그램 유형 ▪ 활동장소 ▪ 자원과 이용시설
기관의 역사	▪ 기관의 설립배경 및 추진과정 ▪ 이사회 ▪ 확장률 ▪ 자금제공 과정 ▪ 제공된 수혜자의 수
법규와 규칙	▪ 조직의 정관이나 운영지침 ▪ 직원, 자원봉사자의 행동강령 ▪ 보고서 양식 ▪ 건강과 안전에 관련된 필요조건
조직구도	▪ 조직계층 ▪ 의사소통 채널 ▪ 자원봉사 활동프로그램의 성격 ▪ 자원봉사활동 프로그램의 상태
이득과 인센티브	▪ 보상에 관한 정책(운임수당, 탁아비, 수업) ▪ 자원봉사자에게 주는 특권 ▪ 사회와 승인기능 ▪ 훈련프로그램
자원봉사자의 반응	▪ 자원봉사자의 관심과 불안 ▪ 자원봉사자에 의해 제기되는 부가적인 점 ▪ 유급직원과의 일반적 토론

자료: Ilsley & Niemi, 1981: 68.

오리엔테이션의 내용은 기관마다 상이하지만 일반적으로 오리엔테이션의 주요 내용에 포함하여야 하는 것은 〈표 9-1〉과 같다.

오리엔테이션은 간단한 집체교육, 안내서 배부, 시청각 자료 시청 등의 방법을 결합하여 활용하는 것이 좋다.

2) 사전훈련 (*Preservice Training*)

사전훈련은 오리엔테이션 후 자원봉사자들이 활동을 행하기 전에 활동에 필요한 지식, 기술을 습득하도록 고안된 연수훈련이다. 훈련 내용은 자원봉사자의 욕구 및 특성, 기관에서 필요한 업무, 자원봉사자의 경험 정도에 따라 다양하게 구성되며 훈련시기는 단시일 내에 집중적으로 하는 방법과 분산해서 실시하는 방법이 있다.

3) 초기훈련 (*Start-up training*)

자원봉사자가 활동에 앞서 교육받았다고 하더라도 직접 활동에 참여하는 데는 아직 미숙한 상태이므로 많은 지원이 필요하다. 초기훈련은 여러 형태를 통해 이뤄질 수 있다. 이는 활동 후 자원봉사자가 수퍼바이저와 직접 만나거나 전화통화를 하는 형태일 수도 있고, 활동에 참여한 자원봉사자들이 그룹별로 모여 토의하는 형태일 수도 있다.

자원봉사관리자가 팀을 지속적으로 관리해주기 어려운 상황인 경우, 팀의 구성원들이 자원봉사 후 함께 자원봉사 경험을 나누는 시간을 갖는 것이 매우 중요하다.

4) 인지서비스 훈련(*Inservice Training*)

인지서비스 훈련을 활동중 훈련이라고도 하는데, 이는 자원봉사자의 활동이 진행되는 중에 지속적으로 이뤄진다. 자원봉사자의 지식, 기술, 태도를 강화하고, 새로운 기술, 지식, 태도를 소개하는 데 초점을 둔다. 즉, 자원봉사자의 기술을 향상시키고, 매너리즘에 빠지지 않도록 함으로써 자원봉사자 활동의 계속성과 서비스 질의 고양에 이바지하는 것이다.

인지서비스 활동중 훈련은 자원봉사자에게 자기성장의 기회를 제공하고, 팀에 대한 연대감과 팀워크를 증가시키는 기능을 한다. 훈련방법은 강의식 교육, 워크숍, 가상연습, 역할극, 시청각교육 등이 있다.

제10장

자원봉사자 배치 및 지도감독

1. 자원봉사자 배치

자원봉사자를 모집, 교육, 훈련한 다음에는 자원봉사자들의 기대, 능력, 기관의 욕구를 고려하여 적절한 업무에 배정하는 것이 필요하다. 배치는 기관에 적합한 자원봉사자를 선정해 적재적소에 두는 것으로, 배치가 잘못되면 기관으로부터 보호받아야 할 자원봉사자가 심적 고통을 받을 뿐 아니라 유급직원이나 자원봉사자의 사기가 저하되어 바람직한 서비스 제공이 어렵게 되고, 자원봉사자들에 의한 기관의 평판도 나빠지므로 지역사회에서의 입지도 낮아진다(Wilson, 1976: 122).

사회복지기관은 자원봉사자를 프로그램에 배치하기 전에 기관소개, 자원봉사자가 해야 할 일, 자세 등에 대한 전반적 오리엔테이션을 실시한다. 오리엔테이션을 통해 기관인 클라이언트, 자원봉사활동에 대한 이해를 증진시키는 것이 중요하며, 개방적 자세로 자원봉사자들과의 의견교환이 필요하다. 이러한 과정을 통해 사회복지기관과 프로그램 활동에 대해 자원봉사자들로부터 신뢰를 쌓는 것이 무엇보다도 중요하다.

오리엔테이션이 끝나면 자원봉사자의 욕구, 능력, 참여동기, 기관의 필요성 등을 종합적으로 고려하여 자원봉사자들을 기관의 프로그램에 배치하고, 업무가 배정되어야 한다. 이때 중요한 것은 자원봉사자가 수행해야 할 업무분장(*job description*)을 정확히 해주는 일이다.

적재적소의 원칙이 지켜지기 위해서는 면접과정에서 자원봉사자에 대한 충분한 정보를 얻는 것이 필요하다. 정보 중에서도 자원봉사 신청자를 움직이게 하는 동기요인이 가장 중요한 정보이다. 사람들은 자신에게 주어진 일이 그들 자신의 개인적 동기에 부합될 때 긍정적으로 반응하기 때문이다. 그런데 이런 정보는 직접적으로 표현되지 않을 가능성이 높다. 따라서 면접중에 이러한 정보를 얻고자 하는 의식적 노력을 할 필요가 있다.

맥클랜드(McClelland)와 앳킨슨(Atkinson)은 사람을 움직이게 만드는 동기를 중심으로 사람을 성취지향적인 사람, 권력지향적인 사람, 친교지향적인 사람의 세 부류로 나누었다. 이들의 특징과 이들에 맞는 자원봉사의 업무는 〈표 10-1〉과 같다(이성록, 1995: 281~285).

이러한 배치업무에서 고려해야 할 사항은 다음과 같다.

① 자원봉사 수요기관의 조건이다. 자원봉사자를 필요로 하는 기관에서 요구하는 업무내용과 조건, 기관에 대한 기본적 이해(설립취지, 교통수단, 서비스 수용태도), 이전 또는 기존의 자원봉사자 활동현황 등을 고려해야 한다.
② 자원봉사활동 집단 또는 조직에 대한 조건이다. 자원봉사자들이 개별로 활동하는 것이 아니라 팀으로 활동할 경우 활동을 함께 할 집단이나 조직에 대한 충분한 정보를 제공하여야 한다. 따라서 집단이나 조직의 주요 활동, 구성원의 속성, 정기모임, 가입방법 등에 대한 정보를 알아야 한다.
③ 자원봉사자의 조건이다. 자원봉사자가 희망하는 활동내용은 물

론 지역 · 시간의 한정 여부, 자원봉사자의 속성, 의식 등을 고려해야 한다.

또한 배치에서는 무엇보다도 먼저 고용조건에 대한 합의와 함께 업무내용을 명확히 제시한 직무지침에 대한 설명을 해야 한다. 직무지침은 자원봉사자가 수행할 업무의 책임, 업무를 수행할 자원봉사자의 자격조건, 감독과 책임의 체계, 그리고 업무의 업적을 평가하는 방법, 활동기간과 시간에 대한 설명이 포함되어 있어야 한다(유성호 역, 1998: 48~49).

〈표 10-1〉 동기요인에 따른 사람의 성향과 선호직무

분류	성취지향적	권력지향적	친교지향적
성향	▪ 목표를 향해 일함으로써 동기를 부여받는다. ▪ 수시로 그들의 업적을 알 수 있는 평가기준이 있어야 한다. ▪ 도전하는 것과 이전의 기록을 깨뜨리는 것을 좋아한다. ▪ 조직적이다. ▪ 문제해결을 좋아한다. ▪ 혼자 잘할 수 있다.	▪ 충격과 영향을 주기를 원한다. ▪ 오랜 기간 생각한다. ▪ 혼자 또는 다른 사람과 위계관계를 갖추어 일할 수 있다. ▪ 일의 정치적 측면을 이해한다. ▪ 사람들을 잘 읽는다. ▪ 자원으로서 이용되는 것을 좋아한다. ▪ 정보가 성공에 중요하다는 것을 안다.	▪ 관계로 인해 동기를 부여받는다. ▪ 모든 사람이 행복하기를 바란다. ▪ 집단적 일을 좋아한다. ▪ 주위사람들이 어떻게 느끼는가에 주의한다. ▪ 정답고 개인적인 관계를 좋아하는 사람들 밑에서 일을 잘한다. ▪ 클라이언트와의 직접적 업무를 좋아한다.
적합한 자원 봉사 활동	▪ 기금증진 ▪ 모집 캠페인 ▪ 이벤트 기획 · 추진 ▪ 조사 및 분석 ▪ 보고서 작성 ▪ 책임 있는 관리업무 ▪ 어렵고 도전적인 일	▪ 공공연설 ▪ 일대일 기금모금 ▪ 신문에 논단기고 ▪ 활동그룹 회장 · 리더 ▪ 행사 사회자 ▪ 다수의 사람관리 ▪ 대중적 문제의 사회화	▪ 행사안내 담당 ▪ 연회준비위원 ▪ 친교행사준비 ▪ 데이케어센터 보조활동 ▪ 대인서비스 활동 ▪ 우애방문 ▪ 회원유대

2. 자원봉사 지도감독

지도감독을 보통 수퍼비전(*Supervision*)이라고 말하기도 한다. 자원봉사자의 교육·훈련중에도 자원봉사자의 개별적 성장발달을 가져오는 데 결정적 역할을 하는 방법이 지도감독 활동이다. 이는 자원봉사자의 행정적 능력, 이론 및 기술적 발달, 그리고 개인의 업무활동에서 오는 스트레스 해소를 통해 전문적 성장과 사명감을 고취시키는데 매우 중요한 활동이다.

자원봉사자의 지도감독에서 가장 중요한 것은 자원봉사활동기간중에 책임을 함께 나눌 수 있는 직원에게 접근할 수 있는 통로를 만들어 주어야 한다. 그런 점에서 지도감독은 사회복지기관에서 자원봉사자와 유급직원이 서비스를 효과적이고 효율적으로 전달하기 위하여 상급자가 도움을 주는 활동이다.

지도감독은 유급직원이나 자원봉사자에게 동등한 입장에서 지지하거나 옹호해주고 도움을 주는 관계이며, 상하관계에 의한 감독이나 통제가 되어서는 안 된다.

지도감독자는 자원봉사자들이 변화하고 개발해야 할 점을 점검하고 능력과 업무에 대한 평가의 기회를 제공하여 행정적 절차나 지원에 대한 정보도 제공하는 역할을 동시에 수행하여야 한다. 또한 자원봉사자들이 오랜 기간 동안 봉사활동을 할 수 있도록 하기 위해서는 무엇보다도 정기적으로 평가할 수 있는 기회를 마련해 주는 것도 필요하다(류기형, 2006: 185~186).

카두신(Kadushin)은 지도감독의 세 가지 기능을 제시하고 있다(Kadushin, 1993; 김동배, 2006: 370 재인용).

첫째, 행정적 수퍼비전(*adminstration supervision*)으로 직원들을 선발하고 기본교육을 하는 것을 말한다. 업무를 분장하고, 평가하는 것과 명령체계에 따른 상하간의 의사소통을 촉진하는 것으로 행정적 완충장치 역할을 수행한다. 둘째, 교육적 수퍼비전(*educational supervision*)으로 훈련과 교육을 포함하는 직원개발기능이다. 이것은 개별적 또는 집단프로그램에서 클라이언트 사례, 토론을 통해서 일어난다. 셋째, 지원적 수퍼비전(*supportive supervision*)으로 직원들이 직무관련 스트레스를 취급하도록 돕는 것을 말한다.

커넌스(Connonrs, 1995)는 자원봉사자의 지도감독으로서의 업무를 다음과 같이 제시하고 있다(류기형 외, 2006: 186).

① 과업과 역할이 무엇을 수반하는지, 그리고 왜 그것이 중요한지에 관해 자원봉사자가 확실히 이해하도록 하라.
② 긍정적이고 정확한 피드백을 제공하라.
③ 직접적으로 과업과 관련하여 계획과 의사결정에 자원봉사자를 참여시켜라.
④ 직원, 자원봉사자, 그리고 클라이언트와 파트너십 환경을 만들어라.
⑤ 자원봉사자가 권위를 갖도록 하고, 궁극적으로 책임을 지는 것은 아니다.
⑥ 자원봉사자의 투입에 가치를 주고 들어 봐라.
⑦ 주저하거나 이중적이지 않게 접근하라.
⑧ 해결을 위한 문제와 계획을 기대하라.
⑨ 성취한 것에 인정하고 감사하라.
⑩ 자원봉사자의 시간을 결코 낭비하지 마라.

위임된 업무가 자원봉사활동으로 잘 실천될 수 있도록 다음과 같은 수퍼비전 활동이 중요하다(남기철, 2007: 227).

첫째, 수퍼바이저는 자원봉사자에게 언제나 활용가능해야 한다. 자원봉사자가 원할 경우 수퍼바이저를 만날 수 있고, 사안을 보고할 수 있으며, 이야기를 나눌 수 있어야 한다. 이는 정기적으로 또는 자원봉사자가 택한 시간에 임의로 이뤄질 수도 있다.

둘째, 자원봉사자의 참여와 동등한 지위를 최대한 보장한다. 자원봉사자들이 기관현장에서 자신의 자원봉사활동과 관련된 여러 가지 사안에 대해 동등한 지위와 참여를 보장받고 있다고 느끼면 활동에서 더 책임감을 느끼고 그에 따른 보다 큰 효과를 보게 될 것이다. 물론 모든 면에서 직원과 자원봉사자를 동일하게 취급할 수는 없다. 하지만 자원봉사활동과 관련된 부분에서 자원봉사자가 의사결정과정에 참고인으로 참석하게 하고, 관련된 일상행동에서 참여가 보장되도록 지원하는 방안을 활용할 수 있다.

셋째, 자원봉사자의 책임성을 보장하고 지지한다. 자원봉사자에게 업무를 위임했다는 것은 단지 작업을 위임한 것이 아니라 일의 책임성과 결과에 대해서도 부분적으로 위임한 것이다. 따라서 수퍼바이저는 자원봉사자에게 상황에 맞는 통제력과 책임성을 부여하고 이에 대해 지지하고 원조해야 한다.

효과적 지도·감독을 위해서는 첫째, 업무에 관해서는 완벽하게 지시하고 어떤 질문에도 응답할 준비를 해야 하며, 둘째, 기관이 기대하는 것을 명확히 전달하고, 셋째, 자원봉사자의 활동에 인정과 감사를 표시하며, 넷째, 부적절한 행동은 바로 볼 수 있게 돕고, 다섯째, 자원봉사자의 욕구를 충족시키는 데 융통성을 발휘해야 한다(조휘일, 2002: 376).

제11장

자원봉사 인정·보상

1. 인정·보상 개념

자원봉사 프로그램의 가장 큰 문제는 자원봉사자들의 중도탈락 없는 지속성일 것이다. 여기에 영향을 주는 것이 인정과 보상이다.

인정·보상이라 함은 그 의미에서 정신적 또는 물질적, 추상적, 그리고 구체적 요소들을 모두 포함할 수 있다. 이와 같은 인정과 보상은 근래에 와서 자원봉사 상황에서 매우 공개적으로 다뤄지는데, 자원봉사자 입장에서는 기대 또는 이득으로 표현되고 있다. 그러나 조심해야 될 사항은 인정과 보상에 경제적 의미가 전제되어야 한다는 주장은 옳지 않다는 것이다. 실제로 대부분의 자원봉사자들은 자신들의 활동대가로서 경제적 보상이 아닌 사회적 기여나 자아개발을 도모함으로써 사회심리적 보상을 선호하는 것으로 나타나고 있다. 따라서 자원봉사자를 활용하는 기관에서는 그들의 봉사를 얻는 대신에 손쉽고 직접적인 경제적 보상을 제공하기보다는 그들에게 지식, 경험, 기술 등을 제공하여 사회심리적 욕구가 충족되도록 하는 것이 더 중요하다.

맥컬리와 린치(McCurley & Lynch)는 자원봉사활동에서 인정의 법칙을 다음과 같이 설명하고 있다(McCurley & Lynch, 1989; 박태영, 2008: 213 재인용).

첫째, 자원봉사활동의 업적을 인정하고 그 일을 한 사람에 대해서는 칭찬해 주어라.
둘째, 자주 인정하고 대중이나 동료 앞에서 인정해 주어라.
셋째, 자원봉사자의 노고에 대해 즉시, 그리고 적절한 시기에 칭찬해 주어라.
넷째, 인정은 일관되고 진실되게, 그리고 인정받을 사람이 원하는 방법으로 인정해 주어라.

2. 자원봉사 인정·보상의 종류

자원봉사자에 대한 인정·보상을 세분화하면 다음과 같다(서울시정개발연구원, 1995).

① 시설과의 일체감: 시설자료와 증빙카드 제공, 시설행사 초대 등
② 사회적 보상: 자원봉사자 사무실 제공, 자원봉사자 조직운영, 자원봉사자 토론주선, 자원봉사자 친목행사 주선 등과 같은 봉사자들간의 만남 등
③ 도덕적 보상: 외부기관이나 정부포상 추천, 기관 자체의 포상 등
④ 물질적 보상: 교통비, 식비 등 최소한의 활동경비 제공 등

자원봉사자의 인정·보상은 공식적 인정·보상과 비공식적 인정·보상, 물질적 인정·보상과 비물질적 인정·보상으로 구분할 수 있다.

1) 공식적 인정 · 보상과 비공식적 인정 · 보상

훼레처(Fletcher)는 자원봉사자들의 참여동기 및 욕구에 대한 인정 · 보상의 요소를 제시하고 있다(Fletcher, 1989: 69; 현외성, 2006: 151 재인용).

(1) 공식적 인정 · 보상의 방법

① 특정한 기술을 사용할 수 있는 기회
② 기관의 한 부분이 될 수 있는 기회
③ 사회적 개입의 기회
④ 마일리지와 같은 누적제 활용
⑤ 자원봉사자의 업적을 치하하기 위해 연례적으로 개최하는 행사나 저녁식사, 리셉션, 다과회
⑥ 수료증, 감사장, 상패, 자원봉사자 핀, 배지 등의 제공
⑦ 자원봉사활동의 경력인정
⑧ 선출직 인사의 선출 판단기준으로 설정
⑨ 입학, 취업, 승진 등에 반영
⑩ 지역사회 신문이나 기관지 게재
⑪ 기관 간행물 우송

(2) 비공식적 인정 · 보상의 방법

① 수시로 적절한 시기를 맞춰서 “감사하다”는 말을 표현하는 것
② 자원봉사자들의 불편을 고려해서 훌륭한 물질적 환경을 조성하는 것
③ 자원봉사자들이 ‘메시지’를 받을 수 있는 우편함을 설치해 주는 것
④ 불가피한 사정으로 또는 근무일정이 없어서 결근했다가 출

근했을 경우 그동안의 안부와 함께 기관이 아쉬워했다는 말을 전하는 것

⑥ 자원봉사자들을 직원회의, 직원 훈련프로그램, 그리고 직원의 사교행사에 참여시키는 것

⑦ 자원봉사자들을 점심 또는 커피모임에 동반해서 참여시키는 것

⑧ 경험 많은 자원봉사자에게 새로운 자원봉사자 교육훈련을 도와줄 것을 요청하는 것

⑨ 자원봉사자의 준비상태를 점검하여 새로운 책임을 부과하는 것

⑩ 자원봉사자 개개인의 특별한 기술이나 전문적 능력의 영역에 대한 자문을 구하는 것

⑪ 자원봉사자의 생일에 카드를 보내거나 기관 내에서 생일케이크를 준비하여 축하하는 것

⑫ 자원봉사자의 직위 및 업무와 관련된 훈련과정 참여비용을 제공하는 것

⑬ 자원봉사자들이 잘 수행한 특정의 업무들에 대해서 칭찬해주는 것

2) 물질적 인정 · 보상과 비물질적 인정 · 보상

인정방법은 물질적 수단이 활용될 수도 있고 비물질적 수단이 활용될 수도 있다. 또한 물질적 수단의 경우에도 경제적 의미를 지니는 것과 그렇지 않은 상징적 의미를 갖는 것으로 구분할 수 있다.

물질적 방법 중 경제적인 것은 활동에 대한 보상의 의미로 주어진 금전, 현물(식사, 교통편의 등 포함), 각종 비용에 대한 감면증서, 경제적 의미를 갖는 토큰이나 쿠폰 등이 있다. 비경제적인 것으로는 배지, 핀 등의 상징물과 감사편지, 개인적 사항에 대한 축하카드 등이 활용된다.

비물질적 방법으로는 구두나 행동으로 나타나는 감사표현, 각종 행사, 교육훈련 참여기회 부여, 초대나 강연요청 등이 있다.

2009년 우리나라는 자원봉사 인증을 위해 인증관리사업이 이뤄지고 있다. 특히 대표적 자원봉사활동영역인 사회복지영역에서는 사회복지협의회 부설 사회복지정보센터에서 관련사업을 실행하고 있다. 여기서는 자원봉사인증센터 지정 및 인증요원 양성과 자원봉사인증 DB프로그램 보급 및 교육훈련을 실시하고, 자원봉사단체에서 교육이나 홍보자료로서 활용할 수 있는 교육교재나 각종 홍보물을 다양하게 제작 · 배포하고 있다. 1995년 11월에 개통된 자원봉사전산망(VT-NET)을 1999년에 사회복지자원관리시스템으로 확충하여 자원봉사의 체계적 관리가 이뤄질 수 있도록 하였고, 2001년 11월에는 자원봉사 인증관리 DB를 구축하여 전국 사회복지분야 자원봉사활동 실적을 관리하고 있다.

현 우리나라 인증센터에서 자원봉사자 카드발급과 배지수여를 다음과 같이 실천하고 있다(남기철, 2007: 264).

자원봉사 활성화사업을 위한 카드와 배지의 활용

사회복지분야의 자원봉사관리에서는 인증센터를 중심으로 자원봉사자 카드와 배지라는 상징적 방법을 통해 자원봉사자를 인정하고 있다. 그리고 이를 자원봉사 활성화사업의 일환으로 활용하고 있다.

- 자원봉사자 카드
  자원봉사자들에게 사회참여에 따른 인센티브를 제공하고 보다 효율적 자원봉사활동 관리를 위하여 전국 인증센터 소속 자원봉사자를 대상을 자원봉사자 카드를 발급하고 있다.
- 자원봉사자 배지수여
  지속적으로 활동하는 자원봉사자들에 대한 인정과 자긍심 고취를 위하여 자원봉사 누적시간에 따라 각각 그린(2백 시간), 실버(5백 시간), 골드(천 시간)배지를 수여하고 있다.

미국의 자원봉사자의 인정조항을 보면 다음과 같다(조휘일, 2002).

미국의 자원봉사자의 인정조항(하와이주 법령 제90장, 1970)

- 무료로 식사를 제공하거나 식사에 든 비용이 배상되어야 한다. 즉, 최소한 어느 정도 시간(4시간)의 일을 하거나 식사 때를 지나서 근무할 경우에는 식사를 제공한다. 식사제공은 회의참가 또는 훈련을 받을 경우에도 있어야 한다.
- 자원봉사업무 또는 훈련 때문에 숙소가 필요한 경우에는 잠정적으로 숙소를 마련해 주거나 숙박비를 제공해야 한다.
- 자원봉사업무와 관련된 주차비 · 버스비 · 택시비를 포함하여 교통비를 지급해야 한다(기관의 차량을 사용할 수도 있다).
- 기관은 자원봉사자의 행위 또는 사고에 대해 책임을 진다(단, 고의적 범법행위에 대해서는 책임을 지지 않는다).
- 자원봉사자의 업무수행과 관련된 사고에 대비하기 위해서 개인책임보험을 들어야 한다(사고보험 · 자동차보험).
- 자원봉사업무수행에서 지출되는 합리적 비용은 배상되어야 한다.
- 자원봉사자의 봉사활동경력은 개인적 직업경력으로 인정해 준다.

3. 인정·보상의 사례

인정과 보상의 내용을 보다 구체적이고 실제적으로 적용하는 프로그램의 목록을 제시해 보면 아래와 같은 것들이 있을 수 있다. 이를 맥컬리와 빈야드(McCurley & Vineyard)는 “자원봉사자의 이득 및 혜택목록”이라고 부르기도 한다(McCurley & Vineyard, 1986: 50; 조휘일, 2002: 178; 현외성, 2006: 153~154 재인용).

- 자원봉사활동의 비용상환
- 적절한 훈련

- 장기근속의 인정과 상징물 부여
- 기관 활용료 감면혜택
- 급행 통행권 발부
- 업무수행기술 기록체계 유지
- 지역자원봉사자 시상에의 추천
- 유니폼, 배지, 이름표의 배려
- 유급직원 선발시의 우선권 부여 등
- 고정된 자원봉사자 공간 제공
- 연말 파티 또는 만찬 초대
- 대통령 자원봉사자 표창에의 추천
- 고용주에의 추천서 작성
- 자원봉사활동 훈련경험의 학점부여 혜택
- 다른 자원봉사기관과의 교류프로그램
- 세금감면제도
- 건강보험
- 무료주차
- 휴가제도
- 직위명찰부여
- 자원봉사직원 신분증
- 진급기회의 보장
- 자동차보험
- 책임보험
- 탁아서비스

제12장

평 가

평가는 자원봉사자가 서비스 수혜자에게 얼마나 효과적으로 서비스를 제공하는지, 어떤 어려움이 있는지, 봉사대상자의 입장에서 자원봉사자의 활동을 어떻게 인식하는가 등을 주기적으로 파악함으로써 자원봉사활동을 개선할 수 있고 미래에 발생하게 될지도 모르는 문제를 예방할 수 있다. 또한 자원봉사자는 자신의 활동에 대한 피드백을 받게 됨으로써 자신의 활동이 갖는 중요성을 재인식하게 되고 그만큼 참여의식을 고취할 수 있을 것이다(이번송 외, 1995: 83).

일반적으로 자원봉사 프로그램 관리에서의 평가유형은 첫째, 각 개인 자원봉사자의 기간별 평가, 둘째, 자원봉사서비스에 대한 클라이언트의 평가, 셋째, 자원봉사 프로그램에 대한 직원의 평가, 넷째, 자원봉사 프로그램이 기관의 서비스에 주는 화폐적 기여도의 평가 등이다. 이러한 평가의 시기는 사전평가, 중간평가, 최종평가로 구분되며, 프로그램의 특성에 따라 매달, 매년 또는 수시로 행해질 수 있다. 평가자는 자원봉사자, 유급직원, 자원봉사관리자, 타 전문가, 지역사회 대표, 그리고 클라이언트 등이 참여할 수 있다(Ilsley & Niemi, 1981: 110~114; 류기형, 2001: 218 재인용).

〈표 12-1〉 프로그램 요소별 평가항목/지표와 평가자, 평가시기, 평가방법

프로그램 요소	평가항목/지표	평가자[1)]	평가시기	평가방법[2)]
1. 프로그램 계획	지역사회 각층의 잘 조정된 자원봉사자 집단 수	5, 6, 4	완료시, 계속	비공식적으로 2, 3, 1, 4
2. 업무연계	미충원된 자원봉사자 수	9, 1, 4, 3	매년	2, 3, 1
3. 설비	자연적, 인공적 조명의 적절성	9, 1, 4	매년	2, 4
4. 유급직원과의 조정	자원봉사자와 보내는 시간	6, 4, 3, 1	매년	2, 3, 1
5. 모집	매체활용의 효과	5, 4, 1, 7	모집활동에 따라	2, 3, 1
6. 면접	중도탈락률	10, 4, 1, 5	매월	2, 3
7. 선발결정	선발기준	4, 1	매월	3
8. 오리엔테이션과 사전훈련	참여율	11, 4, 12, 1, 3, 5	강의 종료시	2, 1, 4
9. 배치	자원봉사자의 만족도	4, 3, 1, 9	매월	2, 3
10. 활동중 훈련	참여자의 만족도	11, 4, 12, 1, 3, 5	각 부문	종료시/시작 후
11. 지도감독/동기	사기진작을 위한 업무 교대율	4, 1, 3, 5	비공식적으로 계속	3, 2, 1
12. 관리	관리에 대한 자원봉사자의 의견 (수료증, 브로치, 소패)	6, 4, 1, 5	매년	4, 2, 3

〈표 12-1〉 계 속

프로그램 요소	평가항목/지표	평가자[1)]	평가시기	평가방법[2)]
13. 인정	상과 인센티브체계	4, 3, 1	매년	3, 2, 1
14. 지역연계	자원봉사자 조정자에게 문의	6, 4, 7, 5	매년/새로운	연계형성 이전 3, 2
15. 기록과 보고	기록과 보고에 소요된 시간	6, 4, 1	매년	3, 2
16. 예산	제공받은 기금의 총량	14, 4, 6	매월/매년	자문회의 이전 2, 3
17. 평가	행정가의 지식: 프로그램의 질	5, 4, 1, 6	매년	3, 4, 2

주: 1) 1. 자원봉사자, 2. 유급지도직원, 3. 기타유급직원, 4. 자원봉사자 조정자, 5. 외부 평가전문가, 6. 행정의사결정자, 7. 지역사회대표, 8. 자문위원, 9. 학생 혹은 클라이언트, 10. 면접전문가, 11. 프로그램 기획자, 12. 발표자, 13. 참가자, 14. 기금조성자 대표.

2) 1. 질문지, 2. 면접, 3. 기록, 4. 관찰.

자료: Ilsley & Niemi, 1981: 105~110; 한국복지연구회, 1997: 211~212 재인용; 현외성, 2006: 137 재재인용.

〈표 12-2〉 자원봉사관리자의 자기기입식 평가설문지

다음 보기에 해당되는 정도에 따라 V표 하시오. ① 규칙적 ② 가끔 ③ 전혀	
1) 자원봉사자 활용프로그램을 계획할 때 다른 직원과 상의한다.	① ② ③
2) 자원봉사자의 능력, 한계, 시간, 욕구 등을 알기 위해 자원봉사자와 활동개시 전에 개인면담을 한다.	① ② ③
3) 클라이언트와 자원봉사자의 적절한 연결을 위하여 클라이언트의 욕구를 파악한다.	① ② ③
4) 자원봉사자에게 자주 감사의 마음을 전하고 연간행사 가운데서 자원봉사자의 공적을 인정하는 행사를 가진다.	① ② ③
5) 자원봉사자의 능력과 기술을 향상시키기 위하여 적절한 교육·훈련을 실시한다.	① ② ③
6) 자원봉사자에게 시설의 자원봉사자 신분증을 발급한다.	① ② ③
7) 자원봉사자에게 주차장을 제공하거나 지갑·소지품·겉옷 등을 안전한 장소에 보관해 준다.	① ② ③
8) 자원봉사자의 활동내용과 시간을 기록으로 남긴다.	① ② ③
9) 자원봉사자에게 친근한 분위기를 만들어 주고, 그들이 직면한 문제나 질문을 풀어주기 위해 노력한다.	① ② ③
10) 자원봉사자가 원하면 활동내용을 바꿔준다.	① ② ③
11) 연간 자원봉사자 활용프로그램의 예산을 세우고, 재원 제공단체에 정기적으로 보고한다.	① ② ③
12) 자원봉사자에게 자신의 친구를 자원봉사자로 참여시키도록 권장한다.	① ② ③
13) 자원봉사자를 자원봉사 보험에 가입시킨다.	① ② ③
14) 자원봉사자에 관한 정확한 최신 정보, 자료를 가지고 있다.	① ② ③
15) 활동을 중도에 그만 둔 자원봉사자에게 종결면담을 한다.	① ② ③

자료: 박태영, 2008: 219.

〈표 12-3〉 자원봉사팀에 대한 평가서의 예

자원봉사팀의 이름:	
자원봉사팀의 업무:	
봉사활동 기간:	
평가자:	
평가일시:	
평가항목	낮음 높음
1) 자원봉사팀은 매회 빠짐없이 참여하였는가?	1 2 3 4 5
2) 자원봉사팀은 정확한 시간에 도착하였는가?	1 2 3 4 5
3) 자원봉사팀은 불참시 담당자에게 사전연락을 했는가?	1 2 3 4 5
4) 자원봉사팀은 주어진 업무를 성실히 수행하였는가?	1 2 3 4 5
5) 자원봉사팀은 업무를 수행하는 데 있어 자발적이고 주도적 태도를 취하였는가?	1 2 3 4 5
6) 자원봉사팀은 긍정적 태도로 기관의 교육 및 피드백을 수용하였는가?	1 2 3 4 5
7) 자원봉사팀은 기관담당자와 좋은 관계를 유지하였는가?	1 2 3 4 5
8) 자원봉사팀은 봉사대상자와 좋은 관계를 유지하였는가?	1 2 3 4 5
9) 자원봉사팀은 기관의 다른 자원봉사팀과 좋은 관계를 유지하였는가?	1 2 3 4 5
10) 자원봉사팀의 특성(봉사시간, 전문기술 등)과 프로그램의 내용이 적합하였는가?	1 2 3 4 5
총 점	( ) 점
주관식 1) 자원봉사팀의 활동이 봉사대상자에게 어떤 면에서 도움이 되었는가?	
주관식 2) 자원봉사팀의 활동이 기관에 어떤 측면에서 도움이 되었는가?	
주관식 3) 프로그램에서 개선되어야 할 점	
주관식 4) 기타 제안이나 코멘트	

자료: 교보다솜이사회봉사단, 2006.

이와 같이 자원봉사자도 정규직원과 마찬가지로 그들의 업무에 대한 평가를 받아야 하는데, 이러한 평가는 기관은 물론 자원봉사자 자신에게도 매우 가치 있는 일이다. 따라서 자원봉사자들의 업무수행과 실적은 자원봉사 프로그램 책임자, 업무 지도감독자, 그리고 자원봉사자 자신들에게 정기적으로 검토되고 평가되어야 한다.

〈표 12-1〉은 프로그램 요소에 따른 평가항목, 지표와 평가자, 평가시기, 평가방법을 요약한 것이다.

〈표 12-2〉에서는 미국의 한 노인복지시설 자원봉사 담당자의 활동에 대한 자기기입식 평가설문지를 소개한다.

평가는 자원봉사자 개인을 단위로 이뤄질 수도 있지만 자원봉사팀을 대상으로 평가할 수도 있는데 〈표 12-3〉은 자원봉사팀에 대한 평가서식의 사례이다(남기철, 2008: 275).

제13장

갈등의 관리

현대 조직사회에서 많은 사람들과 집단들이 제각기 목표를 갖고 활동하다 보면 심리적 마찰이나 불편한 관계가 발생하여 갈등(*conflict*)이 보편적 현상으로 나타나고 있다. 때때로 개인은 각종 욕구 및 목표의 상충이나 가치관, 신념 등의 차이로 개인 상호간, 집단간, 그리고 업무간에 여러 유형의 갈등을 겪고 있다(류기형 외, 2001: 247).

특히 자원봉사활동이 이뤄지는 현장에서는 동기와 만족이 중요시되는 특성상 갈등이 매우 중요한 이슈가 되며 잘 다뤄져야 한다. 그렇지 않을 경우 자원봉사자의 중도탈락으로 연결되거나 활동대상자에게 피해가 돌아갈 가능성이 크다.

1. 갈등의 정의

갈등이란 두 사람 이상(개인이나 집단)의 사이에서 함께 일하는 가운데 목적과 방법, 가치와 욕구가 서로 상반되거나 대립되어 나타나는 대립적 상호작용의 과정으로 볼 수 있는데, 조직생활에서 갈등이 존재하느냐의 문제는 인식의 문제라고 할 수 있다. 즉, 개인이 갈등을 인식하지 않는다면 이는 갈등이 없다고 할 수 있을 것이다.

갈등은 관점에 따라서 여러 가지로 정의되는데, 조직관리 측면에서는 갈등을 희소자원이나 업무의 불균형적 배분이 이뤄질 때나 목표, 가치, 인지 등의 차이가 존재할 때 둘 이상의 개인간이나 집단 내에서 일어나는 대립적 작용으로 정의하고 있다(James & Stooney, 1978: 345).

2. 자원봉사조직 내의 갈등유형

자원봉사조직 내에서의 갈등은 다음과 같이 자원봉사자와 직원과의 갈등, 자원봉사자간의 갈등, 자원봉사자와 클라이언트 사이의 갈등이 가장 일반적이다(이성록, 1996: 402~408).

1) 자원봉사자와 직원과의 갈등

(1) 유급직원의 위치에 대한 불안감

자원봉사자 중 일부는 전문적 지식을 갖고 있으며 유급직원보다도 변화에 유연하며 창조적이고 지역사회에 많은 정보를 가지고 있을 때 기관의 직원들은 자신의 지위에 불안감을 가질 수 있으며 도전받는다는 피해의식을 갖게 된다.

(2) 서비스의 질에 대한 우려

자원봉사자는 업무에 관련된 충분한 훈련과 교육을 받지 못하기 때문에 전문성을 가진 직원들은 자원봉사자의 업무진행에 불만족을 느끼게 되고 책임성 있는 업무를 맡기지 못한다.

(3) 역할에 대한 인식부족

많은 직원들은 자원봉사자의 활용을 일시적 편의와 단순노동력의 지원책 또는 예산절감 차원에서 접근하고 있어 자원봉사자의 역할에 대한 인식이 부족하다.

(4) 이전의 나쁜 경험

자원봉사자와 함께 일한 이전의 나쁜 경험으로 거부감이 생기게 되어 갈등의 요소가 된다.

(5) 성취감의 상실

자원봉사자의 활용이 확대되면서 직원들은 클라이언트에게 직접적 서비스를 제공하던 역할을 점차 자원봉사자에게 위임하게 된다. 따라서 클라이언트와의 직접적 서비스의 피드백과정에서 얻을 수 있는 보람과 성취감 등 정서적 보상을 상실하게 되므로 자원봉사자에 대한 거부감이 잠재적으로 발생하게 된다.

2) 동료 자원봉사자간의 갈등

동료와 갈등이 발생하거나 관계가 어긋나게 되면 자원봉사활동을 중단하고 결국 조직을 떠나게 된다.

윌슨(Wilson, 1976)은 자원봉사과정에서 동료관계의 갈등요인을 보상과 인정에 관련된 경쟁심이라고 지적하고 있다.

3) 클라이언트와의 갈등

클라이언트들은 특정기관 서비스체계나 내용에 대해 잘 아는 경우가 많다. 그리고 이들은 서비스 품질에 대해서도 민감한 편이다. 여러 가지 요인 때문에 자원봉사자의 활동에 대한 저항세력으로 존재하기도 한다. 한편으로 자원봉사자는 무의식적으로 활동대상자로부터의 감사와 인정을 원하고 있어, 이것이 어긋나게 되면 갈등을 일으키는 요인이 되기도 한다.

3. 갈등해결의 기본전략

개인간 또는 집단간의 갈등을 해결하는 방법은 크게 두 가지 차원에서 접근하게 된다. 즉, 자기 자신의 관심사를 충족시키려는 방법(주장)과 상대방의 관심사를 충족시켜 주는 방법(양보)이 있다(신철우, 1999: 545~550; 류기형, 2001: 252 재인용). 여기서는 지배, 회피, 타협의 세 가지 방법을 고찰하고자 한다.

1) 지배(*dominationg*)

상대방의 입장은 전혀 고려하지 않고 자신의 관심사를 위해서 공식적 권위를 사용하여 상대방을 지배하고 복종을 강요하기 때문에 강요(*forcing*)라고도 한다. 따라서 이는 일방적 승리(*win-lose*)를 가져오게 될 수가 있다.

2) 회피(*avoiding*)

당면한 갈등문제를 무시하거나 도외시하는 것으로 문제를 회피함으로써 유리할 경우에 선택하는 적합한 대안이다.

3) 타협 (*compromising*)

자신과 상대방이 서로의 관심사를 양보하는 것을 말한다. 타협은 당사자들이 다른 목표를 갖고 있거나 비슷한 힘을 갖고 있을 때 가능하며, 협상·표결 또는 제 3자의 개입에 의하여 이뤄지는 것이 보통이다.

맥컬리(McCurley)와 린치(Lynch)는 자원봉사자와 직원 간의 갈등을 예방하기 위한 방안을 다음과 같이 제시하고 있다(이강현 역, 1997: 93~94; 남기철, 2007: 244 재인용).

직원과 자원봉사자 간의 분쟁예방

① 자원봉사자 활용에 관한 결정에 직원을 참여시킨다. 모든 사람들은 갑작스러운 결정을 좋아하지 않는다.
② 자원봉사자들을 위한 업무와 지원계획, 그리고 감독체계에 대해 미리 계획을 세워야 한다. 이러한 일들이 저절로 이뤄질 것으로 기대해서는 안 된다.
③ 많은 사람들이 자원봉사에 참여하는 것이 무조건 중요한 것은 아니다. 자질을 고려하여 선발하여야 한다.
④ 자원봉사에 필요한 기술이나 지식을 활용하면서 누구나 배울 수 있을 것이라고 간주해서는 곤란하다. 자원봉사자들에게 훈련이 필요하면 그들과 함께 일할 직원을 포함시켜야 한다.
⑤ 직원이 적절한 자원봉사자의 활용을 위해 필요한 것을 이미 알고 있다고 간주하지 말아야 한다. 교육이 필요한 경우가 많다.
⑥ 자원봉사자들이 기관에 기여하는 것에 대해서 감사를 표시하여야 한다.
⑦ 자원봉사자들과 함께 일을 무난히 잘 수행한 직원들에게 포상과 격려가 이뤄져야 한다.
⑧ 자원봉사자들에 대한 감독활동은 함께 일하는 직원이 할 수도 있다. 자원봉사관리자가 모든 권한을 가지는 것은 좋지 않다.

⑨ 주의를 끄는 문제가 발견되면 덮어두지 말아야 한다. 이에 대해 이야기하고 이를 경청하는 것이 문제를 더 제고시키지 않는다.
⑩ 분쟁이 발생했을 경우 한쪽이 옳고 그르다는 흑백논리를 적용하지 말아야 한다. 타협이 최선의 방책이다.

제 3 부

주체별 자원봉사활동의 실제

자원봉사활동영역은 상당히 포괄적이기 때문에 하나의 기준으로 분류하여 설명하기 곤란하다. 따라서 몇 가지 기준으로 분류하여 다양하게 설명할 수밖에 없는데, 이럴 경우 하나의 자원봉사활동이 분류기준의 차이에 의해 중복 설명되고 있음에 유념해야 한다.

자원봉사활동을 활동의 장과 대상, 과업의 성격, 개입방법에 따라 구분해 보면, 활동의 장은 국제, 지역사회, 사회복지시설, 학교·병원 등으로 나뉘며, 활동의 대상을 살펴보면, 아동, 노인, 장애인 등으로 나뉜다. 과업의 성격은 직접적 원조, 예방적 활동, 전문적 활동, 일반적 활동 등으로 나뉘며, 개입방법은 직접적 개입(대부분의 활동 해당)과 간접적 개입(이사/위원으로 활동)으로 나뉜다.

이와 같이 주체별 자원봉사의 영역은 매우 다양하지만 이 책에서는 아동·청소년(학생), 여성, 가족, 노인, 장애인, 기업, 전문직 등 일곱 가지 영역으로 구분하여 소개하고자 한다.

제14장

아동·청소년(학생)의 자원봉사

1. 아동·청소년(학생)자원봉사와 봉사학습

아동·청소년이라 함은 아동복지법에서의 아동은 18세 미만을, 청소년기본법에서는 9세 이상 24세 이하로 규정하므로 우리나라 현실상 이 연령대는 대부분 학생인 점을 감안하여 이 책에서는 주로 중·고등학생의 자원봉사내용을 다뤘다.

최근 우리나라에서 자원봉사활동에 대한 관심은 그 어느 때보다도 높아져 가는 실정이다. 이러한 관심의 증가가 대두된 배경은 다양한 사회문제의 해결에서 국가나 지방자치단체의 책임만으로는 한계가 있음을 인식하고 공동체의식에 입각한 민간단체와 기업, 그리고 지역주민의 자발적 참여활동이 적극적으로 요청되기 때문이다. 그 중에서도 의미 있는 작업 중의 하나는 중·고등학생들을 대상으로 한 학생자원봉사활동의 제도화라 볼 수 있다.

아동·청소년자원봉사활동은 성인들의 자원봉사활동과 여러 면에서 비슷하나, 아동·청소년들이 하는 봉사활동은 완전히 자발적인 봉사활동이라기보다는 교육적 목적을 가지고 지도·안내하고, 조정

· 평가하는 활동이라는 측면에서 차이점이 있다. 그러므로 아동 · 청소년들이 하는 봉사활동은 그 활동이 가져오는 결과 자체보다는 활동과정에서 아동 · 청소년 스스로가 배우게 되는 교육적 결과에 더 큰 의미가 있다. 따라서 아동 · 청소년자원봉사활동은 봉사학습(*service learning*)의 개념으로 접근하는 것이 적절하다.

학생자원봉사활동의 제도화는 1995년 5월 31일 교육개혁위원회가 제시한 "신교육체제 수립을 위한 교육개혁방안"을 통해 학생의 자원봉사활동을 '학교생활기록부'에 기록하고 이를 상급학교 진학시 반영하게 한 학생자원봉사활동의 제도화 조치와 관련된다.

학생의 자원봉사활동은 다른 일반적 자원봉사활동과 비교하여 독특한 특징을 가진다. 우선 학습과 교육의 측면이 두드러진다. 이에 따라 교육기관의 의도적 계획하에 학생 자발적으로 혹은 교육과정의 제도와 관련된 '유도된 자발성'을 통하여 봉사활동을 체험하는 일련의 교육과정으로 운영되는 경우가 많다. 학생과 청소년들은 자원봉사활동의 체험학습을 통해 개인적 만족감을 증진시킬 뿐만 아니라 사회참여의 기회와 사회적 책임을 실천할 기회를 갖게 된다. 이는 자원봉사활동의 이른바 '수요적 효과'에 머무르지 않고 '공급적 효과'에 보다 초점을 두게끔 한다. 학교의 사회봉사 프로그램은 자원봉사 관리조정자의 중요한 역할영역의 하나가 되지만, 현재는 학교 사회봉사프로그램이 본래의 취지를 달성하기 어려운 형식적 활동에 머무르고 있다는 지적도 많다(남기철, 2007: 280).

1) 아동 · 청소년(학생)자원봉사활동의 의의와 효과

아동 · 청소년은 전체 생애발달과정에서 원가족으로부터의 독립성을 추구하며 동시에 성숙한 사회인으로서의 미래를 준비하는 예비적 단계에 있다. 대개는 이 시기에 교육을 통한 적절한 사회화를 이루어 자아정체성을 확립하는 것을 발달단계의 과업으로 본다. 이러한 청소년기의 사회적 · 발달적 특성이 자원봉사활동의 교육적 활용에 대한 강조의 근거가 된다.

아동 · 청소년기는 성인이 되기 위한 학습기로서 사회적 기능을 획득하며, 육체적 · 심리적 · 사회적으로 중요한 변화와 성장과정을 겪게 되고, 자아정체감과 도덕성을 형성하면서 한 인간으로서의 행동기준과 가치관을 정립해 나간다. 이 시기에 일어나는 질적 변화들은 사회환경으로부터 많은 영향을 받게 되므로 건강한 환경의 제공은 청소년들의 인성발달에 필수적이라고 할 수 있다. 특히 자아정체성과 도덕성을 통합시킬 수 있는 청소년기에 사회참여의 기회로서 자원봉사활동 경험은 청소년의 건전한 성장을 돕기 위해 꼭 필요하다(*Nation Commission on Resources for Youth*, 1981; 류기형, 2001 재인용).

한편 중 · 고등학교 학생들의 자원봉사활동이 갖는 의의는 학교교육의 보완, 성인으로의 준비라는 교육적 효과가 있을 뿐만 아니라, 자원봉사활동을 통해서 자신의 잠재력을 개발하거나 사회환경을 체험함으로써 청소년들의 정신적 · 심리적 성숙과 발달을 도모할 수 있는 이점이 있다. 또한 청소년들의 자원봉사활동을 통한 사회참여는 사회적 연대감과 공동체의식을 배양하여 장기적으로는 복지문화를 형성하는 기반이 될 수 있을 것이다.

이러한 의의와 함께 아동 · 청소년들이 자원봉사활동의 경험을 통해서 다음과 같은 기대효과를 얻을 수 있다고 한다.

첫째, 개념적 지식을 확대할 수 있다. 교실에서 얻은 지식은 학생들이 배운 것과 그 기술을 활용하여 다른 사람들에게 뭔가 도움을 줄 수 있을 때, 또 복잡한 사회상황과 연관을 맺을 수 있을 때 확대된다.

둘째, 경험적 학습의 기회가 된다. 청소년들이 배우고 접하는 지식은 대부분 전해 듣거나 조사분석된 것이다. 그러나 자원봉사활동은 청소년들 자신의 직접적 경험을 통하여 배우게 된다.

셋째, 기술 및 능력을 개발할 수 있다. 자원봉사활동을 통해 자신이 가진 능력과 기술을 실제 활용해 볼 수 있다. 이러한 기회는 정보나 자료를 수집하고 분석하는 것, 판단하는 것, 타인을 위해 배려하는 마음을 개발하는 것, 도구사용법 익히기, 대화기술의 습득 등을 포함한다.

넷째, 지역사회에 관한 지식을 습득하게 된다. 청소년들은 자원봉사활동을 통해 사회문제 및 현실에 대한 광범위한 이해를 도모할 수 있다. 어떻게 사회문제가 발생하고, 이를 개선하고 변화시키기 위해 어떠한 조치가 현실적으로 취해질 수 있는가 하는 것 등에 대해 이해할 수 있다.

다섯째, 사회적 통합의 효과를 얻을 수 있다. 청소년들은 여러 가지 연령층, 다른 가치관 및 배경을 가진 사람들과 관계를 맺고 협동하는 가운데 배울 필요가 있다. 사회에 대한 인식의 부재와 편견의 문제는 단순한 접촉에 의하여 해결되지 않는다. 오직 상호작용을 통해서만이 다른 사람의 사회환경을 파악할 수 있다.

여섯째, 성인의 역할을 탐색할 수 있다. 청소년들은 성인역할 및 성인과의 관계를 탐색하기 위하여 교사나 부모와는 또 다른 성인들과 접촉할 필요가 있다. 자원봉사활동은 청소년들을 다른 성인들과 평등한 동반자 관계를 형성할 수 있게 한다.

일곱째, 일하는 경험을 얻는 기회가 된다. 청소년들은 자원봉사활동을 통해 직업의 선택에 영향을 줄 수 있는 통찰력을 얻게 되고 미래 직업을 탐색하는 데 있어 도움이 될 경험을 얻을 수 있다.

여덟째, 여가시간을 건설적으로 활용할 수 있다. 청소년들의 여가시간을 창의적이고 건설적으로 활용하는 데 도움이 된다. 자원봉사활동을 통하여 민감성, 자발성, 자긍심 및 좋은 판단력을 기를 수 있다.

아홉째, 의사결정 및 책임감을 키울 수 있다. 청소년들은 주도권을 가지고 일을 추진하며 책임을 지도록 기대되는 상황에 놓일 수 있다. 즉, 그들은 문제를 파악하고 결정을 내리며 책임을 지도록 도전할 수 있다. 이를 통해 그들은 책임감을 기르며 다른 사람들을 통해 자신의 행동결과를 관찰하게 된다(중앙일보 자원봉사사무국, 1996).

이러한 연구들을 바탕으로 아동 · 청소년의 자원봉사 경험이 갖는 다양한 효과를 개인, 학교, 지역사회의 세 가지 체계를 중심으로 정리하면 〈표 14-1〉과 같다.

2) 아동 · 청소년자원봉사의 필요성

아동 · 청소년들은 학교생활의 제한을 받기 때문에 폭넓은 봉사활동을 하는 데 다소 어려움이 뒤 따른다. 그럼에도 불구하고 자원봉사활동을 권장하는 것은 자원봉사가 많은 것을 체험적으로 알 수 있는

〈표 14-1〉 아동 · 청소년자원봉사활동의 효과영역

구분	효과내용	
개인(학생)	▪ 경험적 학습기회 ▪ 직업세계 경험 ▪ 여가시간 활용 ▪ 자아와 도덕발달 ▪ 정서를 포함한 성격발달 ▪ 사회의 다양성에 대한 이해 ▪ 지역사회참여 계기를 통한 사회적 통합 도모	▪ 소질능력 개발 ▪ 사회적 책임감 함양 ▪ 자아성취감 ▪ 자아존중감 ▪ 지적 발달의 긍정적 영향
학교	▪ 부가적 학습자원 ▪ 학교와 지역사회의 관계증진 ▪ 학생과 교사 간의 의사소통 기회 및 관계증진 ▪ 교육과 현실의 통합을 통한 부가적 학습기회 제공	▪ 행동수정
지역사회	▪ 미래 인적 자원으로서의 아동 ▪ 학교와의 관계증진 ▪ 지역사회의 공공자원 확보 ▪ 아동 · 청소년과 기성세대 간의 상호작용 기회 제공	▪ 청소년 자원개발 ▪ 공동체의식의 함양

기회를 제공하기 때문이다. 봉사학습이란 말도 여기에서 기인하는 데 다음과 같은 여러 가지 이유에서 자원봉사활동은 그 필요성이 있다.

(1) 개인적 필요성

① 인간존중 정신과 태도형성

봉사활동은 아동·청소년들로 하여금 건전한 인격형성을 도모할 수 있도록 도움을 주며 아울러 아동·청소년들에게 자기 존재의 의미와 자기존중감을 깨닫게 해준다. 또한 인간의 존엄성과 가치를 인식하게 하며 사회화를 돕는 계기가 된다.

② 사회성 개발

봉사활동을 하는 동안 청소년들이 다른 사람과 협력하며 원만한 인간관계를 유지하게 함으로써 사회성을 기르고 자아를 실현하게 한다.

③ 자신감과 지도력 형성

봉사활동은 아동·청소년들로 하여금 자신감을 가질 수 있도록 해주며 또 잠재적 지도력을 개발할 수 있는 계기가 된다. 봉사활동을 하는 동안 자기를 표현할 기회를 갖게 되어 자신감이 생기며, 다른 사람과 집단적으로 협동하여 함께 일하는 가운데 자기도 모르는 사이에 잠재적 지도력을 발휘하게 된다.

④ 공동체의식 함양

아동·청소년들이 봉사활동을 통해 다른 사람들을 도우면서 함께 살아가는 공동체의식을 기를 수 있다. 봉사활동은 자기중심적이고 이기적인 태도를 극복해 구성원들이 서로 돕고 살아가는 사회를 이룩하려는 공동체의식을 길러준다. 또한 가치 있는 삶을 직접 체험하면서 그 의미를 깨닫고 실천과정에서 기쁨과 보람을 느끼게 하며, 이상적 지역공동체 건설에 대한 기초를 마련해 준다.

⑤ 민주시민으로서의 책임감 형성

봉사활동은 청소년들에게 바람직한 민주시민의 자질을 함양시켜 준다. 봉사활동에 적극적으로 참여함으로써 학생들은 자발성, 협동정신, 책임감과 같은 민주시민으로서의 자질을 함양하게 된다. 또 지역사회를 올바르게 이해하고 불건전한 일탈행동을 예방한다.

⑥ 보람 있는 여가생활

청소년들은 봉사활동을 하면서 의미 있는 여가시간을 보낼 수 있다. 청소년들은 자기 취미에 맞는 봉사활동을 하면서 여가를 보냄으로써 보람을 찾을 수 있을 뿐만 아니라, 탈선이나 비행도 예방할 수 있다. 그리고 신체적, 정신적, 정서적 건강을 지닌 전인적 인간으로 성장할 수 있도록 도움을 준다.

⑦ 진로선택에 도움

봉사활동은 아동・청소년들에게 자신의 적성을 발견할 수 있는 기회를 제공하며, 새로운 기술을 학습할 수 있게 하고, 이미 습득한 기술은 더욱 발전시킬 수 있도록 해준다. 자기가 좋아하는 활동터전에서 여러 가지 활동을 경험하는 동안 학교에서 배우지 못했던 사회를 경험하게 되고 다양한 직업을 탐색할 수 있는 기회를 갖게 된다. 이러한 다양한 직업탐색은 장래 자기 직업에 대한 이해를 돕게 된다. 이렇게 함으로써 봉사활동은 청소년들의 장래 진로선택에 도움을 준다.

(2) 교육적 필요성

아동・청소년들은 봉사활동을 통해 지역사회에 대한 이해를 넓힐 수 있다. 지역사회에서의 다양한 봉사활동은 학생들이 학교에서 배운 것을 보충하고 심화시킬 수 있게 해준다. 곧 봉사활동을 통해 교육의 장을 학교뿐만 아니라 지역사회에까지 확대하는 효과를 얻을 수 있다.

학교에서의 교육은 이론중심적이고 제한적인 내용으로 이뤄진다. 그러나 학교교육과는 달리 봉사활동은 체험을 통한 교육으로 아동·청소년들이 성인생활을 하는 데 도움을 준다.

봉사활동을 통해 학교와 지역사회와의 관계를 증진시킬 수 있기 때문에 학교가 지역사회로부터 고립되지 않고 서로 협력하고 교류할 수 있는 유기적 관계를 형성할 수 있다.

(3) 사회적 필요성

지역사회의 문제를 정부나 공공기관에 의지하여 해결하려는 태도를 극복하고, 아동·청소년들이 스스로 나서서 해결하려는 풍토를 조성하게 될 것이다. 지역사회에 어려운 사람이 있으면 자발적으로 돕고, 지역사회의 환경을 개선시켜 나가는 등 지역사회문제를 지역사회 아동·청소년이 스스로 해결해 나가려는 자발적 참여풍토가 조성될 것이다.

아동·청소년들이 봉사활동 지도를 받음으로써 장차 지역사회의 문제를 담당할 자원인사로 성장하게 될 것이며, 지역사회에서 활발하게 봉사활동을 펼치게 될 것이다. 따라서 지역사회에서는 미래의 자원봉사자를 기른다는 거시적 안목에서 가능한 한 학생들의 봉사활동을 적극적으로 도와주어야 한다.

3) 아동·청소년의 봉사학습

학생자원봉사활동의 개념은 봉사학습(*service-learning*)이다. 다양하게 정의되는 봉사학습의 개념 중 널리 알려진 정의를 소개하면 다음과 같다. 김성봉(2004)은 "봉사학습을 봉사와 학습을 연계함으로써 봉사와 학습의 효과를 동시에 거두는 데 그 목표를 두는 경험교육의 한 형태"로 정의하고 있다. 쉐크레이와 키톤(Sheckley & Keeton, 1997)은 봉사학습을 "자원봉사와 지역사회봉사를 연합한 경험을 통해 학생의 학습을 촉진시키기 위한 교육활동, 프로그램, 혹은 교육과정"이라고 정의하고 있다. 한편 켄달(Kendall, 1990)은 봉사학습이 교수방법의 한 형태라거나 봉사경험에 학습활동을 단순히 더하는 것 이상이라고 보고 있다. 봉사와 학습 사이의 결합은 머리와 가슴, 활동과 반성 사이의 상호작용을 만들어 내고, 봉사나 학습의 개념만으로 얻을 수 있는 보상을 제공함으로써 시너지 효과와 역동성을 동시에 만들어 낸다. 이러한 의미에서 켄달은 봉사학습을 인간성장과 목적의 철학, 사회적 비전, 지역사회 접근, 지식획득 방법으로써 광범위하게 정의하고 있다(조아미, 2005: 33).

2. 아동·청소년자원봉사의 발달

교육부에서는 실천적 인성교육을 교육과제의 하나로 선정하고 이를 추진하기 위한 노력으로 1996년부터 학생들에게 자원봉사활동을 적극 권장하기 시작했다. 이에 봉사활동이 체험적이고 실천적인 체험학습이 될 수 있도록 유도하기 위하여 1996년 2월 《봉사활동의 이론과 실제》라는 장학자료(제 113호)를 발간하여 시 · 도교육청 및 학교에 보급하였고, 1996년 3월에는 중 · 고등학교 학생봉사활동 운영방안을 수립하여 안내하고 시 · 도교육청 및 학교실정에 맞는 봉사활동이 이뤄지도록 적극 권장하였다. 중 · 고등학생 자원봉사활동이 종합생활기록부에 기록되는 제도화가 1996년부터 시행에 들어갔다. 1998년 고교입시부터는 중학생들의 봉사활동이 전형자료로 반영되었으며, 나아가서 대학들의 중·고교 사회봉사활동을 1997년 입시부터 전형에 반영하고 있다(김범수 외, 2003: 175~177).

고교생의 자원봉사를 대학입시에 점수화하여 반영하는 대학은 국·공립대학의 경우 24개교 중 8개교이고, 사립대학 90개교 중에 34개교, 교육대학 9개교 중 4개교로 나타나 있으며, 종합 반영하는 대학들도 일부 있으나 반영점수는 그다지 높지 않다.

교육부는 1997학년도부터 2년간 시·도교육청별로 1개교씩 자원봉사 연구·시범학교를 운영하도록 하고 이에 대한 지원으로 1개교당 4백만 원씩을 지원하여 학생자원봉사를 활성화하기 위한 일련의 노력을 전개하고 있다.

2001학년도 중학교 1학년부터 적용된 제7차 교육과정은 21세기의 지식기반사회, 정보화시대를 맞아 지금까지의 교실, 교과서, 지식전달중심의 전통적 학교교육 패러다임에서 벗어나 새로운 생존전략과 힘을 갖춘 인간, 그리고 인간교육 강화에 역점을 두었다. 이에 학생봉사활동의 형식적 운영을 막고 내실화하기 위해 학생봉사활동정보안내센터를 설치·운영하고 교사 등 운영인력에 대한 교육을 강화하였다. 뿐만 아니라 2002년 월드컵대회 및 2003년 유니버시아드대회 개최시 전국적으로 학생들이 자원봉사자로 성공적으로 참여하여 사회적으로 자리잡아가고 있다.

3. 아동·청소년자원봉사의 현황

1) 초·중·고등학생들의 자원봉사활동 실태

5·31 교육개혁에 의해 봉사활동이 제도화된 이후 청소년들의 봉사활동 참여는 양적으로 비약적 발전을 했다. 제도화 이전 청소년들

의 봉사활동 참여율은 10~20%선에 머물렀다. 그러나 1996년 이후에는 1996년 43.5%, 1997년 61.8%, 1998년 76.8%로 급속하게 증가하는 추세를 보였다. 2000년 이후 청소년들의 자원봉사 참여율은 90%에 육박하고 있다(김정배 · 정익재, 2000: 3).

한국청소년진흥센터가 2008년 10월 전국 초 · 중 · 고등학생 15,204명을 조사한 자원봉사활동 실태를 보면 다음과 같다.

① 최근 1년간 자원봉사활동 참여율은 81.4%로 나타났다.

② 성별로는 여학생이 남학생에 비해 최근 1년간 자원봉사활동에 참여한 경험이 한 번이라도 '있다'는 응답이 5.5%포인트 많은 것으로 나타났다. 교급별로는 중학생의 경우가 89.7%로 자원봉사활동 참여경험 응답률이 가장 많았고, 고등학생(77.1%), 초등학생(73.4%) 순으로 나타났다.

③ 고교유형별로는 인문계고(5,538명 중 80.1%)가 최근 1년간 한 번이라도 자원봉사활동에 참여한 경험이 '있다'고 응답하여 특성화고(2,639명 중 70.8%)에 비해 자원봉사 참여율이 높은 것으로 나타났다. 인문계고의 경우 여가시간이 특성화고에 비해 적고 여가활동에 대한 만족도가 낮은 것에 반해 자원봉사활동에 참여하는 학생들이 많은 것을 알 수 있다.

④ 자원봉사활동영역은 15,204명 중 '학교' 자원봉사활동에 참여한 경험이 '있다'는 응답자가 59.6%로 가장 많았고, '공공기관 및 시설'(38.4%), '사회복지시설/단체'(31.3%) 순으로 나타났다 (〈표 14-2〉 참조).

⑤ 자원봉사활동영역별 참여율은 문화재, 공원, 휴식시설, 보건의료기관, 비영리민간단체, 기타 관련 자원봉사활동에 '1회' 참여했다고 응답한 비율이 가장 많았고, 학교, 공공기관 및 시설, 사회복지시설, 단체, 종교시설, 단체관련 자원봉사활동의 경우 '2~10회' 참여했다고 응답한 비율이 가장 많았다. 자원봉사활동영역과 관련하여 학교나 공공기관 및 시설, 사회복지시설, 종교시설 등이 학생들 자원봉사활동영역으로 보다 보편화되어 있음

을 알 수 있다.

⑥ 자원봉사활동 재참여 의사는 전체 응답자의 62.7%로 나타났다.

⑦ 자원봉사활동 참여이유(〈표 14-3〉 참조).

가. 새로운 자원봉사활동에 참여할 수 있는 기회가 주어진다면 참여하고 싶은 이유에 대해 응답자(9,538명) 과반수 이상인 59.4%가 '내신성적 반영 때문'이 가장 많고, 그 다음이

〈표 14-2〉 자원봉사활동영역별 참여경험

(단위: %)

구분	전체	성별		학교급			고교 구분	
		남	여	초등학교	중학교	고등학교	인문계	특성화
사례수(명)	15,204	7,864	7,340	1,453	5,574	8,177	5,538	2,639
학교	59.6	56.9	62.4	62.1	67.9	53.4	55.1	49.9
공공기관 및 시설	38.4	36.7	40.3	12.9	47.0	37.1	40.6	29.9
문화제	4.1	3.9	4.4	8.1	4.4	3.3	2.9	4.1
공원/휴식시설	8.8	8.4	9.2	14.0	8.8	7.9	7.3	9.1
사회복지시설/단체	31.3	26.7	36.1	13.8	33.3	33.0	35.9	26.9
종교시설/단체	8.3	7.6	9.1	13.4	8.3	7.5	7.3	7.9
보건의료기관	10.4	9.4	11.4	6.5	10.1	11.3	12.4	8.8
비영리민간단체	7.1	6.7	7.4	6.5	6.6	7.5	7.6	7.4
기타	5.0	4.9	5.1	7.6	5.5	4.3	4.0	4.9
모두 참여경험 없음	18.6	21.3	15.8	26.6	10.3	22.9	19.9	29.2

자료: 한국청소년진흥센터, 2008: 24.

어려운 이웃에 관심 있어서가 53.0%, 책임의식 46.3%, 만남/사교 37.7%, 취미에 맞는 봉사활동이어서 33.4%, 존재의미, 타인존중 31.2%, 의견표현/자신감/리더십 19.7% 등의 순으로 나타났다.

〈표 14-3〉 응답자 특성별 자원봉사활동의 참여이유

(단위: %, 중복응답)

구분	전체	성별		학교급			고교 구분	
		남	여	초등학교	중학교	고등학교	인문계	특성화
사례수(명)	9,538	4,281	5,257	847	3,357	5,334	3,860	1,474
내신반영	59.4	61.3	57.9	24.4	67.7	59.7	59.1	61.5
존재의미/타인존중	31.2	30.8	31.6	45.6	27.0	31.6	31.6	31.5
만남/사교	37.7	38.4	37.1	46.6	33.0	39.3	38.5	41.2
의견표현/자신감/리더십	19.7	20.1	19.3	32.1	17.6	19.0	19.0	19.1
어려운 이웃에 관심	53.0	49.0	56.3	53.8	49.7	55.0	55.9	52.6
책임의식	46.3	44.4	47.8	45.3	45.3	47.1	46.6	48.3
취미에 맞는 봉사활동	33.4	27.0	38.7	48.4	33.0	31.3	32.2	29.2
진로선택	18.7	20.8	17.0	27.3	18.1	17.8	16.2	21.7
학교에서 배운 것 실천기회	14.3	16.3	12.7	40.5	17.1	8.4	7.0	12.1
지역사회 문제해결	15.3	17.9	13.2	20.1	15.0	14.7	14.6	14.9
종교적 만족	5.9	6.9	5.0	11.6	5.4	5.3	5.3	5.3

자료: 한국청소년진흥센터, 2008: 28.

나. 성별 · 교급별로 자원봉사활동의 참여이유에서 유의미한 차이는 없었으나, 초등학생의 경우 응답자 847명 중 과반수 이상(53.8%)이 '어려운 이웃에 대한 이해와 관심을 가질 수 있어서'라고 응답한 반면 응답자 24.4%가 '내신성적 반영을 위해'라고 응답하여 중 · 고생에 비해 내신성적에 대한 비중이 작은 것으로 나타났다. 자원봉사활동의 참여이유에 대해 전반적으로 중학생과 고등학생에 비해 보다 다양하고 복합적인 참여동기를 가지고 있다고 할 수 있다.

2) 아동 · 청소년(학생) 주체로서의 자원봉사활동영역

(1) 아동의 자원봉사활동

아동의 자원봉사활동은 그 주체가 초등학생이며 봉사활동이 단순히 볼런티어리즘, 즉 자원봉사활동에 중심을 두기보다는 '학습과정'에 더 큰 비중을 두고 있다.

제7차 교육과정에서는 특별활동영역의 이수시간을 1학년 연간 5~6시간 이상, 2~3학년 6~7시간 이상, 4~6학년 10시간 이상을 확보하여 지도하도록 하였는데, 특별활동은 다시 자치 · 적응 · 행사 · 계발 · 봉사활동의 5개 영역으로 구분되며, 봉사활동의 유형은 〈표 14-4〉처럼 다시 일곱 가지 세부 영역으로 나뉘어져 있다.

현재 각급학교에서 활용하는 봉사처나 봉사활동 내용은 교육인적자원부에서 일손 돕기, 위문활동, 캠페인활동, 자선구호활동, 환경시설보전활동, 지도활동, 지역사회 개발활동, 기타 활동의 여덟 가지로 나누어 지침을 제시하고 있다. 이 각각의 주요 활동내용은 〈표 14-4〉, 〈표 14-5〉와 같다.

(2) 청소년의 자원봉사활동

청소년의 자원봉사활동은 주체가 중 · 고등학생으로 교육과학기술

〈표 14-4〉 교육과학기술부 지정 학생봉사활동영역 및 내용

영역별 활동내역	주요 활동내용
일손 돕기 활동	▪병원 일손 돕기 ▪공공시설 일손 돕기 ▪복지시설 일손 돕기 ▪학교 내 일손 돕기 ▪농·어촌 일손 돕기
위문활동	▪고아원 위문 ▪양로원 위문 ▪장애인 위문 ▪병약자 위문 ▪군부대 위문 등
캠페인 활동	▪공공질서 확립 캠페인 ▪교통안전 캠페인 ▪학교주변 정화 캠페인 ▪환경보전 캠페인
자선구호활동	▪재해구호 ▪불우이웃돕기 ▪국제협력과 난민구호 활동
환경·시설보전활동	▪깨끗한 환경 만들기 ▪자연보호 ▪문화재보호
지도활동	▪동급생 지도 ▪하급생 지도 ▪복지시설아동 지도 ▪교통안전 지도
지역사회 개발활동	▪지역실태 조사 ▪지역행사 지원 ▪지역사회 가꾸기 ▪지역홍보
기타 활동	▪위 세부내용으로 구별하기 어려운 활동

자료: 교육과학기술부(http://www.moe.go.kr).

〈표 14-5〉 학교급별 봉사활동 내용

학교급별	봉사활동 내용
초등학교	봉사정신과 태도를 기르는 데 중점을 두고, 주로 교내 및 학교 주변을 중심으로 봉사활동을 하도록 한다.
중학교	학교에서 안내 지도된 활동을 중심으로 실천하도록 하고, 학교 내외뿐만 아니라 지역사회의 공공기관에까지 활동영역을 확대시킨다.
고등학교	학생들에 의한 자발적 봉사활동을 권장하고, 지역사회의 다양한 부분으로 활동영역을 확대시키도록 한다. 자신이 장차 선택하려는 진로영역과 관련된 봉사활동을 실천해 봄으로써 진로선택에 도움을 얻을 수 있도록 지도한다.

부에서는 학생들이 행복한 학교를 만들기 위해 학생봉사활동을 체계적으로 정립·발전시키면서 다양한 교육적 접근을 통해 교육경쟁력을 제고하여 정보화 소양을 갖춘 자율적·창의적인 인간을 육성하고자 학생봉사활동, 현장체험학습 등 체험중심 인성교육의 내실화를 실천과제로 적극 추진하고 있다.

봉사활동시간은 중학생은 연간 18시간 이상, 고등학생은 연간 20시간 이상이다.

학교중심 청소년자원봉사활동

1. 학교중심 봉사활동의 기본내용
   ① 학생봉사활동은 사전에 계획이 수립되고 검토되어 실행되어야 한다.
   ② 학생의 발달단계를 감안하여 각 학교급별로 적절한 활동이 이뤄지도록 한다.
2. 봉사활동의 목표
   ① 특별활동 총괄목표
   다양하고 건전한 집단활동에 자발적으로 참여하여 개성과 소질을 계발·신장하고, 공동체의식과 자율적 태도를 기름으로써 민주시민으로서의 기본적 자질을 함양한다.
   ② 봉사활동 목표
   봉사활동의 의미를 이해하고, 타인을 돕는 일에 적극 참여하여 공동체의식을 함양하고, 삶의 보람과 자신의 가치를 느낀다.
   ③ 봉사활동의 구체적 목표
   가. 지역사회의 일들에 관심을 갖고 참여함으로써 사회적 책임을 분담하고 호혜정신을 기른다.
   나. 다양한 봉사활동의 실천으로 서로 협력하는 태도를 기르고, 지역사회 발전에 이바지하는 태도를 가진다.
   다. 타인을 배려하는 너그러운 마음과 더불어 사는 공동체

〈표 14-6〉 학교중심 청소년자원봉사활동

학교급	학 년	봉사활동 권장시간	학교 교육과정에 의한 봉사활동 시간
초등학교	1	연간 5~6시간 이상	
	2~3	연간 6~7시간 이상	
	4~6	연간 10시간 이상	
중학교	전학년	연간 18시간 이상	연간 10시간 이상
고등학교	전학년	연간 20시간 이상	

의식을 가진다.

3. 학생봉사활동 시간
   ① 제7차 교육과정의 적용과 함께 초 · 중 · 고등학교 학교급별 및 학년별 봉사활동 권장시간을 연간 6~20시간으로 다양화 한다.
   ② 제7차 교육과정이 적용되는 학년의 경우에는 학교 교육과정의 특별활동시간중에 봉사활동을 중 · 고등학교는 연간 10시간 이상 편성 · 운영해야 한다.
4. 봉사활동 내신반영 방법
   ① 중학교
   - 연간기준 18시간
   - 고입 내신성적에 반영
     가. 연간 18시간 이상: 8점
     나. 연간 15시간 이상~18시간 미만: 7점
     다. 연간 15시간 미만: 6점
   ② 고등학교
   - 대학에 따라 대입내신에 성적반영

(자료: 한국청소년개발원, 2005)

청소년자원봉사활동이 학교교육과정 안에서 이뤄지는 것이 대부분인 현실에서 교육과학기술부(1996)는 학생들의 봉사활동영역을 크게 일손 돕기 활동, 위문활동, 지도활동, 캠페인활동, 자선구호활동, 환경시설보전활동, 지역사회개발활동 등 일곱 가지 영역으로 구분하고 각 영역에 대하여 세부적 활동내용을 〈표 14-7〉과 같이 제시하였다.

3) 청소년자원봉사활동 추진사업 내용

(1) 청소년자원봉사 협력학교 운영

동 사업의 추진대상은 해당 지방 청소년활동진흥센터의 지역 내 초·중·고교의 전교생 또는 학년, 학급 및 동아리 단위를 중심으로 운영한다. 또한 학교중심의 봉사활동 운영을 통한 봉사활동거리 개발 및 공유, 학교와 지방 청소년활동진흥센터 간의 유기적 협조체계 구축 및 봉사활동 활성화, 봉사활동 개발프로그램 시범적용을 통한 우수프로그램 개발이 동 추진사업의 주요 목적이다.

봉사활동 협력학교로 지정된 학교는 지방센터와 협정체결을 맺고, 지정된 협력학교에서는 사업계획에 의한 봉사활동을 실시한다. 아울러 지방센터에서는 교사, 학급·동아리 대표자에 대한 사전 봉사활동 프로그램 교육을 실시하며 봉사활동 프로그램 보급·지도·안전보험 가입 및 활동경비 등을 지원한다. 기대되는 효과로는 첫째, 학교 봉사활동의 내실운영 및 인근지역의 파급·확산, 둘째, 지역사회와 학교 간 봉사활동의 효율적 연계협력체계 구축, 셋째, 학교단위 시범봉사활동 프로그램 운영을 통한 우수프로그램 개발 및 보급 등이 있다.

(2) 청소년 해외봉사단 운영

자원봉사활동을 통한 청소년의 인성함양을 제고하고 대상국 청소년과 우리 청소년의 만남을 통한 상대방 문화이해 및 우정을 증진하고 아울러 사회공동체적 삶의 의미와 책임의식 체득을 위한 사회참여 현장을 해외로 확대하고자 (구)국가청소년위원회에서는 청소년 해외

〈표 14-7〉 청소년 자원봉사활동영역(교육과학기술부)

활동영역	활동내용	활동 예
일손 돕기	복지시설 일손 돕기	어린이 돌보기, 시설물 관리, 학습교재 제작, 배식, 설거지, 세탁, 청소, 잡초제거, 시각장애인에게 책 읽어주기, 편지 대필하기 등
	공공기관 일손 돕기	안내하기, 주소 대필하기, 문서신청 대신하기, 우표 붙이기, 우편물 분류 돕기, 청소하기, 간단한 업무 돕기, 도서정리, 자료정리, 심부름하기 등
	병원 일손 돕기	안내하기, 청소하기, 잡초제거, 간단한 업무 돕기, 심부름하기 등
	농어촌 일손 돕기	모내기나 추수 돕기, 어린이 돌보기, 주변 청소하기, 심부름하기, 어장이나 과수원 일손 돕기 등
위문	아동시설 위문	고아원생들과 친선게임, 자매결연, 위문품 전달 등
	노인시설 위문	노래, 춤, 연주, 연극 등을 통해 위로하고 위문품 전달 등
	장애인 위문	함께 놀기, 장애인 돕기, 위문품 전달 등
	병약자 위문	병원이나 보건소 등의 환자 위문, 무의탁 노인 위로 등
	자매부대 위문	일일 병영생활, 위문편지 쓰기, 위문품 전달 등
지도	동급생 지도	교과별 학습부진 학생 지도, 운동지도, 게임지도 등
	하급생 지도	유아원생 돌보기, 유치원생 지도, 초등학생 지도, 중학생 지도
	사회교육 지도	어린이 축구교실, 어린이 농구교실, 어린이 컴퓨터교실, 에어로빅 교실, 각종 문화 및 레크리에이션 지도 등
	교통 · 안전 지도	교통신호 지키기, 건널목 교통 안전지도, 등 · 하교길 안전지도

〈표 14-7〉 계 속

활동영역	활동내용	활동 예
캠페인	공공질서 확립 캠페인	차례 지키기 캠페인, 부정부패 추방 캠페인, 공공선거 캠페인
	교통·안전 캠페인	교통안전 캠페인, 안전사고 예방 캠페인, 거리질서 확립 캠페인, 불조심 캠페인 등
	학교주변 정화 캠페인	유해업소 방문 계도, 전단 나눠주기, 교육환경 저해업소 조사 등
	환경보전 캠페인	자연보호 캠페인, 동물보호 캠페인, 수질오염 방지제도, 자연보호 포스터 붙이기 등
자선구호	재해구호 활동	재해구호를 위한 노동봉사, 재해구호 모금활동, 기부금 납부 등
	불우이웃 돕기	독거노인 돕기, 장애인 돕기, 의료비 모금활동, 불우이웃 성금모금, 노약자 위로금 납부, 바자회 개최, 어린이 가장 돕기, 지정기탁, 고아나 장애인과 1 대 1로 돕기, 노인 안마 해드리기, 말벗 되어드리기, 신문 읽어드리기 등
	헌혈 및 골수기증	헌혈, 골수기증, 장기기증 등
	국제협력과 난민구호	외국인에게 한국가정 소개하기, 외국인 안내하기, 외국학생 초대하기, 전쟁고아 돕기, 아프리카 난민구호 활동, 난민구호 성금모금활동 등
환경시설 보전	깨끗한 환경 만들기	폐휴지 줍기, 잡초제거, 청소하기, 껌 떼기, 쓰레기 분리수거 등
	자연보호	강, 바다, 산 등의 오염방지 활동, 오염물질 수거활동, 환경오염원신고 등
	문화재 보호	문화 유적지 주변 청소하기 등

〈표 14-7〉 계 속

활동영역	활동내용	활동 예
지역사회 개발	지역실태조사	지역사회 현황파악 활동, 지역사회 복지지도 만들기, 지역 문화재 지도 만들기 등
	지역사회 가꾸기	마을 꽃길 만들기, 놀이터 만들기, 놀이터 청소, 마을 대청소, 도로정비, 환경미화 등
	지역홍보	지역신문 만들기, 지역 안내지 만들기, 지역사회 관광·여행안내, 지역 문화프로그램 개발 등
	지역행사 지원	지역 내 체육대회 등 지역행사 일손 돕기, 지역문화 행사장 청소, 공공행사장 안내, 질서 및 안전계도, 주차장 안내 등

자료: 교육부(1996), 중·고등학교 학생봉사활동의 문제점 및 개선방안, 장학자료 제112호·제113호.

〈표 14-8〉 연도별 해외봉사단 파견지역 및 파견형태

연도	파견국가 및 지역	파견형태	비고
2002	프랑스, 스위스, 이탈리아, 중국, 홍콩, 대만, 호주 (7개국)	14개 지방센터에서 월드컵청소년 홍보단으로 개별파견(130명)	최초 파견 사업 시작
2003	몽골, 중국, 태국, 일본, 필리핀, 베트남(6개국)	15개 지방센터에서 센터별 자체 편성을 통해 개별파견(269명)	
2004	카자흐스탄, 러시아(하바로프스크), 몽골(3개국)	'고려인돕기 봉사활동' 주제로 중앙센터의 조정에 의해 개별파견 (162명)	
2005	스리랑카	쓰나미 피해지원봉사단으로 16개 지방센터에서 통합파견(176명)	(국) 국가 청소년위원회 주최
2006	러시아 연해주 (빠르티쟌스크)	고려인돕기 봉사활동으로 16개 지방센터에서 통합파견(174명)	상 동
2007	라오스, 캄보디아	청소년시설 신축 및 문화교류를 위하여 16개 지방센터에서 통합 파견(183명)	상 동

자료: 보건복지가족부, 2008.

〈표 14-9〉 2008년 해외봉사단 파견지역 및 파견형태

파견국	캄보디아(3개 팀)			라오스(4개 팀)			
파견 지역	Udeng (우동)	Kampong Cham (깜풍짬)	Dei Edth (디엣)	Ponhong (폰홍)	Vang Vieng 1 (방비엥)	Vang Vieng 2 (방비엥)	Viang Cham (위앙캄)
지방 센터	서울, 경북(20)	인천, 울산, 충북, 전남(40)	부산, 대전(20)	충남, 전북(20)	대구, 제주(20)	경기, 경남(21)	광주, 강원(20)

자료: 보건복지가족부, 2008.

봉사단 파견사업을 2002년부터 시작하였다.

2007년에는 한 · 아세안 FTA 발효(2007년 6월 1일) 등 아세안 국가에 대한 관심과 중요도가 높아짐에 따라 ASEAN회원국 중 최빈국인 캄보디아 · 라오스 2개국을 대상으로 선정하였다. 이는 파견지역에 대한 지방센터 수요조사(2007년 1월 31일~2월 6일) 결과, 다양한 파견지역으로의 소규모 분산파견 및 아시아 저개발국가 선호도를 반영한 결과였다.

2008년도에는 2007년의 사업성과가 우수하고 현지에서의 지속적 협력을 요청함에 따라 전년도와의 연장선상에서 진행(2008년 10월 28일~11월 6일)하였는데 전년도와 비슷한 규모(청소년 144명, 청소년 지도사 17명, 의료진 8명, 방송촬영, 사진작가 등)로 총 185명이 참가하였다.

주요 봉사활동에서도 청소년센터 개보수 및 정리, 학교 화장실 신축 및 교실 칠판교체사업, 현지 청소년들과 공동으로 봉사단구성 · 활동 및 문화공연, 축구 등 스포츠교류 활동, 청소년 친선교류축제 개최 등으로 구성하였다.

(3) 청소년봉사활동 대축제

우수 청소년자원봉사자 및 지도자를 발굴 · 시상함으로써 청소년자원봉사활동의 범국민적 공감대 형성 및 참여동기를 부여하고자 각 지방 청소년활동진흥센터에서는 매년 청소년봉사활동 대축제를 10월부터 12월에 걸쳐 진행하는 바, 2008년도는 제 10회를 맞이했다.

대축제의 참가부문은 청소년 개인, 단체(동아리) 및 지도자 · 지도교사 등으로 구분되며, 지방 청소년활동진흥센터에서는 봉사활동 사례를 추천받고 공모 · 심사 후 부문별로 우수봉사자에 대한 시상과 함께 우수사례발표, 동아리박람회, 어울림한마당 등 축하공연도 함께 어우러지게 함으로써 지역축제로 거듭나게 하는 계기를 만들고 있다.

매년 이러한 지역별 행사가 추진됨으로써 지역사회 청소년봉사활동이 더욱 활성화되는 기폭제 역할을 할 것으로 전망되며, 봉사활동을 통한 청소년의 지역사회 공헌에 대한 인식제고 및 참여도 증진에도 크게 기여할 것으로 기대된다.

4) 대학의 사회봉사

우리나라 학교사회봉사는 중·고등학교보다 대학에서의 사회봉사가 먼저 제도화되기 시작했다. 물론 그 이전에도 대학 내의 사회복지학 관련 학과 등에서 자원봉사와 관련된 과정을 일부 운영하기도 했지만, 이를 제외하고 대학에서 전체 학생을 대상으로 봉사학습시스템이 시작된 것은 1990년대 중반부터이다. 한양대가 1994년 사회봉사 교양필수과목을 채택했으며, 이후 동덕여대의 자원봉사 교양필수 채택, 건국대의 교내 자원봉사은행 신설이 이어졌다. 이러한 대학의 자원봉사활동을 지원하고 상호연합 및 교류증진을 위해서 1996년 전국대학총장들을 중심으로 한국대학사회봉사협의회를 조직하게 되었다.

대학의 사회봉사는 대학의 고유기능인 교육, 연구와 함께 주요 3대 기능 중의 하나이다. 따라서 첫째, 진리탐구와 학문을 창조하는 기능, 둘째, 학문을 전수하고 배우는 기능, 셋째, 사회에 환원하는 기능이 그것이다.

5) 아동·청소년(학생)자원봉사 관련 체계

현재 우리나라의 아동·청소년자원봉사활동 혹은 학교 사회봉사 프로그램의 운영을 지원하기 위해 운영되는 곳을 살펴보자.

(1) 교육과학기술부 및 보건복지가족부

먼저 교육과학기술부와 보건복지가족부 등 청소년 관련 부처를 학생자원봉사활동의 대표적 지원체계로 볼 수 있다. 교육과학기술부의 학교정책과에서 학생자원봉사활동을 담당하고 있으며, 각 시 · 도교육청이 참고할 수 있도록 〈학생봉사활동운영지침〉 등과 같은 자료들을 마련하고 있다. 또한 청소년정책 담당부처에서는 청소년활동진흥센터 운영과 관련된 지침을 마련하고 있으며, 청소년자원봉사 이수시간 확대 추진 및 자원봉사 마일리지제 도입 등을 추진하고 있다.

교육과학기술부 등 정부부처는 한국중등교장협의회 등이 주최하는 전국청소년자원봉사대회를 후원하고 있다. 이 대회는 자원봉사활동으로 모범을 보인 전국의 중 · 고생들을 발굴하여 시상하는 대회로, 중 · 고생들의 자원봉사활동영역을 확대 및 개발하며 청소년자원봉사활동의 활성화를 위해 매년 한국중등교장협의회 등의 주최로 개최되는 대회이다.

우리나라의 청소년 관련 업무 재편으로 학생 및 청소년자원봉사활동 지원체계의 모습도 변화할 것으로 예상된다. 보건복지가족부도 2008년부터 청소년위원회의 청소년자원봉사센터를 이관받아 한국청소년진흥센터으로 개칭하였다.

(2) 한국청소년진흥센터 자원봉사부

주 5일 수업 확산 등으로 청소년의 여가활동 정보수요가 급속하게 증대함에 따라 기존의 자원봉사활동 위주의 정보제공만으로는 청소년 및 부모의 활동욕구를 충족시키기에는 역부족이었다. 이에 따라 정부에서는 자원봉사활동 외에 청소년활동 전반에 걸친 정보 · 프로그램을 제공할 수 있는 새로운 청소년활동 추진체계 구축의 필요성을 절감하고, 중앙단위 추진체계인 '한국청소년자원봉사센터'를 법정단체인 '한국청소년진흥센터'에 통합하여 '한국청소년진흥센터 자원봉사부'로 재편(2006년 3월) 하였다.

아울러 지방단위 추진체계는 근거법인 청소년활동진흥법의 개정을 추진하면서 기존의 16개 시·도청소년자원봉사센터를 '지방청소년활동진흥센터'로 개칭하고, 청소년자원봉사활동과 병행, 청소년활동 전반에 걸친 프로그램·정보제공기능 확대 등 추진체계 개편(2006년 6월 30일)을 단행하였다. 또한 청소년활동진흥법 개정에 따른 공포(2007년 7월 27일 법률 제8570호)로 지방센터의 추진체계 개편을 완료하였다(보건복지가족부, 2008: 92).

(3) 학생봉사활동정보안내센터

국무총리 지시로 마련된 〈학생봉사활동제도 운영개선지침〉(2000. 11. 21)으로 전국 시·도교육청 산하 각 지역교육청에 학생봉사활동정보안내센터를 설치 및 운영하고 있다. 또한 이는 제7차 교육과정개편에서 강조된 사항이기도 하다. 이에 따라 학생봉사활동정보안내센터는 전국 196개 지역교육청 인터넷 홈페이지에 설치하여 전담직원을 배치하여 운영하고 있다. 인터넷을 통해 학교(학생)·지역자원봉사센터·봉사대상기관 등을 상호연계함으로써 수요기관과 봉사대상기관 연계, 학생들의 봉사희망기관 접수 및 연결 등의 기능을 수행하고 있다. 그 연계활동은 점차 개선되고 있으나 아직까지 지역사회 자원봉사활동 현장과의 관계가 취약하며 자원봉사활동 관리체계로서의 역할은 미흡한 상황이다.

(4) 한국대학사회봉사협의회

전국 대학교 및 전문대학이 회원이 되어 대학의 사회봉사교육과 자원봉사활동에 관한 상호협조를 도모하는 조직이다. 이는 미국의 캠퍼스 콤팩트와 비슷한 성격으로 출발했다.

한국대학사회봉사협의회는 2006년 기준으로 대학 142개교, 전문대학 56개교를 포함한 전국의 198개 대학으로 구성되어 있다. 대학생 사회봉사활동의 육성발전, 대학의 교육과정과 사회봉사연계에 대한 연구개발, 대학의 사회봉사활동 관련 연수지원, 국내외 사회봉사 관련 기관과의 교류 및 제휴, 사회봉사 프로그램 개발 및 보급, 기타 회원대학 상호간에 협의조정 등의 기능을 수행하고 있다.

4. 아동·청소년자원봉사활동의 문제점

1995년 학생자원봉사활동의 제도화에서부터 2000년 학생봉사활동 개선지침이 마련되는 등 많은 노력을 하고 있으나 아직까지 활성화되지 못하는 실정이다.

1) 인위적 · 집단적 · 형식적인 봉사활동

자원봉사에 관한 정확한 이론접근과 현실적 욕구파악 없이 자원봉사활동 결과를 입시에 반영한다는 점수화 방안이 제시되면서 자원봉사활동을 통해 공동체의식과 사회성 함양 등 인성을 강조하려는 중요한 목적은 외면한 채 오로지 점수를 받기 위한 인위적 · 집단적 · 형식적인 활동으로 기울어 오히려 청소년들에게 자원봉사활동의 참뜻인 자발성과 주체성을 왜곡할 우려가 있다.

2) 봉사활동에 대한 교육적 의의 및 가치인식 부족

학생봉사활동이 제도화된 취지는 입시위주로 운영되는 교육에 익숙한 학생들의 관심을 지역사회로 환기시키며, 개인이 아닌 사회구성원으로서의 역할경험 및 사회로의 환원과정을 통한 자아실현의 기회를 제공하기 위함이다. 하지만 이 취지와는 다르게 당사자인 학생 및 학부모, 학교, 관련기관 등의 봉사활동에 대한 교육적 의의 및 가치에 대한 인식은 여전히 부족한 상황이다.

사회봉사과정 자체가 경험학습으로서 유용한 교육적 효과를 거두게 하기보다는 상급학교 진학을 위한 실적으로 간주하여 형식적으로 봉사활동에 임하는 문제가 지속되고 있다. 이는 자원봉사활동이 갖는 개척성과 창의성마저도 왜곡하여 다분히 획일적 활동만 이뤄지는 것이다. 한편으로는 학교사회봉사만이 아니라 입시와 진학중심의 우리나라 교육체계 전반의 문제와 관련되는 것이라 하겠다(남기철, 2007: 308).

3) 구조화된 봉사프로그램 부족 및 참여의식 저조

봉사활동이 교육과정에 명시되었음에도 불구하고 이에 대한 구체적 내용과 방법들을 설명해 주는 기회가 거의 없으며, 체계적이고 구조화된 봉사프로그램 역시 부족한 실정이다. 또 봉사활동 내용도 학교 차원에서 마련하는 경우 '학교 내 일손 돕기'이거나 초등학생 혼자서 봉사활동 내용을 준비하는 경우 교사의 지도가 없거나 미흡한 수준이어서 어려움을 겪는 경우가 많다. 더구나 평가결과의 활용방안이나 인정의 기회가 없기 때문에 봉사활동에 대한 의지와 참여태도가 학생 · 학부모 · 교사 모두 매우 낮은 상태이다.

4) 자원봉사활동기관의 전문적 자원봉사관리 부재

자원봉사의 제도화 이후 자원봉사를 원하는 청소년들이 급증한 데에 비해 활동을 뒷받침해 줄 활용기관이 부족하고 반대로 활용기관의 입장에서는 요구되는 훈련수준에 도달한 청소년이 부족하여 어려움을 겪고 있다.

일부 공공기관 및 활용기관에서는 학생자원봉사자가 업무에 방해된다는 이유로 청소년자원봉사활동을 사절하기도 하며, 일부 기관에서는 단순히 일손만 얻고자 단순노동만을 요구하거나 자원봉사활동을 점수를 따기 위한 일시적 활동으로 이해하고 형식적으로 처리한다. 또한 담당자(유급 및 무급관리자) 배치, 프로그램 개발, 사전교육 등의 봉사 여건조성을 외면하거나 활용 자체를 기피하는 경향도 나타나고 있다.

봉사자와 활용기관의 연결체계 미흡, 활동 프로그램 부족, 관리자(지도자)의 부재, 사전교육 담당능력 미흡 등으로 지원기관(학교), 봉사지도자, 활용기관 등이 자원봉사활동을 적극적으로 활용하지 못하고 있다(김통원, 1998; 김한구, 1997).

5) 봉사활동 관련 기관간의 연계 및 협력체계 부족

자원봉사센터, 학교, 청소년단체 · 시설, 지역사회, 일반 성인, 기업, 정부 등의 자원봉사 지원기관간 연계체계가 구축되지 못하여 다양한 터전에서 다양한 역할을 수행하는 자원봉사관리자들이 개별적이고 분산적인 활동에서 벗어나 정보 및 활동교류를 할 수 있는 협조체계가 구축되어 있지 못하다.

학교와 자원봉사센터와의 연계가 미비한 것이 학생봉사활동의 효과성 제고에 큰 취약요인이 되고 있다. 특히 센터의 입장에서는 자원봉사활동 교육여건 마련의 어려움과 대규모 봉사의뢰를 가장 큰 문제로 지적하는 상황이다(송승현 · 김보린, 2005: 42). 이는 학교와 자원봉사센터가 서로간의 상황과 기대에 대해 충분히 조율하지 못해 생기는 부작용이라 할 수 있다.

6) 봉사활동 평가기준 미흡

대학입시나 취업에서 자원봉사활동 경험을 반영하기 위해서는 현행 중·고등학교 봉사활동영역을 재구성해야 한다. 현재 7개 영역으로 나뉘어져 있는데, 영역구분기준이 봉사활동의 기능과 분야의 두 가지 척도를 동시에 사용하고 있어서 혼란스럽다.

중·고등학교 봉사활동은 학생이 교육프로그램의 일환으로 수행하는 프로그램이기 때문에 평가과정이 매우 중요하다. 현재는 단순히 주어진 봉사기간 이수 여부만을 확인하며, 봉사 횟수 및 시간 등 수치만을 평가하고 있다. 대학에서의 평가도 기본적으로는 이와 유사하며 일부에서 '만족도' 평가 정도가 병행될 뿐이다. 평가는 교육적 프로그램이 그 목적을 얼마나 달생했는가를 측정하는 것이어야 한다(남기철, 2007: 310).

7) 전문적 자원봉사관리자의 역할 및 자격 미정립

현재 중·고등학교의 사회봉사과정은 기본적으로 자원봉사관리자 없이 교사가 운영하고 있다. 그러나 일선 교사는 자원봉사관리 이전에 과도한 업무부담을 지고 있어 자원봉사관리를 위한 시간과 노력을 적절히 투입하기 어렵다. 또한 많은 대학이 전문적 교육이나 능력을 갖춘 관리자를 구성하여 사회봉사업무를 담당케 하는 것이 아니라 교직원이 자신의 업무 중 하나로 겸직하는 활동으로 진행하고 있다(남기철, 1007: 308~309).

즉, 소정의 교육을 이수한 유급 및 무급관리자가 절대적으로 부족하고, 청소년 자원봉사관리자의 여러 가지 역할과 자격이 정립되지 못한 실정이며, 각 역할에 따른 청소년 자원봉사관리자(*coordinator*: 지도자)의 연수과정 개발 및 연수과목이 선정되어 있지 않다.

5. 아동·청소년자원봉사활동의 활성화 과제

자원봉사활동은 건전한 도덕성 함양과 공동체의식이 투철한 민주시민으로 육성하는 데 있어서 직접적 체험을 통해 이뤄진 봉사학습이라는 점에서, 그리고 가장 긴 생애기간 동안 자원봉사활동을 하게 되는 자원봉사인력이라는 점에서 매우 중요한 의미를 갖는다.

이에 아동 · 청소년 자원봉사활동의 개선과제를 제시하고자 한다.

1) 학생자원봉사활동에 대한 인식제고

현재 학생봉사활동에 대해 그 본래의 취지인 봉사학습에 대한 인식이 취약한 상태이다. 이는 진학을 위한 실적중심 활동양상의 원인이 되고 있다. 따라서 학생 및 학부모, 학교, 관련기관 등이 봉사활동에 대한 바른 인식을 형성할 수 있도록 하는 교육과 홍보프로그램이 필요하다. 교원 및 학부모 등 관련자를 위한 연수 및 사전교육 등을 지속적으로 실시하여 단위학교의 관리자에서부터 일선교사와 지역사회의 실무자까지도 학생봉사활동의 중요성 및 그 현실을 인식할 수 있도록 해야 한다.

특히 학교관리자인 교장이나 교감 등 관리자들이 이론적으로는 봉사활동의 중요성을 강조하면서도 실제로 학교교육과정이나 역점사업, 예산편성 등에서 소홀히 취급하는 경우가 많아 학교에서 봉사활동 정착이 이뤄지고 있지 않다. 따라서 학교장 및 관리자의 의지가 봉사활동 활성화 및 운영의 내실을 기할 수 있는 열쇠가 된다는 인식전환이 필요하다.

2) 자원봉사관리자 양성 및 프로그램 개발

지금까지 교육인적자원부와 각 시·도교육청에서 봉사활동과 관련한 연구시범학교를 운영하면서 개발된 여러 프로그램들도 다른 학교에서 일반화되지 못하고 1~2년의 연구기간이 끝나거나, 담당교사가 전근을 가게 되면 흐지부지 원상태로 돌아가는 경우가 대부분이었다. 왜냐하면 프로그램의 개발 자체가 봉사활동에 대한 이해나 전문성, 훈련이 부족한 교사들이 만드는 것이어서 의미 있는 프로그램으로 검증하기 어려웠기 때문이다.

양성과정에서는 활동을 수행하기 이전에 오리엔테이션 과정, 활동을 효과적으로 수행하기 위한 실습과정, 자원봉사자의 지도력 증진을 위한 훈련과정 등의 단계가 포함되어야 할 것이다. 또한 청소년자원봉사활동에 관한 시청각 자료를 포함하여 다양한 교육자료의 개발과 함께 자원봉사활동의 목적, 내용, 방법 등을 설명하는 학생용 자료와 적절한 교사용 지도자료의 개발 및 각 학교에서 실천하는 데 참고 할 수 있는 실천사례집 등 다양한 자료의 발간이 필요하다.

한편 사회복지관(시설)의 사회복지사나 학교에 배치되는 학교사회복지사를 활용하는 방안도 모색해 볼 수 있다. 각급학교 내에서 자원봉사관리를 적절히 수행할 수 없는 여건이라고 판단될 때에는 지역사회 내에서 사회복지나 자원봉사관리에 대한 기본적 지식을 갖춘 인력을 보유한 사회복지조직과의 통합적 활동을 기획할 수 있다.

3) 학교 내 자원봉사활동 정보제공창구 개설

정보수집방법에서는 주로 TV, 신문 등 매스컴을 이용하고 있어 정작 정보제공의 주도적 역할을 해야 할 정보지, 학교, 자원봉사 상담창구는 거의 제구실을 못하고 있으므로 이를 개선하여 학생들의 다양한 창구가 개발되어야 한다.

4) 자원봉사 관련 단체의 유기적 협력체계 구축

청소년진흥센터는 유관기관인 교육청, 학교, 활동터전, 시·군·구 자원봉사센터나 자원봉사 관련단체, 한국사회복지협의회 부설 사회복지정보센터, 청소년수련시설 등과 협력체계 구축이 미흡하다.

청소년자원봉사활동과 밀접한 관계가 있는 이러한 기관들과 센터가 상호유기적 협조체계가 구축되어야만 사업이 효과적으로 추진될 수 있는데, 기관에 따라서는 배타적이며 독자적으로 업무를 추진하겠다는 생각이 강해 청소년들의 자원봉사활동을 활성화시키는 데 많은 어려움이 있다. 따라서 향후의 시·도 청소년활동진흥센터가 해당 자치단체의 청소년자원봉사업무의 중심이 되기 위해서는 사업과 인력, 유관기관과의 밀접한 상호협조체계 구축이 이뤄져야 한다.

5) 교육과학기술부의 아동·청소년자원봉사영역 재구성

교육과학기술부의 자원봉사영역 구분(현 7개 영역)을 분야별로 재구성해야 한다. 즉, 사회복지영역, 환경영역, 스포츠영역, 공익(방범, 선거, 산불방지 등)영역, 예술·문화영역, 국제협력영역, 매스컴영역 등으로 구분하는 것이 바람직하다.

왜냐하면 대학의 학과(학부)나 직장은 이러한 분야별로 세분화되어 있기 때문에 학생의 자원봉사 경험을 인정해 주기가 용이할 것이다. 또한 학교에서 자원봉사 실천현장을 접촉할 때도 분야별로 접근하는 것이 용이하게 되어 있기 때문이다.

6) 학교의 자원봉사교육 및 체계변화

(1) 특별활동시간의 확대 및 실질적 운영이 이뤄져야 한다

자원봉사가 활성화되기 위해서는 현재의 특활시간(주 1회 1시간)을 늘려 학생들이 교내 취미활동 외에 지역사회 봉사활동에 나서게 하는 것이다. '봉사학습'의 개념대로 학생들이 특활시간에 팀을 만들어 자신들이 하고 싶은 일을 스스로 계획, 실천, 평가하게 하는 것이다.

현재의 특활시간을 늘여 '봉사학습'시간을 주 2시간씩만 한다 해도 월 8시간, 한 학기에 50시간 가까이 된다. 이 정도의 시간이면 학생들이 어떠한 프로젝트를 계획하고 실천, 평가할 수 있다. 학생들의 취미활동을 지역사회봉사와 연결해서 한다면 더 좋을 것이다.

(2) 봉사학습지도의 전담교사인 가칭 '자원봉사지도주임제'의 도입

학생의 봉사활동 지도상의 문제는 교사들의 업무과다와 시간부족, 그리고 의욕부족 및 예산부족 등 현재의 교육여건 아래에서 학생봉사활동 지도는 과중한 책임을 가중시키므로 보다 내실 있고 체계적인 봉사학습 지도가 어렵고 봉사활동이 형식적으로 흐르기 쉽다. 그리고 교사들의 봉사활동에 관한 철학, 전문지식, 정보부족과 지도방법 및 기술습득 기회의 부족으로 적절한 봉사학습지도가 어렵다. 따라서 자원봉사 전담교사인 가칭 '자원봉사지도주임'제를 도입하여 실질적인 자원봉사 지도교사의 역할을 할 수 있도록 해야 한다.

(3) 객관성과 공정성이 보장된 종합생활기록부 기록

종합생활기록부 작성에 객관성과 공정성 유지가 핵심인데, 이를 위해 담임교사만의 주관적 판단에 의하는 것이 아니라 교육평가원 등에서 양식과 항목을 개발해 교사는 그 양식과 항목에 따라 기입하고 특별활동 등은 담임교사가 아닌 지도교사가 의견을 제시해야 한다.

아울러 종합생활기록부의 평가내용에 불만이 있을 수 있으므로 학생들의 성적을 가정에 보내듯이 그 기록내용을 가정에 우송하여야 한다. 아울러 불만사항을 검토하는 위원회 등을 운영해야 한다.

(4) 학생의 봉사활동 결과의 환류(*feedback*)

학생의 봉사활동 결과를 피드백시킬 수 있는 체제를 갖춰야 비로소 봉사활동이 학생들의 교육적 활동으로 정착이 가능하지만 현재는 그렇지 못하다. 현재의 우리 학교교육체제에서는 교과교육에 편입되지 않은 활동들은 제대로 정착되기가 어렵다. 봉사활동은 '계획→실행→반성'이라는 과정을 거쳐 순환적이고 누적적으로 이뤄짐으로써 보다 의미 있는 교육활동이 될 수 있는데, 지금의 우리 학교교육체제에서는 각 학생의 봉사활동 결과를 체계적으로 반성 검토하고, 그 결과를 피드백할 수 있는 기회를 갖기 힘들다.

학생봉사활동을 일찍 시작한 선진국들에서는 봉사활동을 정규교육과정에 포함시키고 있다. 우리의 경우에는 학생들이 배우는 교과목의 수가 많아서 여기에 별도의 봉사활동 과목을 추가하기는 매우 어려울 것이다. 그러므로 현재의 교육체제 속에서나마 학생들의 실제 봉사활동을 수업중에 논의하고, 검토할 수 있는 방안을 모색할 필요가 있다(조난심, 1996: 66).

제15장

여성의 자원봉사

1. 여성자원봉사활동의 의의 및 필요성

여성의 사회활동이 증가하면서 보람 있는 여가선용의 한 방안으로 자원봉사가 주목받게 되었고, 자원하여 즐거운 마음으로 사회의 약자를 돕는 의미 있는 일에 몰입함으로써 여성들은 자신의 존재가치를 발견하고 행복한 생활을 창조하는 이른바 자원봉사문화가 차츰 자리 잡고 있다.

여성은 자원봉사활동의 중요한 참여자인 동시에 수혜자이기도 하다. 특히 주부의 자원봉사활동은 우리나라 자원봉사활동을 이끌어 온 주역들이다. 이들은 상대적으로 시간을 조절할 수 있는 능력이 있고 다양한 기술과 잠재능력을 가지고 있어 여성의 사회참여나 유휴인력의 활용 면에서 매우 중요한 대상이다.

그러나 문제는 주부자원봉사자의 수가 전체 주부 인구수에 비하면 매우 적은 비율이며 또한 중상류 계층의 여유 있는 여성을 중심으로 집중적으로 행해지고 있다는 것이다. 또한 활동하는 주부들이 오랫동안 지속하지 못하고 중간에 포기함으로써 자원봉사활동이 단명하게 된다는 점이다. 이러한 자원봉사자의 중도탈락은 자원봉사 활용기관에서는 막대한 자원의 낭비를 초래하며 또 서비스 대상자의 입장에서 보면 서비스의 제공이 지속되지 못한다는 어려움이 있다.

여성들의 자원봉사활동은 자발적·자생적인 현상으로 두기보다는 효율적 관리와 지원을 통해 더욱 체계적으로 지지할 필요가 있다. 그래서 2000년에 들어서면서 여성 자원봉사활동은 국가의 여성정책의 하나로서 그 전환기를 맞고 있다. 즉, 기존의 '여성유휴인력의 활용'이라는 관점에서 접근했던 여성자원봉사정책이 '민주시민으로서 여성의 사회봉사'라는 관점으로 전환, 정책적으로 추진되는 것이다.

이상의 내용을 토대로 여성자원봉사활동이 갖는 의의 및 필요성을 살펴보면 다음과 같다.

1) 유휴 여성인력자원의 사회적 활용

경제가 발전하고 국민의 의식수준이 높아짐에 따라 정부에 대한 행정, 복지서비스 요구가 증대하고 있다. 그러나 이러한 수요를 충족시키기 위해서는 막대한 예산과 인력이 필요한데, 그 중 여성 유휴인력의 활용은 예산의 절감 및 다양한 복지수요를 충족시킬 수 있다. 특히 우리나라의 경우 교육이라는 변수가 여성의 경제활동 참여를 이끄는 강력한 힘으로 작용하지 못하고 초대졸 이상의 고급인력이 비경제활동인구로 머물러 있음을 고려해 볼 때 이들을 활용하는 것은 고급인력을 활용할 수 있다는 점에서 매우 고무적이라고 할 수 있다(류기형 외, 2001: 323).

2) 사회복지수요 증대에 따른 대인적 사회복지서비스 보완

고도의 산업사회 도래 이후 우리 사회는 가족기능의 약화로 가족 내의 아동, 노인, 장애인에 대한 보호의 필요성이 대두되면서 인간적 만남, 정서적 교류, 외출서비스, 식사서비스, 목욕서비스 등과 같이 금전적이거나 물질적인 것으로는 해결되지 않고, 사람에 의해서만 해결가능한 대인서비스에 대한 욕구가 증대되고 있다. 이에 따라 여성 특유의 부드러움과 따뜻함이 대인적 사회복지서비스 실천에 적합하게 되었고, 시간적 활용이 자유로운 유휴여성인적자원의 자원봉사활동 참여가 절실히 요구되고 있다(박태영 외, 2008: 319).

3) 사회참여를 통한 사회문제 해결

여성의 자원봉사는 적극적 사회참여를 통해 여러 가지 현대사회문제를 해결하는 데 기여할 수 있다. 즉, 전통적 가족기능이 쇠퇴한 현대산업사회에서는 청소년비행, 여성문제, 노인문제, 대량실업 등과 같은 다양한 사회문제들을 해결하기 위해 모든 사회구성원들의 연대적 책임과 자발적 참여, 즉 사회적 책임의 공유가 요구된다. 오늘날 사회적 응집력의 약화, 지역사회공동체의 의미상실, 개인주의에 입각한 자본주의적 삶의 양식들은 인간소외, 물질만능주의, 불신과 대립 등의 사회문제로 나타나고 있으며, 세대간, 계층간, 지역간 갈등은 심화되는 현실이다.

따라서 우리나라의 자원봉사활동을 이끌어 온 주역인 여성들이 주체적 시민의식을 갖고 사회적 역할을 담당하며, 사회발전을 위해 적극 나섬으로써 다양한 사회구성원들이 지역사회문제에 대해 서로의 공통된 인식과 해결을 위한 노력을 통해 시민공동체 사회를 건설할 수 있을 것이다(최덕경 외, 2006: 258~259).

4) 자원봉사활동 생활화 실현 및 분위기 조성

자원봉사활동은 전 국민의 공동참여와 연대의식을 바탕으로 함께 생활하며 참여하는 복지사회를 추구하기 위한 활동이다. 여성들이 자원봉사활동에 만족감을 느끼고 적극적으로 참여하고 자원봉사활동에 대한 올바른 이해와 철학을 가짐으로써 가정 내 자원봉사활동을 생활화할 수 있는 분위기 조성자로서의 역할을 수행할 수 있으며, 이것은 사회 전체에 자원봉사활동 생활화 분위기를 자연스럽게 확대시킬 것이다.

2. 여성자원봉사활동의 발달

우리나라는 1921년 매리 마이어스(Mary Myers) 선교사가 서울 인사동에 태화기독교여자관, 1922년 개성에 고려여자관, 춘천에 여자사회관을 설립하고, 계속해서 마포, 공주, 인천, 대전, 부산 등지에 기독교사회관을 설립하여 여성들의 계몽사업, 직업지도, 아동·청소년들을 위한 집단활동, 구호사업 등을 전개한 것이 우리나라에서 여성이 주축이 되어 자원봉사활동을 시작한 출발점이라고 할 수 있다.

1947년에는 대한적십자사의 적십자부녀봉사대가 인도주의와 개인 및 사회발전을 위한 복지운동을 기본정신으로 출발함으로써 보다 순수한 의미의 자원봉사활동이 시작되는 계기를 만들었고, 1950~1960년대는 6·25전쟁으로 인한 사회문제를 해결하는 차원에서 적십자운동이 보다 조직적으로 활성화되기 시작했으며, YMCA·YWCA를 중심으로 사회단체들의 본격적 자원봉사활동이 전개되었다(최덕경 외, 2006: 261).

1970년대 이후에는 자원봉사 인력을 활용하기 시작하면서 새마을

운동과 농촌계몽운동을 중심으로 자원봉사영역이 지역사회활동으로 확대되었고, 1986년 아시안게임과 1988년 올림픽대회, 장애인올림픽대회 이후 급격히 확산되었다. 특히 1980년대와 1990년대에는 자원봉사활동 인력은행과 여성자원봉사활동센터의 설치를 통해 여성의 자원봉사활동에 대한 관심이 높아지기 시작했다.

1990년 이후 여성활동은 여성의 교육수준 향상과 의식화에 힘입어 개별적 활동보다는 다양한 민간조직을 통한 활동으로 발전하였다. 정부는 1991년 '여성자원활동센터'를 설립하고 여성자원활동에 대한 지원을 정책적으로 확대하고 있다. 여성자원활동 조직들은 사회복지관, 여성단체, 시민단체 등 민간기관의 소모임을 중심으로 프로그램화하는 추세이며, 활동의 내용도 사회복지서비스뿐만 아니라 일반상담, 성폭력 및 가정폭력에 대한 상담, 환경보호활동, 생활협동조합활동 등으로 확산되고 있다(김범수 외, 2005: 231).

이때부터 여성자원봉사의 육성이 여성의 자아개발과 사회참여 기회를 제공하는 여성정책으로 추진되기 시작하였다. 이러한 여성정책은 '민주시민으로서 여성의 사회봉사'라는 관점으로 전환되면서 여성자원활동자의 전문성을 제고시키고 체계적 지원을 확대하고 있다(여성부 보고자료, 2002). 따라서 여성자원봉사활동은 성별로 분리된 여성들만의 활동이 아닌 시민운동의 하나로 자리잡는 계기가 되었다(김성경, 1999).

이러한 변화와 함께 여성들의 자원봉사활동 내용도 사회복지서비스분야뿐 아니라 환경보호운동, 소비자운동, 교육환경개선운동 등으로 다양화되었고, 최근에는 여성자원의 특성화와 전문성을 확대하는 차원의 여성정책과제로 진전되고 있다.

3. 여성자원봉사활동의 현황

1) 여성자원봉사활동의 실태

(1) 인구사회학적 특성

한국사회복지협의회가 2008년 말 조사한 바에 따르면 사회복지관

〈표 15-1〉 여성자원봉사활동의 실태

(단위: %)

구분		비율
성별	남(370,080명)	40.4
	여(545,042명)	59.6
연령대	10대	36.2
	20대	16.5
	30대	10.1
	40대	17.8
	50대	12.4
	60대 이상	7.0
학력	무학	0.4
	초졸	4.0
	중졸	11.2
	고졸	8.3
	대졸 이상	4.1
	무응답	72.0
종교	개신교	6.5
	불교	4.4
	가톨릭	3.3
	기타 종교	0.3
	무교	65.6
	무응답	19.1

자료: 한국사회복지협의회·보건복지가족부, 2009.

(시설)에 등록하여 봉사활동을 하는 여성자원봉사자는 59.6%(545,042명), 남성자원봉사자는 40.4%(370,080명)이다.

여성자원봉사자 중 연령대별로 보면 10대가 36.2%로 가장 많고 그 다음이 40대 17.8%, 20대 16.5%, 30대 10.1%, 60대 7% 등의 순으로 나타났다.

학력별은 무응답이 72%로 가장 많고 그 다음이 중졸 11.2%, 고졸 8.3%, 대졸 이상 4.1%, 초졸 4.0% 등의 순으로 나타났다. 무응답이 72%로 나타난 것은 여성자원봉사자들이 학력을 밝히는 것을 꺼리는 현상으로 볼 수 있다.

종교별은 무교가 65.6%로 가장 많고, 그 다음이 개신교 6.5%, 불교 4.4%, 가톨릭 3.3% 등의 순으로 나타났다.

2) 여성의 자원봉사활동 프로그램

우리나라는 1992년 처음 개소해서 2007년까지 전국 시·군·구에 157개소의 여성자원활동센터가 운영(한국자원봉사협의회, 2007)되었으나 현재는 행정안전부로 통합되었다.

여성자원활동센터를 중심으로 전개되는 여성자원봉사활동영역은 불우이웃돕기, 지역사회봉사, 국가 및 지방자치단체 주관 봉사활동, 봉사활동을 위한 기금마련영역에 걸쳐 다양하게 이뤄지고 있다. 그러나 대부분의 활동이 일회성이거나 여성의 전통적 보살핌의 역할을 강조하고 있다.

4. 여성자원봉사의 문제점

1) 자원봉사 프로그램의 비전문성과 단조로움

여성자원봉사 프로그램은 사회복지시설을 중심으로 사회 취약계층을 대상으로 하는 노력봉사나 각종 행사보조, 목욕, 불우이웃방문, 가사원조 등의 비전문적 단순노력에 치중하고 있어 전문성을 확보하기 어렵고, 자원봉사활동이 단조로워 봉사자들의 자긍심을 높이기에 부족한 점이 있다.

〈표 15-2〉 여성자원봉사의 세부사업

구분		내용
불우이웃돕기	아동	결식아동돕기, 의료비 지원, 미아보호
	청소년	소년소녀가정돕기, 장학사업, 청소년 상담 및 운영, 기타
	노인	독거노인, 경로잔치, 고부 간 정나누기 행사, 노인간호봉사단
	저소득층 지원	실직가정 돕기, 모자가정 돕기, 합동결혼식, 자매결연, 호스피스, 환경미화원 돕기, 출산지원비, 기타
	장애인	행사자원봉사, 장애인 결연사업
	시설지원	아동시설, 모자보호시설, 장애인시설, 어린이재단 후원, 공동모금회 성금기탁, 기부금 헌납, 기타
지역사회봉사	재난위기 지원	수재민 돕기, 재해현장 봉사
	지역사회봉사활동	지역청소, 꽃길조성
	농촌일손돕기	농번기 농사일 돕기
	기타	교도소 방문, 군부대 위문, 병원 및 의료서비스 자원봉사, 농산물 직거래 자원봉사, 기타
국가 및 지방자치단체 주관 봉사활동 참여		지자체 주관 행사 자원봉사, 실업자 취업안내, 기타
봉사활동을 위한 기금마련		바자회, 휴경지작물재배, 재활용품 수집, 재생비누 가공센터 운영, 농사일 참여

2) 미혼여성의 자원봉사활동 미흡

여성의 자원봉사활동 중 72.2%가 기혼여성이어서 미혼여성, 젊은 세대의 자원봉사를 이끌어 내야 할 필요성이 대두되고 있다. 이러한 현상은 여성의 자원봉사활동이 주로 낮 시간에 이뤄지는 경우가 많아 취업을 준비하거나 직업을 갖고 있는 젊은 세대의 여성이 자원봉사활동에 참여하기가 현실적으로 어렵기 때문이다.

5. 여성자원봉사의 활성화 과제

여성자원봉사활동은 복지시설을 중심으로 한 수혜적 차원인 단순한 일손 돕기나 노동력 제공이 주류를 이뤘고, 여성자원봉사활동을 시작한 많은 사람도 자원봉사활동에서 만족하지 못하고 있고 목적과 동기가 어떻든 자원봉사활동에 참여하였으나 프로그램의 부재 등 또 다른 문제로 중도탈락하는 사례가 빈번하다(임천지, 2002). 이에 여성자원봉사활동의 발전과제를 제시하면 다음과 같다.

1) 잠재능력 개발과 인격성장의 기회로서 자원봉사활동의 가치인식

자원봉사활동에 참여한 여성은 그 활동에 참여하지 않은 여성보다 여성의 사회적 가치평가와 자신의 재능·지식활용 정도가 높은 것으로 조사되었다. 결국 자원봉사활동은 여성 개인의 가치를 높이고 자아실현을 유도할 수 있는 긍정적 활동으로 볼 수 있다. 이것은 자원봉사활동 참여를 통하여 여성 스스로 인식하도록 하게 할 수 있지만, 이보다는 자원봉사 홍보캠페인이나 여성자원봉사활동 사진전, 여성자원봉사활동 수기공모전 등의 행사를 통하여 자연스럽게 지역사회 전반에 이러한 가치가 인식되도록 사회분위기를 조성하는 일이 필요하다(박태영, 2008: 326).

2) 여성자원봉사활동의 전문적 관리체계 구축

자원봉사활동의 전문적 관리는 자원봉사활동 활성화의 필수조건이다. 그러나 자원봉사활동에 참여한 경험이 있는 여성의 경우 그 만족도를 과반수 이상의 여성이 보통수준으로 평가하고 있었고, 자원봉사활동시 애로사항에서도 활동내용의 부적합, 인원동원식 모집, 교육의 부족 등 관리체계의 부실함을 잘 반영하고 있다. 따라서 여성자원봉사활동의 활성화를 위해서는 모집, 배치, 교육, 보상, 평가를 포함하는 자원봉사자 관리체계의 구축이 반드시 필요하다.

3) 여성자원봉사활동의 전문영역 개발

여성자원봉사활동이 대부분 일회성이거나 전통적 보살핌 역할을 강조함으로써 지속적 자원봉사활동이 이뤄지지 못하는 실정이다. 다른 집단에 비해 주부가 자원봉사활동에서 차지하는 비율은 상대적으로 높은 반면, 중도탈락률도 높은 편이므로 양적으로 수를 더 늘리는 것도 중요하지만 활동을 지속하기 위해서는 질적으로도 활동내용을 다양화해야 한다. 즉, 여성자원봉사활동 전문영역을 개발하고 효율적 관리체계가 필요하다.

예컨대 여성의 자원봉사활동이 생활보조활동이나 단순봉사의 한계를 넘어 전문화된 봉사의 영역으로 확대·발전되기 위해서는 가정폭력·성매매 상담, 보육 및 가족단위 자원봉사 등과 같은 여성전문영역 자원봉사 프로그램들이 개발·지원되어야 한다. 각종 자원봉사단체에서 개발된 프로그램들을 통합하여 여성의 자원봉사활동에 적합한 프로그램으로 재구성하여 보급한다거나, 봉사활동백서 내지 편람을 개발하는 일, 봉사활동에 필요한 시청각자료를 개발하여 보급하는 일 등은 매우 중요하고 시급한 일이라 하겠다.

4) 가족자원봉사 프로그램의 개발

주부들이 원하는 자원봉사 형태는 집단이나 조직적인 형태이며 가족단위를 선호하고 있다. 가족자원봉사 프로그램은 가족 내의 자원봉사활동에 대한 협조적 분위기 조성뿐만 아니라 가족간 관계형성에도 도움을 줄 수 있다. 따라서 여성자원봉사기관에서는 가족자원봉사 프로그램에 대한 효과성을 인식하고 현대가족의 현상을 반영하는 활동프로그램을 개발해야 한다.

미국 촛불재단의 경우 가족성원들에게 의미 있는 경험, 공동목표의식을 공유하도록 하기 위해 가족단위의 자원봉사활동 프로그램을 시범적으로 운영하고 있다.

이를 위해 가족들이 아동, 청소년, 노인과의 활동, 우편배달, 오락, 스포츠 활동에 참여하게 하며 이들에게 개인지도, 선도, 위기개입 등의 봉사활동을 하고 있다(류기형 외, 2001: 329).

제16장

가족의 자원봉사

1. 가족자원봉사의 개념

비공식적으로 가족이 함께 자원봉사활동을 한 것은 상당히 오래전부터 있어온 일이지만 가족자원봉사(*family volunteering*)라는 용어가 공식적으로 사용되기 시작한 것은 최근의 일이며 아직 공통적으로 합의된 가족자원봉사활동에 대한 개념은 없다.

가족자원봉사란 2명 이상의 가족구성원이 함께 자원봉사활동에 참여하는 것을 말한다. 이 중에서도 부모-자녀나 조부모-자녀 등과 같이 2세대 이상이 동시에 참여했을 때만을 가족자원봉사라 한다. 만약 형제가 자원봉사활동에 참여했을 때는 가족자원봉사로 부르기는 어렵다는 것이다.

미국의 촛불재단에서는 가족자원봉사활동의 참여형태를 다음과 같이 구분하고 있다(Point of Light, 2006; 남기철, 2007: 347 재인용).

① 부모와 자녀로 이뤄진 핵가족
② 삼촌, 고모, 사촌형제자매를 포함한 확장된 가족

③ 성인과 그의 부모
④ 부부
⑤ 아이들과 보호자인 성인
⑥ 수양가족
⑦ 보호자가 아닌 별거하는 부모와 자녀
⑧ 한부모와 자녀
⑨ 성인 형제자매
⑩ 조부모와 손녀
⑪ 혈연관계는 아니지만 함께 사는 사람들
⑫ 가족 안에서 여러 명의 자녀들

2. 가족자원봉사의 의의 및 필요성

가족자원봉사활동의 의의는 지역사회문제 해결과 가족구성원들간의 유대강화이다. 가족자원봉사활동은 자녀에게 부모나 성인에 대한 긍정적 모델링을 제시하고, 성인에게서는 노년기를 바람직하게 보내기 위한 긍정적 활동을 학습하는 예비사회화 과정으로서의 기능을 할 수 있으므로, 가정 내에서 각기 다른 발달단계에 있는 가족들에게 가족의 건강성을 부여한다고 볼 수 있다. 그리고 가족놀이문화가 부족한 우리 사회의 특성을 반영한다면, 가족자원봉사활동은 가족놀이문화와 자원봉사활동 및 지역사회문제 해결을 접목하면서도 가족구성원이 함께 함으로써 가족의 기능을 강화하는 프로그램인 것이다(김정옥·장덕희, 2003; 배기효 외, 2008: 246 재인용).

우리나라의 급격한 산업화, 도시화는 가족의 구조와 형태, 가족기능, 그리고 가족관계 등에 많은 변화를 초래하였고, 그 결과 가족부적응, 가족 내 세대간의 갈등, 가족해체 등의 다양한 가족문제가 발생하게 되었다.

미국의 경우 1990년대에 들어서 가족의 붕괴와 사회문제의 심각성이 고조되자 이 두 가지에 상관관계가 있음을 인식하고 이에 대한 대안으로 1990년 국가 및 지역사회봉사법(*National and Community Service Act*)을 제정하고 촛불재단(Points of Light Foundation)을 발족시켰다. 촛불재단은 미국사회에 거대한 이익을 가져다줄 잠재력을 가진 자원으로서 가족의 자원봉사에 대해 탐색하기 시작하면서 가족자원봉사라는 개념이 등장하였다. 이러한 가족자원봉사는 지역사회문제 해결과 가족구성원들간의 유대강화를 기본전제로 하고 있으며, 다양한 사회문제의 해결점을 가족에서 찾고, 가족의 붕괴와 가족기능의 취약화를 방지하기 위해 도입되기 시작하였다(장덕희 외, 2001).

질 등(Zill et al., 1995)과 무레와 조셉(Moore & Joseph, 1996)의 선행연구에 의하면 가족자원봉사를 하게 됨에 따라 자녀들은 도움받는 자만이 아닌 도움을 주는 자로서 자신을 인식하고 나아가 문제해결 능력과 리더십이 증가되며, 학문적 기술도 높아져 학업실패와 학교중퇴, 미혼모 문제 등의 청소년 문제도 감소되는 이점이 있다고 보고하였다.

가족자원봉사의 중요성이 제대로 인식되지 않은 상황에서 가족성원들이 공동으로 자원봉사에 참여한다는 것은 개별적 자원봉사와는 다른 의미를 지닌다고 볼 수 있다(박태영, 2007: 366).

자원봉사활동을 관계맺기를 통한 체험의 기회로 볼 수 있다. 특히 가족들이 함께 자원봉사활동을 하며 다른 가족들을 경험하는 것은, 나 자신과 내 가족만의 경험에 갇혀 있던 가족들을 각성시켜주는 기회가 되고 새로운 가족문화를 느끼고 경험하게 된다. 이를 통한 내 가족에 대한 객관화는 보다 건강한 시민으로서의 자리매김을 하게 될 것이다. 이러한 이유가 가족자원봉사 도입의 주요 필요성이라 보인다.

3. 가족자원봉사의 효과

가족자원봉사는 가족들이 부담 없이 참여할 수 있는 프로그램부터 시작하는 것이 좋으며 가족성원들이 봉사를 통해 지역사회에 기여했다는 긍지와 자부심을 갖도록 하는 것이 성공적 프로그램이다. 또한 가족들간의 시간조정이 어려우므로 주말이나 공휴일을 이용하여 대개 2~5시간 정도 소요되는 것이 바람직하다. 가족자원봉사활동의 긍정적 효과는 가족과 기관조직 및 지역사회 차원에서 살펴볼 수 있다(남기철, 2007: 348~349; 배기효, 2008: 247~248).

1) 가족에 대한 효과

① 가족자원봉사활동을 통해 가족과 같이 지내는 시간이 많아진다. 즉, 가족과 함께 하는 시간을 보내지 못하는 가족은 가족자원봉사활동에 참여함으로써 이 문제를 해결할 수 있다.
② 가족자원봉사활동은 자녀에게 다양한 일을 경험하게 하고, 새로운 기술들을 배울 수 있게 하는 기회를 제공하여 구성원들의 잠재능력을 발견할 수 있도록 하는 데 용이하고, 이러한 잠재력을 신장시키는 데 필요한 수단과 방법을 고려할 수 있도록 해준다.
③ 개인으로서, 그리고 한 가족으로서의 자긍심을 갖게 된다.
④ 가족자원봉사활동은 구성원들간의 더욱 돈독한 인간애를 느낄 수 있게 해준다. 가족단위의 자원봉사활동은 단절되기 쉬운 대화의 창구역할을 하며, 다양한 화제를 주고 심층적 대화를 할 수 있게 하여 가족문제 해결능력을 강화시켜 준다.
⑤ 사회의 기본단위이며 인간의 삶의 터전으로서 가정의 중요성을 인식하고 건전하고 건강한 가정을 지켜나가기 위해 노력하게 된다.
⑥ 가족자원봉사활동은 사회적 책임을 자녀에게 전달할 수 있다.
⑦ 가족자원봉사활동의 실천적 체험을 통해 은혜와 감사하는 마음

을 갖게 되고 기쁨 및 보람을 체험함으로써 긍정적이고 밝은 마음으로 가족을 대할 수 있게 되며, 더 나아가 가족의 추억을 만들 수 있다.

2) 조직 및 지역사회에 대한 효과

① 자원봉사 저변확대의 계기를 마련하게 된다.
② 소집단을 통한 자율적 운영을 권장하여 지속적 자원봉사집단을 갖게 된다.
③ 청소년문제, 환경문제 및 제반 사회문제해결에 효과가 있다.
④ 청소년자원봉사활동을 교육적으로 시행할 수 있는 해결책을 제시한다.
⑤ 지역사회를 개선하는 힘은 가족이 가지고 있다는 것을 인식하게 된다.
⑥ 가족자원봉사활동 동아리를 통해 이웃간의 화합을 도모하고 공동체의식을 함양한다.
⑦ 가족자원봉사활동으로 아이들에게 일찍부터 자원봉사 경험을 하게 함으로써 민주시민으로 성장할 수 있는 교육의 장을 마련한다.

실제로 촛불재단의 조사결과 가족자원봉사를 장려하는 기업의 경우, 전체의 70%가 공공기관과 지역사회와의 관계가 증진되었다고 답하였고, 57%는 직원들의 책임감이 높아졌으며, 15%는 직원들이 더욱 생산적으로 되었고, 12%는 가족에 대한 책임부담감을 덜 수 있었다고 응답했다(남기철, 2007: 351).

4. 가족자원봉사의 현황

1) 가족자원봉사의 실태

(1) 우리나라 가족자원봉사 프로그램

우리나라의 가족자원봉사활동은 1996년 부산자원봉사센터에서 시작되었으나 지속되지 않았다. 홀트대구종합사회복지관과 광주서구자원봉사센터는 1997년부터 현재까지 가족자원봉사활동을 추진해오고 있다.

2000년에 와서 우리나라 전체로 확산되었는데, 2006년 한국자원봉사협의회는 SK텔레콤과 함께 가족자원봉사활동의 활성화를 위해 공모에 의해 전국의 564가정을 선발하여 1년간 가족자원봉사활동을 실시하였는데, 참여인원은 총 3,498명이었다.

공식적 통계파악은 어렵지만 최근 언론매체에 보고된 우리 사회의 가족자원봉사 프로그램은 〈표 16-1〉과 같다(남기철, 2007: 352~353).

(2) 미국의 가족자원봉사

① Family Matters

1991년 촛불재단은 가족자원봉사를 연구, 검토하는 프로젝트인 'Family Matters Program'을 시작하게 되었다. 이 프로그램의 목적은 '가족들을 전국적으로 봉사운동에 참여시켜 자원봉사를 통해 지역사회의 중요한 요구에 대응한다'는 것이다. 이 프로그램의 기본전제는 자원봉사를 하는 가족은 지역사회문제에 능동적으로 대처할 뿐만 아니라 가족구성원들간의 유대도 강화된다는 것이다. 그래서 이 프로그램은 시범적으로 선정된 미국의 6개 지역에서 실시되었고, 참여가족수를 확대하여 비영리단체, 교육기관, 종교단체, 그리고 기업이 함께 연계할 수 있는 방안을 모색하게 되었다(박태영, 2007: 310).

〈표 16-1〉 인터넷 언론매체에 소개된 주요 가족자원봉사 프로그램

구분	특징
꾸꾸르 가족봉사단 (신림복지관)	주말마다 가족관계를 맺은 몸이 불편한 어르신 방문봉사(12가정, 총 35명 활동)
강남구자원봉사센터 가족자원봉사단	장애인 아동과 결연
강남복지관 가족봉사단	독거 어르신과 함께 주말농장 가꾸기
홀트가족자원봉사단 (대구홀트종합복지관)	발족 10주년: 요리봉사, 농촌봉사활동, 장애인생활시설봉사, 반짝장터 등
서귀포자원봉사센터 가족자원봉사단	2006년 2월 발대식-28가족 107명 참여 독거노인, 장애인과의 나들이, 가정방문봉사, 복지시설 방문, 아름다운 지역 가꾸기 등의 활동
영덕군자원봉사센터 가족자원봉사단	2004년 결성, 무의탁노인 밑반찬사업, 장애인과의 동행, 농촌일손 돕기 등 지속적 봉사활동 전개
동해시자원봉사센터 가족봉사단	주말 봉사활동
정선군자원봉사센터 가족봉사단	지역복지, 재가복지, 환경보전, 문화체험 등
파람이가족봉사단 (파주자원봉사센터)	한 가족과 장애인 1명이 결연하여 지속적 만남 가짐(현재 22가족이 31명의 장애인들과 결연 맺고 있음).
경상북도 자원봉사센터 가족자원봉사단	도청직원 및 가족으로 구성된 경상북도 가족봉사단
Co-Family 가족봉사단 (본오종합사회복지관/ 안산건강가정지원센터)	월 1회 장애아동을 위탁보호하고 활동에 참여하는 비장애 자녀를 둔 가족봉사단
북구가족자원봉사단 (울산북구자원봉사센터)	2006년 6월 발족, 환경정화활동, 복지시설방문 봉사, 자원봉사 홍보캠페인 등
누키봉사대 (한국수력원자력 월성원자력본부)	직원 7명의 가족 28명으로 구성, 장애아동과 하나되기, 내고장 문화재 지키기, 복지시설 어르신 요리봉사 등 월 1회 자원봉사활동

〈표 16-1〉 계 속

구분	특징
한강시민공원 가족봉사활동 프로그램	시설점검, 공원안내, 노약자·장애인나들이 지원 화초 가꾸기 등(2005년 8월 시작)
강원도 자원봉사센터	주 5일제 시행에 따른 가족단위 여가시간활용기회 제공을 목적으로 시군자원봉사센터단위의 가족봉사단을 설립, 운영 후 개별가족 단위로 평가하여 시상하는 2006가족자원봉사단 프로그램을 주관
경상북도 자원봉사센터	"문화사랑 가족자원봉사 물결운동"은 본격적 주 5일제 근무제 시행에 따라 늘어난 여가시간을 생산적이고 창의적으로 유도하기 위한 가족단위 봉사프로그램으로서, 참여하는 자원봉사자에 대해 상해보험가입과 봉사활동 인증서, 실적에 따른 표창 등 제공

Family Matters는 자원봉사활동을 하는 가족들이 지역사회의 문제에 대응하는 것뿐만 아니라 그들 스스로를 강화시킨다는 전제에 기초해 있다. Family Matters는 ① 긍정적 가치를 알려주고, 의사소통할 수 있는 새로운 기회를 주며, 협력의 중요성에 초점을 맞춤으로써 가족을 강화시켜주고, ② 사람들의 참여를 독려하고 지역사회 전체의 환경을 개선함으로써 지역사회를 강화하며, ③ 직원들의 사기를 높여주고 가족과 지역사회의 관계에 대해 더 이해하게 됨으로써 지역사회의 산업(*business*)을 강화시키고, ④ 사회적 욕구의 중요성에 대해 지역사회의 자각을 높이고 자원봉사자의 기초를 확장시킴으로써 비영리기관들을 강화시킨다(Points of Light, 2006; 남기철, 2007: 355 재인용).

Family Matters 발달로 1993년부터 1996년까지 3년 동안 대부분의 미국인(61.9%)이 가족과 함께 자원봉사활동에 참여하였다(Child Trend, Inc., 1997). 그리고 자원봉사센터를 대상으로 가족자원봉사를 실시하는 이유를 조사한 결과 자원봉사센터의 97.6%가 개별 자원봉사보다 가족자원봉사가 효과적이라고 한다. 또한 자원봉사조직의 46.6%가 한번에 많은 자원봉사자들을 확보할 수 있다는 점과 개별적 자원봉사보다는 가족자원봉사를 할 때가 더 즐겁고(50.3%), 봉사의 빈도도 높고(15.2%), 훨씬 조직화(20.2%)되는 것을 가족자원봉사의 효과라고 응답했다(박태영, 2008: 371).

② **TVF** (*The Volunteer Family*)

지역의 많은 비영리기관은 인력부족으로 자원봉사자의 도움이 필요하지만 많은 기관들이 아이들에게 적합한 자원봉사활동을 공급하지 못하고 있다. 때문에 가족들은 그들에게 알맞은 자원봉사활동기관을 찾기 힘든 실정이다. 미국의 TVF는 이렇게 부모와 그들의 자녀가 함께 자원봉사를 할 수 있는 장소를 찾는 것을 도와주기 위하여 설립된 비영리기관이다.

이 기관에서는 가족자원봉사활동의 종류를 다음과 같이 분류하고 있다(The Volunteer Family, 2006; 남기철, 2007: 350).

- 노숙인과 굶주린 사람 돕기(*help the homeless/hungry*)
- 아동지원(*assist children*)
- 노인과 교류(*Befriend the Elderly*)
- 환자와 장애인 돌봄(*Care for the Sick/Disabled*)
- 환경활동(*Respond to the Environment*)
- 동물보호(*Take Care of the Animals*)
- 예술활동(*Support the Arts*)
- 국제활동(*International Ideas*)
- 가정 내 활동(*Projects to do at Home*)
- 가족봉사기회표(*Calendar of Family Volunteering Opportunities*)

2) 가족자원봉사활동영역 (프로그램)

성공적 가족자원봉사활동영역의 특징은 ① 단시간(대개 2~5시간)에 완성할 수 있는 일이면서 동시에 지속적 활동으로 발전할 수 있어야 하고, ② 모든 가족구성원들에게 가치가 있어야 하며, ③ 가족간 협동을 통해 완성할 수 있어야 하고, ④ 다른 가족들을 만나 함께 일할 수 있어야 한다.

일반적으로 가족자원봉사활동으로 활용할 수 있는 영역(프로그램)은 〈표 16-2〉와 같다.

5. 가족자원봉사활동의 문제점

가족자원봉사활동은 최근에 사회적으로 제기되는 가족문제를 해결하고 더 나아가 사회복지의 이념을 구현하고 사회적 자아를 실현하는 수단으로 자리매김하고 있지만 아직도 많은 문제점이 있다.

1) 대상자 모집의 어려움과 많은 중도탈락자(발생)

1회 이상 가족자원봉사활동을 한 경우의 대부분은 중3, 고1, 고2의 가족들로 상급학교 진학시 유리한 점수 얻기 위해 1~2년 참가한 후 자녀가 상급학교에 진학하면 중단하는 경우가 많다는 것이다. 게다가 교육부에서 대학진학시 인정해주던 청소년 사회봉사활동 점수의 가산이 줄어들면서 가족자원봉사 희망자 모집에 어려움을 겪고 있다.

〈표 16-2〉 가족자원봉사활동으로 활용할 수 있는 프로그램 사례

영역	프로그램			
아동 및 청소년 관련	▪ 말벗되기 ▪ 캠프지도 ▪ 동반외출 ▪ 방과후 가정역할	▪ 보육 ▪ 수영지도 ▪ 놀이터 만들기 ▪ 일일위탁부모되기	▪ 놀이지도 ▪ 취미교육 ▪ 외출, 교통 제공	▪ 학습지도 ▪ 위로 ▪ 이발, 미용
노인 관련	▪ 말벗해주기 ▪ 도서정리 ▪ 물리치료 보조 ▪ 신문 읽어주기 ▪ 간식 마련하기 ▪ 편지 써주기 ▪ 위로 ▪ 치매노인 돌보기 ▪ 장례지원	▪ 장기 · 바둑두기 ▪ 나들이 동반하기 ▪ 기저귀 마련 ▪ 무료급식 보조 ▪ 행사에 초대하기 ▪ 전문상담 ▪ 난방시설 점검하기 ▪ 정원가꾸기 ▪ 임종간호서비스	▪ 외출 교통편리 제공하기 ▪ 병원 교통편리 제공하기 ▪ 이발, 미용활동 ▪ 방문하여 식사 준비하기 ▪ 결연하기(손자, 아들 역할) ▪ 정기적 안부전화하기 ▪ 취미활동 함께하기 ▪ 독거노인 생일상 차리기 ▪ 민원서류 작성하기	
장애인 관련	▪ 말벗해주기 ▪ 수화 ▪ 민원업무 대행하기 ▪ 잡초제거 ▪ 목욕서비스 ▪ 생일파티 ▪ 여행 ▪ 장애인 운전지도	▪ 점자책 만들기 ▪ 녹음하기 ▪ 실내외 청소하기 ▪ 의류수선 및 제조 ▪ 이발, 미용 ▪ 장애인 행사 참여하기 ▪ 가전제품 수리 ▪ 재활치료 및 보조	▪ 책 읽어주기 ▪ 외출 교통편리 제공 ▪ 기초생활 교육 ▪ 세탁하기 ▪ 식사준비, 식사과정 도와주기 ▪ 위로 ▪ 보일러 점검 ▪ 언어치료 및 보조	
지역사회 개발 및 환경정리 관련	▪ 공원청소 ▪ 어린이 놀이터 조성(점검 및 청소) ▪ 산, 강 쓰레기 줍기 ▪ 자연정화 및 보호활동 ▪ 자연보호구역에서 동물들 돌보기 ▪ 이웃과 나무 심고 정원 가꾸기	▪ 도로청소	▪ 벽보제거 ▪ 가로수 가꾸기 ▪ 약수터 청소 및 관리 ▪ 재활용품 수거 ▪ 음식 모으기 운동 ▪ 합성세제 덜 쓰기 운동	
보건의료 관련	▪ 환자위문 ▪ 건강정보 교환	▪ 간병 ▪ 환자동행	▪ 위로	
문화체육 관련	▪ 지역사회 문화, 체육행사 개최 ▪ 지역놀이행사 개최지원 ▪ 자선 전시회 ▪ 유적지 보호 및 발굴		▪ 지역복지시설 체험 ▪ 지역문화탐방 ▪ 참 좋은 이웃되기	

〈표 16-2〉 계 속

영역	프로그램		
캠페인 관련	▪ 환경캠페인 ▪ 거리교통질서 캠페인 ▪ 카풀제 권장	▪ 헌옷 모으기 캠페인 ▪ 교통봉사	▪ 이웃간 인사하기 ▪ 농어촌 봉사활동
		▪ 외국학생, 외국인 근로자 숙박제공	

자료: 박태영, 2007: 375~376.

2) 참여가족의 다양한 연령층에 적합한 프로그램 미비

유치원, 초등학생, 중·고등학생이 함께 자원봉사에 참여하게 되어 흥미를 잃을 수 있어 지속적 봉사활동을 기대할 수 없다.

3) 가족자원봉사활동 수요처 개발의 어려움

가족봉사자들이 아동시설에 갔을 때 시설아동들이 그 가족들 중 비슷한 연령의 자녀가 있는 한 가족과 만나는 것은 시설아동에게 심리적·정서적으로 부정적 영향을 미칠 수 있다. 또한 노인시설의 경우도 어린 아동이 있는 가족은 활동의 제약을 가져온다고 보고 거부하기도 하므로 가족봉사자들이 봉사할 기관(시설)을 확보하는 데 어려움이 있다.

4) 가족자원봉사활동 시간의 제약성

가족과 함께 참여할 수 있는 시간계획이 어렵다. 가족자원봉사자들의 경우 교육은 주로 방과후에 실시되고 주말에 봉사활동을 실시하는 경우가 많다. 주말에 활동을 실시하게 되면 기관에서는 주말에도 근무해야 하는 부담감 때문에 저조한 실정이다.

6. 가족자원봉사의 활성화 과제

1) 가족자원봉사자 활용에 적합한 프로그램 개발

가족자원봉사활동이 지역사회의 특성에 맞으며, 가족에게 배움의 기회를 제공하는 가족봉사자 개개인의 욕구도 충족시킬 수 있는 다양한 프로그램을 개발하여 활동참여단계에서부터 가족의 욕구를 정확히 반영할 수 있는 조직적이고 체계적인 관리시스템이 마련되어야 할 것이다.

또한 가족봉사활동을 활성화하기 위해서는 문화예술, 소비자분야, 환경분야 등 다양한 분야에 프로그램을 개발할 필요가 있으며, 가족자원봉사활동을 희망하는 가족모집을 용이하게 하기 위해 가족과의 질적 시간활용, 가족의 변화, 책임의식, 봉사활동의 가치 배우기라는 가족으로부터의 가족문제 해결방법 학습, 지역사회와의 접촉기회 제공 등의 가족자원봉사활동이 창출하는 부가적 프로그램이 시급히 개발되어야 한다.

2) 가족자원봉사자를 위한 시설 및 여건조성

가족자원봉사자들을 위한 자원봉사자실이나 가족구성원을 돌보아 줄 수 있는 시설이나 보호자가 지원되어야 하며 필요한 경우 실비의 교통비 등을 지원하는 것이 바람직하다.

특히 가족이 자원봉사에 참여하게 됨으로써 장애요인이 될 수 있는 육아문제 등을 해결하기 위하여 그들에게 육아를 병행할 수 있는 장소와 업무를 배치한다든지 혹은 자원봉사센터 내에 있는 탁아프로그램을 운영하여 그 참여율을 더욱 높일 수 있다. 노인시설의 경우 어린자녀가 있는 봉사자의 가족들이 봉사활동을 실시하는 데 여러 가지 제약이 있을 수 있으나 이러한 경험이 자녀에게 자연스럽게 봉사활동을 체험하게 하고, 이를 통해 이웃의 고통을 공감할 수 있는 연대감을 조성하는 등 자원봉사에 대한 가치를 정립하는 데 매우 소중한 기회가 될 수 있으므로 시설에서도 무조건적 배척보다 다양한 대안을 제시하는 것이 필요하다.

3) 가족자원봉사활동 참여가족의 모집과 선발의 효율화

가족자원봉사활동에 참여할 가족을 모집하기 위해서는 새로운 프로그램을 지역사회에 제안하고 홍보하여 신청가족을 모집하는 것이 일반적이지만 한편으로는 기존의 자원봉사자들이 가족과 함께 참여하도록 요청하는 경우도 많다.

모집에 응한 가족자원봉사자가 모두 곧장 자원봉사활동에 투입되는 것은 아니고 참여의 적절성에 대한 선발절차가 있어야 한다. 이 선발과정에서는 다른 참여가족이나 활동내용과의 적합성을 고려하면서 탐색이 필요할 수 있다.

가족유형별로 봉사단을 운영할 것인지, 아니면 여러 유형의 가족들을 통합하여 운영할 것인지는 프로그램 개발뿐 아니라 모집과정에서도 중요한 이슈가 된다. 단순한 봉사프로그램에 행위주체만 가족단위로 하는 평면적 기획에 머무르는 것을 방지해 줄 수 있다(이금룡, 2002). 전형적 핵가족으로만 구성할 것인지, 아니면 다양한 유형의 가족(예: 한부모가족 등)들을 대상으로 할 것인지, 혹은 모든 유형의 가족들을 모두 통합하여 실행할 것인지를 고려해야 한다.

4) 가족자원봉사활동을 위한 휴가제도 도입

가족간의 시간조정이 어려우므로 미국에서와 같이 기업에서도 자원봉사활동에 필요한 유급휴가제도를 실시해야 한다.

그리고 기업, 공무원 등 주 5일 근무제로 주말봉사 참가자가 많아질 것이다. 따라서 자원봉사활동기관에서도 직원들의 근무시간을 탄력적으로 조정할 필요가 있다고 본다. 가족자원봉사는 참여하는 가족구성원들의 학교, 직장 등이 다양한 지역사회체계에 참여하고 있으므로 가정뿐 아니라 학교, 기업의 적극적 협조가 요청된다. 따라서 이에 대한 구체적 방안을 마련하기 위한 연계제도 도입이 필요하다.

5) 가족자원봉사의 인정 · 보상체계 도입

인정 · 보상은 프로그램에 대한 인식도를 제고하고 참가하는 가족들 사이에 긍정적 집단정체감을 강화시켜 준다. 이는 이후에 활동의 동기를 유발하고 신입회원 모집에도 도움이 된다. 기념일이나 생일날 카드를 보낸다거나 감사하다는 말을 건네는 간단한 방법도 있다. 감사카드, 감사장, 인증서, 가족봉사활동의 사진 보내주기 등도 있다.

제17장

노인의 자원봉사

1. 노인자원봉사활동의 의의 및 필요성

우리나라의 노인인구 비중이 급격히 증가하여 전체 인구에서 노인인구가 차지하는 비율이 1970년의 3.1%, 1980년 3.8%, 1990년 5.1%로 늘어났고, 2000년에 이미 노인인구가 차지하는 비율이 7.2%로 고령화사회(*aging society*)에 진입했고, 2004년에는 8.7%, 2007년에는 9.8%로 전체 인구의 10%에 육박하여 이미 고령사회(*aged society*)로 진입하고 있다. 그리고 2020년이면 20% 이상의 초고령사회가 된다(통계청, 2008). 보건의료영역의 기술발전 등으로 평균수명이 연장되고 있으나, 한편으로는 조기퇴직 등으로 사회적 활동의 기회를 상실하는 것과 같은 문제를 낳고 있다.

이에 따른 개인적·사회적 측면에서 야기되는 문제들은 사회적 차원에서의 해결과제로서 대두되고 있다. 먼저 사회적 측면에서는 ① 고령자와 생산연령인구 간의 균형과 관련된 문제, ② 노인만의 가구, 거동불능노인, 노인자살의 증가 등과 관련된 가족 및 생활형태의 문제, ③ 복지, 산업, 의료, 교육, 주택, 종교와 관련된 문제 등을 들 수 있다.

또한 고령화문제의 개인적 측면으로는 ① 소득(경제적 수입·취업), ② 질병(건강), ③ 무역할과 고립(사회적 참가와 삶의 보람) 등을 들 수 있다(류기형 외, 2001: 291).

노인의 행복한 삶의 영위와 더불어 생산적 노년을 위해서는 사회활동의 참여를 빼놓을 수 없다. 1992년 UN에서는 1999년을 '세계 노인의 해'로 정하고, "모든 세대가 함께 잘 사는 사회"라는 주제를 가지고 18조항으로 된 '노인을 위한 5대 원칙'(*UN Principles for Older Persons*)을 제시한 바 있다. 그 내용은 자립, 참여, 보호, 자아실현, 존엄성인데, 특히 그 가운데서도 참여의 원칙은 평생 축적한 지식과 기술을 젊은 세대와 함께 나눌 수 있고, 노인 자신의 취미나 능력에 맞는 자원봉사활동을 통하여 자신의 지역사회 발전에 기여할 수 있으며, 노인권익 옹호와 복지증진을 위한 운동인 단체를 구성할 수 있어야 함을 의미한다(고양곤, 1999: 26~28).

더욱이 자원봉사활동을 노인층에 기대할 수 있게 된 사회적 배경으로서는 ① 비교적 경제적으로 안정된 노인층의 점차 증가, ② 노인이 활용할 수 있는 여가시간의 증대, ③ 노인들의 건강수준의 향상, ④ 사회에 유익한 활동을 통하여 삶의 보람을 찾으려고 하는 노인의 증가, ⑤ 사회정책적 측면 등이 있다. 고령화사회를 맞이하여 복지서비스를 제공하는 데 있어서는 민간부문의 협력이 불가결한 바, 이를 노인인력의 활용을 통하여 해결하려는 시도와 부합된다고 볼 수 있다.

휘서와 샤훠(Fisher & Schaffer)는 많은 조사에서 노인들은 생산적 노년기를 보내고 싶어 하고 있으며, 자원봉사자로서 활동하는 노인들은 그들의 도움에 의존하는 개인이나 자선 및 문화단체에, 그리고 지역사회에 커다란 기여를 하고 있기에 노인자원봉사활동은 '기적'을 만든다고 제시한다(Fisher & Schaffer, 1993: 4~7; 최덕경 외, 2006:

274 재인용).

노인의 자원봉사활동 참여는 사회의 경제적 활동과 역할에서 물러나 상실하기 쉬운 자신의 사회적 가치성을 회복하거나 유지할 수 있게 함으로써 자신이 예전과 마찬가지로 사회에 유용하고 주요한 존재가 되고 있다는 가치를 갖게 해준다. 이러한 관점에서 노인의 자원봉사활동이 갖는 의의와 필요성은 크게 개인적 차원과 사회적 차원으로 나눠 살펴볼 수 있다(최성재 · 장인협, 2002: 290~293).

1) 개인적 차원의 필요성

① 퇴직으로 상실했던 사회적 지위와 역할을 보충해 준다.
② 자원봉사활동에의 참여는 사회의 일선에서 물러나 자칫하면 상실하기 쉬운 자신의 사회적 가치성을 회복하거나 유지할 수 있게 함으로써 아직도 자신이 사회에 유용하고 중요한 존재라는 생각을 갖게 한다.
③ 노년기의 자아상을 긍정적으로 유지하고 자존심을 유지 · 향상시켜 줄 수 있다.
④ 자원봉사활동에의 참여는 소외감을 극복하는 데 유익하다.
⑤ 자원봉사활동 참여는 노인의 자기성장과 자아실현을 돕고 창의성과 책임성을 발휘할 수 있는 기회를 제공한다.

2) 지역사회 차원의 필요성

① 노인의 자원봉사활동 참여는 노화 또는 노인에 대한 인상을 긍정적으로 바꾸어 놓는다. 노인의 사회적 기여는 노인에 대한 사회적 평가를 높이고, 노인에 대한 사회적 존중을 과거 사회와는 다른 형태로 새롭게 재정립하게 한다.
② 노인들 스스로가 노인을 보는 시각을 긍정적인 것으로 바꿔놓는다. 노인의 활발한 사회적 활동은 노인 스스로 노년기를 보다

바람직한 인생주기로 인식하는 데 일조할 수 있다.

③ 자원봉사활동에의 참여는 무엇보다도 사회에 봉사하고 사회를 발전시키는 데 공헌한다. 노인의 사회적 경험과 능력이 사장되지 않고 지역사회를 위해 발휘되는 것은 사회 전체적으로 엄청난 복지자원의 확충으로 볼 수 있다.

3) 노인자원봉사활동에 대한 이론

노인자원봉사활동의 의미와 중요성에 관한 논의는 크게 교환이론, 활동이론, 계속이론의 세 가지가 있다(류기형 외, 2001: 294; 남기철, 2007: 380).

(1) 교환이론(*exchange theory*)

교환이론은 노인이 가진 교환자원의 빈약성이 노인으로 하여금 개인, 집단 또는 사회에 의존과 종속관계에 빠뜨려 노인문제를 파생시킨다고 보고 있다. 이에 노인의 교환자원의 가치를 높이거나 노인의 권력 및 힘을 증가시키기 위한 의미 있는 대책의 하나가 자원봉사활동이라고 본다. 즉, 교환이론에 입각할 때 노인에게 새로운 자격이나 지위를 획득하는 하나의 방법으로서 자원봉사활동 프로그램을 개발하는 것이다.

(2) 활동이론(*activity theory*)

활동이론은 노인의 사회활동 참여 정도가 높을수록 노인의 심리적 만족감 또는 생활만족도가 높다는 것이다. 노인은 건강악화를 제외하고 중년일 때와 동일한 사회적·심리적 욕구를 지니고 있기 때문에 퇴직 등으로 인한 역할 부재에 대신할 만한 활동을 찾아 사회참여를 추구한다는 이론이다.

(3) 지속이론 (*continuity theory*)

지속이론은 자원봉사활동을 인생의 초기부터 관여해 온 연속적 활동이라고 보기 때문에 이는 노년기에도 지속적으로 이뤄져야 하는 전 생애에 걸친 활동이라고 설명하고 있다.

2. 노인자원봉사활동의 현황과 활동영역

1) 노인자원봉사활동의 실태

우리나라는 아직까지 노인자원봉사활동 참여가 활성화되지 못한 상태이다. 행정안전부가 볼런티어 21에 의뢰하여 조사한 결과에 의하면 60세 이상 노인의 자원봉사활동 참여율은 2005년 16.5%, 2008년 15.6%로 2005년도의 16.5%보다 낮아졌다.

통계청의 《한국의 사회지표》에 의하면 2006년 9.8%로 나타났다.

보건복지가족부·한국사회복지협의회의 《2008 사회복지 자원봉사 통계연보》에 의하면 60대 이상 자원봉사자는 2005년 4.6%, 2008년 5.2%로 나타났다. 한국보건사회연구원(2004년, 노인 3,278명) 자료는 4.0%로 나타났다.

이렇게 조사기관마다 커다란 차이를 보이는데, 보건복지가족부·한국사회복지협의회의 자료는 현재 사회복지인증센터에 자원봉사자로 등록된 자에 한하여 분석하였다.

이와 같은 참여율은 일본의 경우 60세 이상 노인의 46%, 미국 65세 이상 노인의 40%, 호주의 노인 17% 수준에 비하면 매우 낮은 실정이다.

미국의 경우 2003년 조사결과, 55세에서 64세 사이의 자원봉사활동 참가율은 43%, 65세에서 74세는 41%, 심지어 75세 이상의 인구

〈표 17-1〉 60대 이상 자원봉사 참여율

(단위: %)

구분	행정안전부		보건복지가족부·한국사회복지협의회		통계청	한국보건사회연구원
	2005년	2008년	2005년	2008년	2006년	2004년
참여율	16.5	15.6	4.6	5.2	9.8	4.0

자료: 행정안전부, 2009; 보건복지가족부·한국사회복지협의회, 2006, 2009; 통계청, 《한국의 사회지표》, 2008; 한국보건사회연구원, 2005.

〈표 17-2〉 노인자원봉사 실태

(단위: %)

구분	항목	%
자원봉사활동 참여율		4.0
자원봉사 경험 여부	경험자	10.7
	무경험자	85.3
자원봉사활동시 교통비, 식비 등의 기본적 활동비 지급여부	찬성	70.7
	반대	29.3
향후 자원봉사활동 참여 의향	참여의향 있음	13
	참여의향 없음	87
향후 자원봉사활동을 희망하지 않는 이유	건강이 좋지 않아서	4.5
	하고 싶지 않아서	26.7
	시간이 없어서	17.2
	심리적 부담감	4.4
	자원봉사의 필요성을 못 느껴서	3.4
향후 자원봉사활동영역	지역사회봉사활동	52.9
	사회복지분야	24.2
	교통 및 환경분야	9.2
	교육 및 문화예술분야	5.8
	보건의료분야	3.7
	스포츠 및 레크리에이션	2.9
	국제협력	1.3

에서도 39%의 자원봉사활동 참가율을 나타내고 있어 젊은층의 자원봉사활동 참여율과의 차이가 거의 없었다(Harvard School of Public Health · MetLife Foundation, 2003: 19; 남기철, 2007: 382 재인용).

한국보건사회연구원(2004년, 노인 3,278명 조사) 조사에 의한 자원봉사 실태를 보면 〈표 17-2〉와 같다(한국보건사회연구원, 2005: 27).

① 자원봉사활동 참여율: 4.0%
② 자원봉사 경험자: 10.7%, 무경험자: 85.3%
③ 자원봉사 활동시 교통비, 식비 등의 기본적 활동비 지급여부: 찬성 70.7%, 반대 29.3%
④ 향후 자원봉사활동 참여의향: 참여 13%, 불참 87%
⑤ 향후 자원봉사활동을 희망하지 않는 이유: 건강이 좋지 않아서 4.5%, 하고 싶지 않아서 26.7%, 시간이 없어서 17.2%, 심리적 부담감 4.4%, 자원봉사의 필요성을 못 느껴서 3.4% 등
⑥ 향후 자원봉사활동영역: 지역사회봉사활동 52.9%, 사회복지분야 24.2%, 교통 및 환경분야 9.2%, 교육 및 문화예술분야 5.8%, 보건의료분야 3.7%, 스포츠 및 레크리에이션 2.9%, 국제협력 1.3% 등

60세 이상 자원봉사 참여영역은 통계청 조사에 의하면 환경보전 · 범죄예방이 53%로 가장 많고, 그 다음이 복지시설관련 32.8%, 국가 · 지역행사 10.0%, 재해 · 지역돕기 6.4% 등의 순으로 나타났다.

2) 대한노인회

노인의 자원봉사활동은 대한노인회를 통해 이뤄지는 경우가 가장 많다. 대한노인회는 2백만 명이 넘는 회원을 확보하고 있는데, 대한노인회는 16개 연합회와 231개 지회 혹은 경로당 단위로 자원봉사활동에 참여하고 있다. 대한노인회의 2009년도 자원봉사활동 참여영역

〈표 17-3〉 60세 이상 자원봉사 참여영역(2006)

(단위: %, 복수응답)

구분	환경보전 · 범죄예방	국가 · 지역행사	자녀 교육 관련	복지시설 관련	재해지역 돕기	기타
	53.0	10.0	2.7	32.8	6.4	9.5

자료: 통계청, 2008: 582.

〈표 17-4〉 2008년도 자원봉사 사업실적

(2008년 12월 31일, 괄호 안은 %)

구분 / 연합회	교통 봉사대	방범 순찰	청소년 선도	자연보호 캠페인	환경 정화	계
서 울	66,951	45,312	45,782	111,431	156,971	426,447
부 산	13,409	-	938	923	1,853	17,123
대 구	5,715	6,018	5,996	10,564	17,091	45,384
인 천	14,112	14,944	15,339	32,803	42,437	119,635
광 주	2,692	524	1,256	2,060	5,520	12,052
대 전	3,187	946	1,184	4,327	10,412	20,056
울 산	228	318	1,945	1,872	6,278	10,641
경 기	89,530	21,152	78,400	96,759	447,191	733,032
강 원	12,599	3,863	4,769	43,715	81,512	146,458
충 북	24,579	3,906	12,419	31,734	25,182	97,820
충 남	1,191	1,169	2,028	4,589	5,905	14,882
전 북	36,715	22,057	40,526	53,955	98,069	251,322
전 남	8,263	1,357	4,786	3,451	3,648	21,505
경 북	3,265	1,690	4,866	12,911	16,016	38,748
경 남	35,992	5,904	32,751	102,012	133,238	309,897
제 주	1,037	1,950	-	830	3,562	7,379
계	319,465 (14.0)	131,110 (5.9)	252,985 (11.1)	513,936 (22.6)	1,054,885 (46.4)	2,272,381 (100.0)

자료: 대한노인회 내부자료, 2009.

은 〈표 17-4〉와 같다.

〈표 17-4〉와 같이 전국적으로 연인원 약 227만 명이 넘는 노인이 대한노인회를 통해 자원봉사활동에 참여했으며, 이는 2007년도에 비해 증가하는 양상을 보이고 있다. 참여영역은 환경정화가 46.4%로 가장 많고, 그 다음이 자연보호캠페인 22.6%, 교통봉사대 14.0%, 청소년선도 11.1%, 방범순찰 5.9% 등의 순으로 나타났다.

이처럼 대한노인회를 통해 자원봉사활동에 참여하고 있으나 활동내용이 너무 단순하고 획일적 형태여서 참여자의 만족감이나 참여욕구를 충족하는 데는 적절치 못한 실정이다.

미국의 경우 자원봉사활동을 위한 노인조직으로 전국노인봉사단(Senior Corps; Senior Service Corps) 등의 조직이 전국적 차원에서 노인의 자원봉사활동을 활성화하는 데 기여하고 있다. 특히 이는 매우 다양한 자원봉사활동 프로그램과 관리의 모습을 보이고 있어 우리나라 노인자원봉사활동의 활성화를 위해 시사하는 바가 크다.

Senior Corps

미국의 전국노인봉사단에 해당하는 Senior Corps는 지역사회가 직면하는 문제들에 대처하기 위해 노인들의 경험과 기술 및 재능을 활용하는 프로그램의 총체로 가장 대표적인 노인자원봉사 프로그램이다. 이는 미국자유봉사단(USA Freedom Corps)의 한 부분이며, 50만 명 이상의 노인이 이 전국노인봉사단 활동을 통해 지역의 비영리조직·공공기관·종교기관 등에서 활동하고 있다. 주로 다음과 같은 세 가지 프로그램을 통해 노인봉사단은 활동하고 있다(http://www.pointsoflight.org, 남기철, 2007: 385 재인용).

① **은퇴자 및 노인자원봉사 프로그램**(*Retired and Senior Volunteer Program*)

가장 규모가 크고 대표적 프로그램으로 55세 이상의 노인들이 지역사회감시, 이민자 대상 영어교습, 아동교육, 자연재해 피해자 원조 등 다양한 활동을 조직화하고 있다. 2001년 한 해 동안 48만 명의 자원봉사자가 평균적으로 1주일에 4시간 동안 6만 5천 개의 지역조직에서 766개의 RSVP프로젝트를 통해 활동했다. 이들은 통상 음식과 교통수단을 제공받을 수 있다.

② **위탁조부모 프로그램**(*Foster Grandparents*)

60세 이상인 노인이 참여하며, 1주일에 20시간 학교 · 병원 · 교정시설 · 주간보호시설 · Head Start Center 등에서 학대아동 · 방임아동 · 장애미숙아 원조 · 10대 미혼모 지원 등의 활동을 벌인다. 2001년 기준으로 3만 명의 노인이 27만 5천 명에게 도움을 주었으며, 활동에 대해 시간당 2.65달러의 보수를 받는 유급 자원봉사활동이다.

③ **노인동반 프로그램**(*Senior Companion Program*)

60세 이상의 노인이 수행하는 프로그램으로 일상생활에 어려움을 겪는 성인을 지원하는 것이다. 보통 자신의 집에서 거주하는 2명 내지 4명의 성인 클라이언트에게 1주일에 20시간가량 지원활동을 하며 노인동반 프로그램의 활동자들은 월별 교육을 받아야 한다. 2001년 기준으로 1만 5천 명의 노인이 6만 1천 명 이상의 성인에게 도움을 주고 있으며 시간당 2.65달러의 보수를 받는다.

또한 미국퇴직자협의회 자원봉사 재능은행 프로그램은 미국퇴직자협회(*American Association of Retired Persons*: AARP)에서 운영하고 있다. 이 협회는 미국노인단체 중 가장 규모가 큰 것으로 약 4천 지회를 두고 50세 이상의 현직자 및 퇴직자 3천 3백만 명을 대상으로 서비스를 제공하는 비영리단체이다. AARP의 각 지회는 지역사회 수준에서 노인의 독립성, 존엄성, 그리고 성취감을 증진시키기 위해 노력하고 있으며, 동시에 지역사회의 주요 욕구를 충족시키고 문제점을 해결하기 위해 노인자원봉사자를 모집, 훈련, 지원한다. AARP는 "봉사를 받지 말고, 봉사하자!"(*To serve, not be served!*) 라는 캐치프레이즈를 걸고 다음의 3대 주요사업을 수행하고 있다(김동배, 2006: 679).

① 지역사회에의 참여(*Getting involved*): 회원들은 그들의 경험, 전문성, 재능, 창의력을 발휘하여 지역사회의 삶의 질을 개선시키는 데 기여한다.
② 새로운 친구 사귀기(*Making new friends*): 같은 취미와 관심, 같은 추억을 간직하는 사람끼리 만나서 공통의 관심사를 토의하고, 정보를 교환하며, 서로에 대한 흥미를 갖고 취미활동을 같이한다.
③ 차이 만들기(*Making a difference*): 노인복지문제를 포함하여 연방 및 주 정부의 정책에 영향을 미치는 활동을 전개한다.

지역봉사재능은행은 자원봉사활동영역을 총 열다섯 가지로 분류하는데, 문화재 보존과 관련된 봉사는 예술·문화영역에 속한다(김동배, 2005: 680~681).

- 예술·문화: 박물관, 미술공예, 공연예술
- 비즈니스: 기업관리, 컴퓨터, 인사관리
- 소비자: 자문위원회, 소비자보호, 재무계획 지도
- 교육: 성인교육, 문맹퇴치, 개인교습
- 환경: 환경보호, 공원관리, 생태계 보호
- 건강: 보건제도개혁, 건강증진, 호스피스
- 주택: 공공주택 안내, 주거선택 상담
- 법률: 법원봉사, 법률지원서비스, 요양원 옴부즈맨
- 입법: 선거사무, 정책분석, 유권자 교육
- 레크리에이션: 캠핑/하이킹, 여행가이드, 그룹소풍
- 안전: 구급, 범죄예방, 노인운전 지도

- 과학: 컴퓨터 지도, 공학 지도, 수학/통계학 지도
- 사회적/대인적 서비스: 상담, 우애방문, 세무보고
- 노동: 고용에서 연령차별 감시, 퇴직계획지도
- 특별활동: 은퇴교육자회 업무, 지역사회활동, 홍보

3) 지역사회 시니어클럽 (*community senior club*)

시니어클럽은 보건복지가족부가 위탁사업을 통해 노인의 소득 및 경제활동과 관련된 노인 자활프로그램의 성격으로 2009년까지 전국적으로 83개소의 시니어클럽이 활동하고 있다. 이곳에서의 노인활동은 시장참여형 사업, 사회참여형 사업, 공공참여형 사업, 자원봉사사업 등으로 구분되는데, 자원봉사형 사업뿐만 아니라 다른 유형의 사업도 노인자원봉사활동과 많이 연관되어 있다.

4) 개인과 가정, 지역사회에서 노인의 자원봉사

노인의 자원봉사활동은 크게 개인과 가정을 중심으로 하는 자원봉사와 지역사회에서의 자원봉사로 구분된다(이인수, 1999: 244~246; 배기효 외, 2008: 268~269 재인용).

(1) 개인과 가정을 중심으로 하는 자원봉사 사례

개인과 가정을 중심으로 하는 자원봉사는 노인의 도움을 필요로 하는 개인과 가정을 대상으로 활동하는 봉사로 활동내용은 〈표 17-5〉와 같다.

(2) 지역사회에서의 자원봉사 사례

노후의 적극적 여가활동으로서 자원봉사는 지역사회를 대상으로 더 광범위하게 이뤄질 수 있다(〈표 17-6〉 참조).

3. 노인자원봉사활동의 문제점

개인적 측면에서나 사회적 측면에서 노인들의 자원봉사활동 참여가 요구되고 있고, 또 많은 노인들이 이러한 활동에 동참하고자 하는 욕구가 상당히 강함에도 불구하고 이들의 참여율이 저조한 것은 여러 가지 원인이 있을 것으로 생각된다.

(1) 노인자원봉사활동의 다양한 프로그램 부족

노인들이 자신의 경험과 능력을 충분하게 발휘할 수 있는 자원봉사 프로그램을 개발하여 잠재적 노인자원봉사자들로 발굴·전환시킬 수 있는 가능성이 충분할 것이다.

〈표 17-5〉 개인·가정중심의 자원봉사 사례

구분	사례
가사보조	▪ 생활환경에 필요한 일들을 수행하는 지원(청소, 세탁) ▪ 식생활 지원(생필품 구입, 급식서비스) ▪ 난방관리(난로청소, 점화 및 소화, 연탄가스 점검)
의료 및 재활서비스	▪ 재활기구 사용보조　▪ 병원안내　▪ 간병 ▪ 운동 및 마사지　▪ 임종간호　▪ 물리치료
사회적 보호	▪ 맞벌이 가정의 어린이 돌보기　▪ 장난감수리병원 운영 ▪ 장난감 수집 및 공급　▪ 어린이놀이터 청소 및 관리 ▪ 아동놀이지도　▪ 도덕교육 ▪ 한문교육　▪ 학습부진아 지도 ▪ 청소년상담　▪ 청소년행사 돕기 ▪ 소년소녀가정 지원　▪ 학원폭력예방 프로그램 지원 ▪ 미혼모 및 불우여성 상담　▪ 윤리·도덕교육 ▪ 불우한 노인이나 장애인의 말벗　▪ 외출동행

자료: 배기효 외, 2008: 268.

〈표 17-6〉 지역사회에서의 노인자원봉사 사례

구분	사례
노인생활시설	▪ 예능지도 ▪ 소그룹지도 ▪ 놀이친구 ▪ 산책안내 ▪ 외출동행 ▪ 목욕보조 ▪ 병간호 ▪ 말벗 ▪ 스포츠 · 레크리에이션 지도 ▪ 취미 · 마술 지도 ▪ 신앙상담 및 생활상담 ▪ 일반가정 초대 및 생일축하 파티 ▪ 거동불편자를 위한 식사보조 ▪ 이발 · 미용서비스 ▪ 옷 갈아입기 보조 ▪ 청소
복지관	▪ 전화상담 ▪ 청소 ▪ 자문위원 ▪ 취사보조 ▪ 운전기사 ▪ 가정봉사원으로서의 활동 ▪ 직업지도 및 알선프로그램 보조 ▪ 기계류 고정수리 ▪ 사무보조 ▪ 세탁 ▪ 시설 및 사회복지제도 개선을 위한 대변자 ▪ 시설의 운영을 돕기 위한 후원회의 모집 ▪ 시설입소자의 사회재활을 위한 프로그램계획 및 지원
근린공원 및 환경정화	▪ 쓰레기 줍기 ▪ 산불감시 ▪ 나무심기 ▪ 쓰레기 분류 및 관리 ▪ 환경오염 조사 및 계몽
농촌 살리기 및 국산품애용 캠페인	▪ 농촌 일손 돕기 ▪ 국산품 애용 가두캠페인 ▪ 대도시에서의 우리 농산물 애용운동
문화예술	▪ 판소리지도 ▪ 서예지도 ▪ 연극 및 춤 지도 ▪ 미술교육 ▪ 전통문화전승운동 ▪ 도자기 기술지도 ▪ 각종 문화행사 지원 ▪ 노인합창단의 병원위문 ▪ 청소년들에 대한 전통문화교육
범죄예방 및 법률문제	▪ 성폭력상담 ▪ 정책건의 ▪ 무료법률상담 ▪ 교육 및 계몽 ▪ 지역방범대 육성 ▪ 지역사회 안전보호 ▪ 학교폭력예방 및 치료에 참여 ▪ 유언 및 유산상속절차 보조 ▪ 유해환경조사 및 퇴치캠페인

〈표 17-6〉 계 속

구분	사례
보건 및 의료서비스	▪병원업무 보조 ▪간병서비스 ▪임종간호 ▪환자위문 공연
교통 및 안전관리	▪건널목 교통정리 ▪지하철 안전지도원 ▪119 전화당번 ▪각종 행사를 위한 교통질서 정리 ▪교통단속 감시원 ▪학생 등·하교시 사고예방 ▪교통안전지도 ▪지역의용소방대 육성
정치 및 사회활동	▪부정선거 감시 ▪선거사무소 사무보조 ▪계몽운동 ▪전통음식 바자회 운영 ▪정당활동 ▪투표·개표참관인 활동 ▪선거인 등록사업 보조 ▪부녀회와 공동으로 불우이웃돕기 ▪북한동포 및 중국에 사는 교포 돕기 ▪불량상품 조사 및 고발 등 소비자보호운동 ▪중소기업 살리기 프로그램 개발 및 자문

(2) 인정·보상제도의 미비

교환이론적 측면에서 보면 인간은 대인관계에서 누구나 득(得)을 최대화하고 실(失)을 최소화하려는 본성을 지니고 있다. 따라서 자원봉사활동을 통해서도 이득이 되는 뭔가가 있어야 함에도 불구하고 여기에 참여하는 노인들에 대해서 별다른 보상이 없다는 사실이 이들의 참여를 저해하는 문제로서 제기될 수 있다. 물론 여기에서 말하는 보상이란 경제적인 것보다는 사회적 인정이라든가 피봉사자의 감사 등 무형적인 것들이 포함될 수 있다.

(3) 노인봉사활동에 대한 홍보부족

노인들이 자원봉사에 참여하게 되는 경로를 보면, 노인교실이나 노인학교와 같은 프로그램을 통해 자원봉사활동에 참여하거나, 봉사활동에 참가중인 친지나 친구의 권유를 받아 자원봉사를 하게 된다.

이것은 노인자원봉사활동에 대한 홍보가 아직 비공식적 통로에 의존하고 있다는 것을 알 수 있다. 앞으로 노인자원봉사활동을 활성화시키기 위해서는 라디오, 신문, 텔레비전 같은 대중매체에 의한 더 적극적인 홍보방안이 모색되어야 할 것이다.

(4) 노인의 자원봉사활동에 사회적 지원체계 미비

노인들이 자원봉사활동에 참여할 경로를 잘 모르는 경우가 많다. 활동에 참여할 의향을 가지고 있다 해도 참여경로의 접근성이 떨어지면 자원봉사활동에 참여할 수 없다. 이는 노인 연령층의 특성상 다른 연령대보다 새로운 활동에의 접근이 어려우므로 접근성을 더 좋게 해야 함에도 불구하고 현재는 노인의 자원봉사활동 참여방법에 대한 홍보가 거의 실효성을 갖지 못하는 실정이다. 예를 들어, 인터넷을 통한 노인자원봉사자 모집은 다른 연령대에 비해 효과성이 떨어지는 모집방법이 될 것이다.

4. 노인자원봉사활동의 활성화 과제

노인의 자원봉사활동 참여를 활성화하기 위해서는 먼저 노인들 스스로도 자신들의 참여가능성을 인지하고 적극적 대응을 할 수 있도록 유도해야 한다. 이를 위해서는 노인들에게 자원봉사활동에 대한 동기부여가 중요하다.

1) 적절한 자원봉사활동영역과 프로그램 모색

노인자원봉사자에게 적합한 프로그램(그동안의 경험과 기술을 발휘할 수 있는 것, 고학력 · 중산층 노인에 맞는)을 개발해야 한다.

노인에게 적합한 자원봉사활동영역은 다음과 같다(류기형 외, 2001: 300~301).

① 교육수준이 높은 노인의 경우: 아동이나 유학생에 대한 말하기, 쓰기의 지도, 명소나 사적 안내, 민간복지단체 재정을 위한 경리실무 등.
② 전통문화 전수를 위한 활동: 한자지도, 연 만들기와 날리기, 시조지도, 짚신 만들기 등.
③ 장애인을 위한 활동: 장애인자립작업장에서의 보조활동, 점역활동 및 낭독활동, 시각장애아의 장난감 만들기, 장애인청년 생활학습 지도, 맹인의 가이드, 수화통역 등.
④ 아동을 위한 활동: 보육원 아동과의 교류, 장난감병원 운영, 장난감 도서관 운영, 아동문고 운영 등.
⑤ 특기나 취미를 살린 활동: 인형극 상영, 장애인시설에서의 그림지도, 우표수집과 정리, 시설에서의 미용이나 위생지도, 전기기구 수리.
⑥ 기타 지역사회 등을 위한 활동: 병원 자원봉사, 부자가정에의 원조활동, 급식서비스, 버스정류장 등에서의 보조와 청소활동, 가두모금, 전화상담, 국제적 활동으로서 개발도상국 지원, 외국인 노동자의 우리말 교사.

2) 노인자원봉사활동에 대한 적극적 홍보

봉사자들에게 자원봉사에 관한 동기와 흥미, 각종 정보를 제공하기 위해서는 대중매체를 이용하는 방법, 행정기관이나 봉사단체의 광고, 사회복지관의 홍보, 친구나 친지의 권유, 종교단체를 통한 홍보 등을 들 수 있다. 또한 전문가 단체나 퇴직자 모임, 노인학교, 지역부녀회나 계모임 등 이미 형성되어 있는 집단을 대상으로 홍보하고 모집하는 것도 효과적일 것이다(배기효 외, 2008: 277).

3) 인정·보상체계 확충

노인이 안심하고 보람을 가지며 자원봉사활동을 수행할 수 있도록 하기 위해서는 노인자원봉사자에 대한 보호와 보상이 이뤄져야 한다. 자원봉사가 자발적으로 활동에 상응하는 보수를 받지 않고 공익이나 사회복지 증진을 위해서 행하는 활동이기는 하지만, 노인의 자원봉사활동을 활성화시키기 위해서는 제도적 차원에서 보호와 보상을 통한 동기화가 필요하다(김미숙 외, 1998). 보험가입제도, 봉사활동 저축제도, 기타 여러 가지 포상제도를 통해 사회적 보상제도 등을 도입하는 것도 좋은 방안이라 하겠다.

4) 사회적 지원체계 및 통합적 관리 필요

노인자원봉사활동에 대한 체계적이고 통합적인 관리가 필요하다. 연구, 개발, 지도, 홍보, 모집, 교육훈련, 배치, 조정관리 및 평가가 효율적으로 이뤄져야 할 뿐만 아니라 중앙행정부서와 지자체, 민간자원봉사단체 간의 유기적이고 통합적인 상호연계활동을 통해 자원봉사조직에 대한 통합·조정이 이뤄져야만 각종 재원 및 인력을 낭비하는 일 없이 노인자원봉사활동의 효과를 극대화할 수 있을 것이다.

5) 노인자원봉사 그룹 구성·운영의 지원

무엇을 해야 할지 잘 모르는 노인들이나 자원봉사 교육수료 후 자원봉사에 대한 열정이 뜨거운 사람들에게 우선 자원봉사 그룹을 만들어 측면지원을 끈기 있게 행하며, 적절한 자원봉사 프로그램의 제시, 자원봉사 그룹의 매뉴얼이나 회칙마련, 체험발표나 연구발표, 친구형성의 장 제공, 차세대와의 공동활동 등 자원봉사 그룹에 대한 적절한 사후관리를 통해 그룹 내에 자극과 활기를 주는 것이 중요하다.

6) 노인자원봉사 그룹의 육성

통상적 사후관리기법인 정보제공, 평가, 점검활용방법 제시, 발표기회 제공, 자원봉사행사 안내, 자원봉사강좌 소개, 사례발표회 개최, 자원봉사활동시 발생하는 문제에 대한 상담 등을 활용할 수 있을 것이다(박태영, 2008: 356).

7) 자원봉사활동영역의 확대

노인자원봉사활동은 우선 그 활동의 범위를 넓히는 것이 필요하다. 그 방안으로는 잠재된 노인자원봉사자를 발굴하는 것과, 노인의 사소한 활동이라도 자원봉사활동으로 발전시키는 것, 자원봉사활동의 장을 넓히는 것 등을 들 수 있다.

잠재된 노인자원봉사자를 발굴하기 위해서는 다양한 홍보, 쉽게 접근할 수 있는 체제구축과 더불어 참여가능한 노인들에게 권유하는 것이 필요하다. 기업에서 퇴직준비교육이나 사원교육에 자원봉사강좌 삽입, 종교단체나 취미그룹에 자원봉사 참여권유, 현역시절의 노하우를 활용할 수 있는 OB팀에 대한 홍보, 노인관련시설 이용자에게 권유 등의 방법을 통하여 잠재된 노인자원봉사자를 발굴해야 한다.

제18장

기업의 자원봉사

기업들은 시대적 요구에 민감하게 반응하여 기업의 사원자원봉사활동 조직화는 기본적으로 기업사회공헌 프로그램의 일환으로 이뤄지고 있다. 그리하여 기업들은 종래 단순한 기부협찬 등에서 벗어나 조직적으로 사회공헌을 위한 재단을 만들고 사내 전담부서를 두는 등 체계적으로 사회공헌활동을 하고 있다. 또 신입사원 채용이나 인사고과에 자원봉사 경력을 반영하는 등 자원봉사를 중요시하고 있다.

1. 기업자원봉사의 의의 및 필요성

1) 기업자원봉사의 의의

기업자원봉사라는 용어는 1970년대 이후 미국기업들이 사원자원봉사활동을 기업 차원에서 제도적으로 뒷받침해 주면서 등장하였다. 우리나라는 1990년 중반 이후부터 기업자원봉사가 시작되었다. 기업자원봉사란 기업이 임직원들의 자원봉사활동을 정책적으로 유도하며, 임직원과 퇴직자들의 시간과 기술을 지역사회에 제공하도록 공식적으로 지원하는 활동을 말한다.

기업자원봉사활동의 배경에는 사회적 책임을 수행한다는 새로운 경영이념에 따라 기업 역시 사회에서 다른 구성원과 더불어 살 수 있는 방법을 모색하고 다양한 사회문제를 해결하고 윤리적 측면을 준수하는 주체로서 적극적으로 참여해야 할 필요성을 인지하면서 사회적으로 강조되기 시작했다(Ells & Walton, 1961; 배기효 외, 2008: 315 재인용).

기업이 사회복지분야에서 적극 참여하는 것은 국가로 대표되는 공공복지가 취약한 우리의 상황에서 국가의 복지총량을 증가시킨다는 차원에서 환영할 만한 일이다. 그리고 기업이윤을 사회에 환원함으로써 선량한 시민(*good citizen*)으로서의 역할과 책임을 수행한다는 점에서 바람직하다고 평가할 수 있다(한동우, 1999). 또한 기업자원봉사는 기업 자체가 추구하는 사회적, 그리고 경제적 목적들을 달성하게 도와줄 뿐 아니라 근로자 개인들의 기대와 욕구들에도 창의적으로 반응하여 이들을 충족시키는 역할을 하고 있다. 따라서 기업자원봉사는 기업 자체가 가진 자산과 인력으로부터 최대의 효과를 창출하고, 지역사회의 이익과 사업 자체를 위해서 기업의 새로운 이슈로 등장하고 있다(조휘일, 2000).

특히 기업자원봉사에 참여하는 기업체 임직원들은 다음과 같은 개인적 유익을 얻을 수 있다. 첫째, 팀워크를 통해 개인역량을 강화하고, 둘째, 창의적이고 미래지향적인 사람이 될 수 있으며, 셋째, 리더십과 관리기술을 배양할 수 있고, 넷째, 자의식을 강화하고, 다섯째, 문제해결을 위한 전략수립기술을 습득할 수 있으며, 여섯째, 다양하고 특정한 분야의 사람들과 일하는 경험을 얻을 수 있으며, 마지막으로 위험을 감수하고 어떤 일을 추진할 수 있는 용맹성을 증대시킬 수 있다(Pidgeon, 1998; 김동배, 2006: 303 재인용).

2) 기업자원봉사의 필요성

기업자원봉사는 기업 자체가 추구하는 사회경제적 목적들을 달성하게 도와줄 뿐 아니라 근로자 개인들의 기대와 욕구에도 창의적으로 반응하여 이들을 충족시키는 역할을 하고 있다. 따라서 기업자원봉사는 기업 자체가 가진 자산과 인력으로부터 최대의 효과를 창출하기 위해서, 지역사회의 이익을 위해서, 그리고 양질의 노동력과 사업 자체를 위해서 기업들간에 새로운 경쟁적 이슈로 등장하고 있다. 실증적 연구에서도(한동우 외, 2003) 기업이 사회공헌활동을 많이 할수록 그 기업에 대한 소비자의 평가는 향상되고, 자신의 회사가 사회공헌활동을 적극적으로 하고 있다고 인식하는 집단의 직장만족도가 그렇지 않은 집단에 비해 매우 높았다. 그러므로 기업의 사회공헌활동은 기업의 이미지 제고와 근무자의 직장만족도를 높여준다. 사회공헌활동 중 기업의 자원봉사는 근무자가 직접 참여하므로 이러한 효과를 더욱 높일 수 있을 것이다.

기업자원봉사는 다음의 세 가지 근본적 이유들 때문에 필요하다고 할 수 있다(조휘일, 1995: 112~114).

첫째, 기업자원봉사는 기업 자체들이 추구하는 전반적인 경제적·사회적 목적들을 달성하고 기업의 다양한 구성요원들 및 이해당사자들의 기대에 부응하는 데 있어서 가장 적절하고 효과적인 도구로서의 역할을 한다.

둘째, 기업자원봉사는 매우 어려운 인간적·사회적, 그리고 경제적 문제에 대한 해결을 열망하는 지역사회를 위해 인간적 재능과 에너지를 공급할 수 있는 근원이 된다. 기업은 다른 어느 곳에서도 얻기 힘든 특정 기술들과 전문성을 구비한 사람들로 구성되어 있으므로 자발적 의지로 참여하는 봉사의 손길을 제공할 수 있다.

셋째, 직장은 대부분의 사람들에게는 중심적 역할을 수행하기 때문에, 기업은 개인이 일생을 통해서 자기 자신과 타인을 도울 수 있는 방편으로서의 자원봉사행동을 지원하고 격려함으로써 기업이 도덕적으로 올바른 위치를 지키고, 이것은 자체의 노동인력을 강화하게 한다.

3) 기업사회봉사의 효과

기업사회봉사활동은 소비자와 지역사회 이해당사자에 대한 좋은 이미지를 보여주며 이들과의 관계개선 효과만으로도 기업자원봉사활동은 중요한 경영전략으로 인정받고 있다. 또 우수한 노동력의 확보, 교육훈련의 효과, 팀워크 개선과 인간관계기술의 습득으로 기업의 경영과 인사에도 기여하는 높은 효과를 발휘하는 것으로 평가되고 있다(Center for Corporate Citizenship, 2003; Cihlar, 2004). 보다 구체적인 기업사회봉사활동의 효과에 대해서 기업사회봉사활동이 '기업시민정신' 문화로 정착된 미국기업들의 사례연구를 통해 제시되는 주요 내용은 다음과 같다(주성수, 2005: 177~180).

(1) 부가가치와 비용절감

사회봉사는 적은 비용을 투입해서 기업경영과 실적에 높은 부가가치를 가져다주는 전략상품이 될 수 있다. 테네코(Tenneco)사의 사회봉사 임원위원회는 자사 생산품의 판매와 이미지에 영향을 미치는 사회봉사프로그램의 인력관리 및 소비자관계 중요성을 정기적으로 평가한다. 모노그램(Monogram) USA의 사회봉사담당 임원은 사회봉사의 부가가치성을 두 가지로 지적한다. 직원훈련에서 강조되는 소비자서비스 측면이 가장 직접적인 것이고, 다른 하나는 지역사회에 봉사하는 활동을 통한 간접적 소비자서비스라는 것이다.

일부 기업들은 지역사회 자원봉사를 경영활동의 필수적인 것으로 간주하고 있다. 예컨대 올스테이트(Allstate)보험사는 전 직원의 75%를 지역사회에 투입해 재난구호, 지역사회개발에 활동한 결과 경쟁사보다 더 높은 경영실적을 높였고, 직원사기에 직접적 도움을 얻었다.

'비용절감'의 측면에서는 직원교육훈련, 품질검사, 소비자고발, 광고 등에 드는 비용이 크게 절감된다는 점이다. 사회봉사활동은 조직의 구조와 직원의 태도에 커다란 변화를 주며 신뢰감과 협력의 분위기를 창출하는 효과를 낳는다. 워크숍, 연수 등의 모임을 통한 변화보다도 더 큰 실질적인 변화를 가져다주는 높은 효과성, 그런 모임에 투입되는 막대한 비용과 시간을 크게 절감하는 높은 효율성을 동시에 낳는 것이 사회봉사라는 지적이다.

(2) 양질의 인력채용과 관리

사회봉사를 양질의 노동력을 확보하고 관리하기 위한 기업경영전략으로 활용하기 위해 미국기업의 사회봉사는 사내 인력관리부처에서 담당하는 경우가 많다. 또 별도의 재교육과 훈련보다도 현장경험을 팀단위로 익히면서 보다 생산적이고 효과적인 교육훈련이 되기 때문이며 무엇보다도 직원들이 스스로 기업에 애정을 갖고 있다는 것이다.

미국의 경우 신규직원 채용에 1인당 3,450달러가 소요돼 신규채용과 기존직원 유지관리비가 기업에 커다란 부담이 되고 있다. 실증적 예를 들면 MIT, 펜실베이니아대학 워튼스쿨(Wharton School) 등 비즈니스 스쿨 출신은 직장을 선택할 때 사회봉사프로그램이 있는지를 타진하는 경우도 있다고 한다. 또 1989~1992년 기간에 IBM과 UCLA가 공동으로 조사한 156개 기업체 조사결과를 보면, 기업사회봉사가 활성적인 기업의 직원사기가 그렇지 않은 기업에 비해 3배 이상 높다고 한다. 또 직장을 찾는 사람들은 기업평판과 사회책임감이 높은 기업에서 일하기를 선호한다고 한다.

최근에 와서는 일부 기업에서 자원봉사 휴직제를 도입해 직장인들이 기업과 지역사회에 기여하는 장기적 결실을 맺기 위해 장기간 3개월~1년까지 정상급여를 받으며 지역사회 봉사기관으로 출근하고 있다.

(3) 기술습득과 직무향상

직원 개인의 태도변화, 팀워크 기술의 향상, 대인관계 기술개발 등 사회봉사활동이 가져다주는 비즈니스에 대한 혜택은 무수하며, 또 지속적으로 실시되면 누적적 효과를 낳고 있다. 1993년 11월 23일자 〈월스트리트저널〉의 보도기사는 직원의 사기증진, 동료와의 업무협력 증대뿐 아니라 전문적 관리기술의 개발을 장점으로 꼽으며 다음과 같이 소개하고 있다. 세심하게 선택된 사회봉사 경험은 잠재력이 높은 매니저들의 새로운 경력이 되고 있다. 그 경험은 훈련의 장이 되며 기업의 최고급 인력에게 증명된 훈련장이다. 3~5년가량의 사회봉사 경력이면 대부분의 기업들이 20년을 두고도 성취해낼 수 없었던 관리경력을 쌓는 효과를 낳을 수 있다.

인텔(Intel)의 사회봉사담당 임원은 사회봉사가 국제경쟁력을 키워주는 효과적 전략이라고 강조한다. 그는 "타국의 임금격차로 국제경쟁력을 키우기 위해서는 미국 노동자는 3배의 기술력을 갖춰야 하고, 3배의 교육을 받아야 하며, 3배의 적극성과 책임감을 갖춰야 한다"고 주장한다. 그에 의하면 사회봉사를 경험한 직원들이 작업현장에서 새로운 작업태도와 기술, 신선한 시각과 실천력을 발휘한다고 보고한다.

사회봉사를 경험한 직원들의 기술향상은 다음과 같이 정리되고 있다(Conference Board, 1993; Pidgion, 1998; Cihlar, 2004; 주성수, 2005: 180).

- 문서 및 구두상의 커뮤니케이션 기술
- 조직관리 및 시간관리 기술

- 인간관계 기술: 돌보고, 듣고 타협하는 기술
- 일에 대한 책임감 및 평가업무보고 기술
- 기획력, 단기 및 장기목표 설정기술
- 예산책정 및 분배기술
- 생존기술: 스트레스 관리 등

4) 기업의 사회공헌 참여모델

영리조직인 기업이 즉각적 이윤으로 환수될 가능성이 거의 없는 사회공헌활동에 참여하는 이유에 대해서는 여러 가지 설명이 있는데, 대체로 다음의 세 가지로 정리할 수 있다(사회복지공동모금회, 2003).

(1) 이타주의 모델(*The Altuistic Model*)

기업은 다른 사람을 돕고자 하는 목표를 위해 이타적 사회공헌활동을 한다. 이러한 이타주의적이고 자선적 동기에 의한 사회참여활동은 초기에 기업 차원에서 행해지기보다 기업가의 개인적 차원에서 이뤄졌다.

(2) 전략적 모델: 이윤극대화모델

기업의 사회공헌활동은 기업의 다른 기능이나 활동들과 마찬가지로 직접적인 금전적 이득을 얻기 위해 이뤄진다. 기업이 사회공헌활동을 통해 아무런 이득도 얻을 수 없다면 사회공헌활동은 해도 그만 하지 않아도 그만일 것이다. 그러나 사회공헌활동을 통해 얻을 수 있는 것들이 많고 그것이 단기적 혹은 장기적으로 기업의 이윤창출에 도움이 되기 때문에 기업들은 좋은 기업시민의 역할 등을 참여이유로 들면서 사회공헌활동에 참여하게 된다.

(3) 전략적 모델 : 정치적·제도적 권력모델

기업의 사회공헌활동이 전략적 차원에서 동기화된다는 점에서는 이윤극대화모델과 유사하다. 기업은 혜택을 극대화하기 위해 사회공헌활동에 참여하지만, 이는 투자에 대한 반대급부를 형성하기 위해서가 아니라 정치적 제도적 관점에서 권력을 잡고 정통성을 얻기 위해서 사회공헌활동에 참여한다. 이 모델에 따르면 기업의 사회공헌활동의 목표는 정치적 환경에서 문제가 있는 행위자들을 포섭하여 기업 편으로 끌어들일 뿐 아니라, 정부의 간섭이 증가하는 데 대한 대안으로서 사적 주도력을 세움으로써 기업의 자율성을 보호하는 데 있다(남기철, 2007: 320~321).

2. 기업사회공헌과 자원봉사의 현황

1) 우리나라 기업사회공헌과 자원봉사의 현황

(1) 기업사회봉사의 발달

우리나라 기업의 사회공헌활동은 1960년대에는 자선적 성격이 강조되었다. 1970년대 들어와서 경제성장이 본격화되면서 일부 기업재단이 설립되어 준조세 성격의 비자발적 기부는 증가하게 되었으나, 사회공헌활동과 관련하여 두드러진 발전은 없었다. 1980년대 민주화 시기를 거치면서 과거 장학재단중심에서 사회복지에 중점을 둔 기업재단이 설립되기 시작하였다. 1990년대 들어와서 지역사회 문제에 대한 관심이 증대되고, 대기업을 중심으로 자원봉사단이 발족되기 시작되었다. 이 당시까지만 하더라도 그동안 정부의 경제성장정책과 대기업 위주 성장으로 인한 기업에 대한 반기업적 정서 확대와 맞물려 기업의 비자발적이며 자율성이 거의 없는 사회공헌활동이 주를 이렀다.

우리나라의 기업들도 다양한 형태의 사회공헌활동을 전개하고 있으며 특히 최근에는 사원들의 자원봉사활동을 조직화하여 지원하는 기업자원봉사에도 많이 나서고 있다.

1990년대 중반 이후 기업 차원에서의 자원봉사활동이 활발하게 나타났다. 삼성의 경우 1994년 사회봉사단을 창설하였고, 1995년에는 자원봉사 코디네이터제도를 도입하였다. 주식회사 우방은 자원봉사활동조직인 '사랑으로 사는 사람들'이란 모임을 1996년 5월에 창설하였다. 산업은행은 1996년 3월에 기업 내 자원봉사조직으로 '산은가족 자원봉사단'을 조직하였다. 국민은행은 1998년 5월 '국민은행 사회봉사단'을 창설하여 매주 급식과 청소 등 활동을 전개하였고, 2002년 교보생명보험(주)이 교보다솜이 사회봉사단을 창단하여 봉사활동 휴가제도(근무시간중 봉사활동인정) 등을 도입하여 실시하고 있다. 2000년대는 공익연계마케팅, NGO 파트너십 등의 사회공헌활동 선진화 노력이 계속 추진되고 있다.

기업의 사회봉사활동에 대한 체계적이고 구체적인 실현은 IMF구제금융 이후 시작되었다.

(2) 기업의 사회공헌 지출현황

기업의 사회공헌 현황을 전국경제인연합회 2007년 사회공헌활동 실태조사(매출액 상위 5백대 기업) 결과를 중심으로 살펴보면 다음과 같다.

① 사회공헌비용 총지출 규모

2007년 전국경제인연합회 사회공헌활동 실태조사(매출액 상위 5백대 기업)에 응답한 208개 기업은 사회공헌활동에 총 1조 9,556억 4천2백만 원을 지출한 것으로 나타나 2006년(1조 8,048억 천6백만 원)에 비해 8.4% 증가한 것이며, 2005년(1조 2,284억 3천2백만 원)에 비해서는 39.4%나 증가된 것이다. 또한 응답기업들의 각 기업별 평균사회공헌비용은 94억 2백만 원으로 2006년 89억 7천9백만 원에 비해 4.7% 증가한 것으로 나타났다.

이와 같이 기업사회공헌활동의 지출규모가 지속적으로 증가하는 것은 우리 기업들의 사회공헌활동에 대한 관심과 노력이 증대되고 있음을 반영하는 것이다. 아울러 기업들이 사회공헌활동을 부수적 경영활동 또는 여유자원의 대외기부로 간주하던 것에서 벗어나, 경영전략의 한 축으로 보고 이에 대한 적극적 활동을 펼치고 있음을 시사해준다.

② 기업의 기부동기

전국경제인연합회가 2007년 6월에 실시한 〈기업의 기부활동에 대한 의견조사〉 결과에 따르면, 〈표 18-1〉과 같이 '기업시민으로서의 사회적 책임을 이행하기 위해'라고 응답한 기업비중이 64.3%를 차지한 것으로 나타났다. 이는 기업의 사회적 역할에 대한 인식이 점차 높아지고 있다는 점을 보여준다.

그 다음으로 "기업의 이미지를 개선하고 기업가치를 높이기 위해", "기업의 사회적 책임을 중시하는 사회적 분위기 때문에"라는 응답이 높게 나타났다. 이러한 기업기부동기에 대한 인식변화는 기업들이 기부활동을 사회적 투자로 여기고, 전략적 사회공헌활동으로 전환되고 있음을 보여준다.

기업기부의 동기 3순위로는 "임직원들의 자긍심과 충성도를 높이기 위해"가 차지했는데, 이는 매칭그랜트 등 최근 임직원이 참여할 수 있는 기부제도의 확산과 연관성이 있는 것으로 보인다. 즉, 기업 임직원들의 가치관도 사회성을 중시하는 분위기로 변화되고 있으며, 이에 따라 사회공헌활동 참여비율도 높아지는 것으로 분석된다.

이와 같은 기부활동을 포함한 기업의 사회공헌활동은 임직원과 나눔문화를 공유함으로써 이직률 감소, 결속력이 강한 조직문화형성, 임직원 자부심 고취에도 긍정적 영향을 끼치는 것으로 조사되었다.

한편 '세제혜택을 받기 위해' 기부활동을 한다고 응답한 기업은 거의 없어, 기업의 기부동기에 대한 사회의 일반적 인식과는 크게 다른 것으로 나타났다.

〈표 18-1〉 기업의 기부동기

(단위: %, 개사)

기업의 기부동기	1순위	2순위	3순위
기업시민으로서 사회적 책임을 이행하기 위해	64.3 (99)	17.5 (27)	9.1 (14)
기업의 이미지를 개선하고 기업가치를 높이기 위해	26.6 (41)	44.8 (69)	14.3 (22)
기업의 사회적 책임을 중시하는 사회적 분위기 때문에	2.6 (4)	22.1 (34)	27.3 (42)
임직원들의 자긍심과 충성도를 높이기 위해	0.6 (1)	7.8 (12)	31.2 (48)
CEO의 의지 때문에	1.9 (3)	5.2 (8)	9.7 (15)
세제혜택을 받기 위해	1.9 (3)	0.6 (1)	4.5 (7)
기타	1.3 (2)	1.3 (2)	2.6 (4)
무응답	0.6 (1)	0.6 (1)	1.3 (2)
계	100.0 (154)	100.0 (154)	100.0 (154)

자료: 전국경제인연합회, 2007.

③ 분야별 기업의 기부현황

분야별 기부추이를 살펴보면, 〈표 18-2〉와 같이 교육·학교·학술연구분야, 사회복지분야, 그리고 문화예술 및 체육분야가 2000년 이후 지속적으로 상위를 유지하고 있다. 2007년에는 전년도에 다소 큰 폭으로 감소했던 사회복지분야에 대한 기부비중이 다시 증가하여 29.9%를 기록하였으며, 교육·학교·학술연구분야, 문화예술 및 체육분야에 대한 비중도 소폭 증가한 것으로 나타났다.

국제구호활동분야의 기부비율은 지난해 특별한 국제적 재난재해피해가 없었음에도 불구하고 전년 대비 약 0.4%포인트 증가한 것으로 나타났다. 이는 국내문제뿐만 아니라 제3세계 식수지원 및 교육지원 문제 등에 관심을 갖고 다양한 글로벌 사회공헌활동을 펼치는 기업들이 늘기 때문인 것으로 분석된다.

한편 기업들이 주로 자원봉사형태로 사회공헌활동을 지원하는 농촌지원활동, 환경보전분야에 대한 기부비율은 전년 대비 감소하였다.

〈표 18-2〉 분야별 기부비율 추이

(단위: 금액기준 %, 복수응답)

분야	2002년	2004년	2005년	2006년	2007년
교육·학교·학술연구	40.1	42.6	45.1	34.8	36.4
사회복지	15.7	41.0	37.2	19.6	29.9
문화예술 및 체육	14.5	9.1	7.4	13.8	14.9
의료보건	0.7	2.2	2.1	12.1	9.1
농촌지원활동	-	-	-	9.0	0.6
환경보전	1.0	0.7	1.6	2.7	0.9
응급 및 재난구호	5.4	1.3	1.5	2.3	1.3
국제구호활동	0.9	0.6	2.3	0.3	0.7
기타	14.6	2.4	2.8	5.3	6.2

주: 해당항목 응답기업 198개사 기준.
자료: 전국경제인연합회, 2008: 71~72.

(3) 기업의 사회공헌활동 추진 사내제도 도입현황

① 사회공헌활동 사내제도 정비현황

2007년 응답기업 208개사의 '사회공헌활동을 위한 체제정비 및 도입현황'은 대부분의 항목에서 50% 이상의 도입률을 기록하여, 우리 기업이 사회공헌활동 추진을 위한 내부 시스템정비에 대한 노력을 지속적으로 기울이는 것으로 나타났다.

응답기업(208개사)의 79.3%가 '사회공헌활동에 대한 예산제도'를 도입하였고, 67.8%가 '경영방침에 사회공헌활동을 명문화'한 것으로 조사되었다. 또한 '지역사회 활동촉진운동과 매칭기프트제도를 도입·실시'하는 기업도 각각 66.3%, 62.5%를 차지하였으며, '전담자의 전문성 제고 프로그램'을 도입한 기업은 54.8%, '전담부서를 설치'한 기업은 55.8%, 그리고 '내부모니터링시스템 도입기업'은 50.0%로 나타났다.

〈표 18-3〉 2007년 사회공헌활동 추진 사내 체제정비 비율

(단위: %)

체제정비 내용	비율
전담 또는 담당자의 구성	81.7
사회공헌활동에 대한 예산제도	79.3
경영방침에 사회공헌활동을 명문화	67.8
지역사회활동 촉진운동	66.3
매칭기프트제도	62.5
전담자의 전문성 제고 프로그램	54.8
내부 모니터링시스템	50.5
사회공헌 추진관련 사내위원회 등의 설치	47.6
기타 제도의 도입	28.4

자료: 전국경제인연합회, 2008: 76.

〈표 18-4〉 2007년 사회봉사활동 촉진제도 도입비율

(단위: %)

사회봉사활동 촉진제도	비율
전사 차원 봉사조직	71.2
사회봉사활동자 표창제도	52.9
봉사활동 교육프로그램	47.1
사회봉사활동자 등록제도	45.7
봉사활동 휴가제도	43.8
기타 봉사촉진제도	49.5

자료: 전국경제인연합회, 2008: 78.

② 기업의 사회봉사활동 촉진제도 도입현황

2007년 응답기업들 중 71.2%가 전사 차원의 봉사조직을 갖춘 것으로 조사되어, 기업사회공헌활동이 이제 관련부서에만 국한되지 않고 전사 차원의 활동으로 자리잡은 것으로 나타났다.

또한 임직원의 봉사활동을 적극 장려하는 문화가 확산되는 것으로 보인다. 응답기업의 절반 이상인 52.9%가 우수 봉사활동자에 대한 표창제도인 '사회봉사활동자 표창제도'를 도입하였으며, '봉사활동 교육프로그램'을 도입한 기업은 47.1%, '사회봉사활동 등록제도'를 도입한 기업은 45.7%를 차지하였다.

2006년에 비해[1] 각 사회봉사활동 촉진제도별 기업의 도입비율이 모두 증가하였으며, 이러한 증가추세는 2000년 이후 지속되고 있다. 이는 임직원들의 사회봉사활동을 촉진하는 제도들이 기업의 사회공헌활동을 위한 대외 이미지 제고라는 외부적 효과뿐만 아니라 임직원

1) 2006년 사회봉사활동 촉진제도 도입비율(202개사 응답기준): 전사 차원 봉사조직 도입률(69.7%), 봉사활동 교육프로그램(39.5%), 봉사활동 휴가제도(40.5%), 사회봉사활동 표창제도(48.7%), 사회봉사활동자 등록제도(44.6%), 기타 봉사촉진제도(37.4%).

들의 애사심 향상과 역량개발 등 내부적 측면에도 긍정적 효과를 가져오기 때문인 것으로 분석된다.

(4) 기업의 임직원 사회봉사활동 참여율

① 기업의 임직원 사회봉사활동 참여율

〈표 18-5〉와 같이 2007년 응답기업의 71.3%가 임직원 사회봉사활동에 참여하는 것으로 나타났다. 전체 임직원의 76% 이상이 참여하고 있다고 응답한 기업이 전체의 33.7%를 차지하여 가장 많았으며, 51~75% 이하로 참여한다는 기업들이 13.5%로 그 뒤를 이었다.

2004년 이후 전체직원의 76% 이상이 봉사활동에 참여한다고 응답한 기업수가 꾸준히 증가하는 것으로 나타났다. 이러한 추세는 각 개

〈표 18-5〉 2007년도 사회봉사활동 임직원 참여비율

(단위: %, 개사)

구분	2004년	2005년	2006년	2007년
없음	97 (46.6)	93 (44.7)	9 (4.5)	8 (4.5)
1~25% 이하	23 (11.3)	20 (9.9)	32 (16.0)	25 (14.0)
26~50% 이하	22 (10.6)	18 (8.8)	27 (13.5)	18 (10.1)
51~75% 이하	19 (9.4)	21 (11.1)	15 (7.5)	24 (13.5)
76~100%	21 (10.3)	41 (19.1)	67 (33.5)	60 (33.7)
모름/무응답	26 (12.5)	13 (6.3)	50 (25.0)	43 (24.2)

주: 해당항목 응답기업 기준(2004년 208개, 2005년 208개, 2006년 200개, 2007년 178개).

자료: 전국경제인연합회, 2008: 81.

별기업 임직원들의 봉사활동에 대한 참여율이 점차 증가하고 있음을 반영해준다.

(5) 해외법인 사회공헌활동 현황

최근 기업의 글로벌 경영이 활성화되는 추세에 발맞춰 우리 기업들도 해외 각국에서 성숙한 기업시민으로서의 책임을 다하기 위해 글로벌 사회공헌활동을 전개하고 있다. 국경을 초월한 이러한 기업의 노력은 다양한 현지밀착형 사회공헌활동 전개를 통해 해당지역의 사회문제를 해결하고, 나아가 글로벌 기업으로서의 위상을 높이는 데 일조한다. 최근에는 국내기업들도 글로벌 사업을 추진함에서 현지화 전략의 일환으로 사회공헌활동을 경영전략에 접목하여 추진하는 전략적 글로벌 사회공헌활동을 모색하고 있다.

〈표 18-6〉과 같이 208개의 해당항목 응답기업들 중 22.1%가 '해외 현지법인과 글로벌 본사주체 간의 연계활동'을 통해 추진하고 있으며, 17.8%는 '현지법인의 독자적 사회공헌활동'을 추진하는 것으로 나타났다.

또한 '공통테마에 따라 각 법인의 독자적 활동'을 진행하거나 '재단설립을 통한 활동'을 진행한다고 응답한 기업수도 지난해에 비해 늘어난 것을 고려해 볼 때, 우리 기업의 글로벌 사회공헌활동의 방식이 점차 다양화되는 것으로 분석된다.

한편 2006년에 비해 해외법인이 '사회공헌활동을 추진하지 않고 있다'고 응답한 기업들은 다소 감소하여 12.5%를 기록하였다.

(6) 기업사회공헌활동 저해요인

사회공헌활동을 추진할 때 내부적 저해요인으로 전문성의 부족(19.5%)을 가장 많이 지적했다. 이는 전략적 사회공헌활동을 추진하는 기업들이 늘어남에 따라 전문적 지식과 접근방법을 토대로 자사의

〈표 18-6〉 해외법인의 사회공헌활동 추진방식

(단위: %)

구분	2006년	2007년
현지법인: 글로벌 본사주체 간 연계활동	19.6	22.1
각 지역 현지법인의 독자적 활동	28.8	17.8
공통테마에 따라 각 법인의 독자적 활동	1.4	3.4
각 지역에 재단설립을 통해 활동	0.0	0.5
해외법인 사회공헌활동 실시하지 않음	17.5	12.5
해외법인 없음	33.6	40.9
기타	0.0	2.9

주: 해당항목 응답기업 기준(2006년 148개사, 2007년 208개사).
자료: 전국경제인연합회, 2008: 83.

〈표 18-7〉 기업사회공헌활동 내부 저해요인

(단위: %, 복수응답)

저해요인	비율
전문성의 부족	19.5
담당인력의 부족	18.8
사회공헌업무에 대한 정보부족	15.5
사회공헌에 대한 이해부족	12.2
전담부서의 부재	10.9
예산부족	9.3
부서간 협조부족	9.0
CEO 관심부족	1.0
기타	3.8

주: 해당항목 응답기업(208개사) 기준.
자료: 전국경제인연합회, 2008: 80.

특성에 맞는 사회공헌활동을 개발·추진하려는 담당자들의 고민과 노력이 증대되기 때문으로 풀이된다.

담당인력의 부족과 전담부서의 부재를 지적한 기업은 전년에 비해 소폭 감소한 18.8%와 10.9%를 기록한 것으로 볼 때, 전담부서 설치 등 사회공헌을 위한 사내 인프라 구축의 노력이 가시화되고 있음을 알 수 있다. 응답기업들은 이밖에도 사회공헌업무에 대한 정보부족(15.5%), 사회공헌에 대한 이해부족(12.2%) 등을 저해요인으로 꼽았다.

(7) 기업·기업인 사회봉사활동 현황

한편 기업·기업인이 설립한 기업재단(120개 재단조사)의 사회봉사활동 현황을 보면 다음과 같다(전국경제인연합회, 2008).

① 재단의 주요 목적사업

2007년 전체응답 기업재단의 주요 목적사업은 대부분 교육(76.6%), 사회복지(46.9%), 문화(28.1%)로 전년과 비슷한 수준을 나타냈다.[2] 언론, 환경, 농촌분야는 각각 3.1%를, 정보와 체육분야는 각각 1.6%를 차지하는 것으로 조사되어 기업재단의 주요 목적사업은 여전히 교육, 문화, 사회복지분야에 집중된 것으로 밝혀졌다. 이는 우리나라의 최초 재단설립이 교육분야에서 시작된 만큼, 교육은 출연기업에서 가장 필요를 많이 느끼는 분야이기 때문인 것으로 판단된다. 반면 기업재단이 사회복지와 문화부문에 많은 사업을 펼치는 것은 그 만큼 사회적 필요와 요구가 다른 분야에 비해 상대적으로 높기 때문인 것으로 분석된다(〈표 18-8〉 참조).

2) 2006년 주요 목적사업별 현황: 교육(72.6%), 사회복지(46.8%), 문화(27.4%), 언론(4.8%), 환경(3.2%), 농촌(3.2%), 체육(1.6%), 기타(7.8%).

② 재단의 자산규모 현황

2007년 기준 총자산액은 5조 1,880억 770만 원으로 2006년에 비해 23.8% 증가하였고, 평균 자산액은 823억 5천만 원으로 전년 대비 21.8% 증가한 것으로 나타났다. 2003년 이후 응답기업재단의 총자산액 및 평균 자산액은 지속적으로 증가추세를 보이고 있다(전국경제인연합회, 2008: 97).

자산규모 20위 기업재단을 보면 〈표 18-10〉과 같다.

〈표 18-8〉 주요 목적사업별 현황

(단위: %, 복수응답)

목적사업	비율	목적사업	비율
교육	76.6	사회복지	46.9
문화	28.1	언론	3.1
환경	3.1	농촌	3.1
정보	1.6	체육	1.6
기타	7.8		

자료: 전국경제인연합회, 2008: 94.

〈표 18-9〉 총자산액 추이

(단위: 백만 원)

연도	재단수	총자산액	연도	재단수	총자산액
2003	73	2,172,460	2004	75	2,952,189
2001	71	2,058,619	2005	78	3,532,090
2002	73	2,464,422	2006	62	4,192,038
2003	69	2,344,274	2007	63	5,188,077

주: 2004년 75개 재단 기준(무응답 5개 제외), 2005년 78개 재단기준(무응답 2개 제외), 2007년 63개 재단기준(무응답 2개 제외).

자료: 전국경제인연합회, 2008: 97.

〈표 18-10〉 2007년 자산규모 20위 기업재단

(단위: 백만 원)

순위	재단명	출연기업	설립년도	자산총액	사업비	설립시 자산
1	아산사회복지재단	현대	1977	1,610,596	1,104,471	5,000
2	삼성생명공익재단	삼성	1982	1,379,400	624,667	3,700
3	재단법인 삼성문화재단	삼성	1965	555,800	49,733	11,500
4	(재) 농협문화복지재단	농협중앙회	2004	400,378	12,032	40,000
5	재단법인 LG연암문화재단	LG	1969	176,190	10,390	784
6	롯데장학재단	롯데	1983	147,541	2,875	500
7	포스코청암재단	포스코	1971	142,616	6,690	60
8	(재) 연강재단	두산	1978	80,654	2,699	64
9	(재) 신한장학재단	신한	2006	51,400	997	50,000
10	금호아시아나문화재단	금호	1977	50,123	7,256	200
11	재단법인 호암재단	삼성, CJ, 새한	1997	41,242	4,182	5,000
12	(재) 고촌재단	종근당	1973	36,176	1,443	20
13	동부문화재단	동부	1989	34,979	2,723	1,500
14	재단법인 송원문화재단	동국제강	1996	33,790	516	3,000
15	사회복지법인 LG복지재단	LG	1991	33,776	4,069	1,000
16	재단법인 삼성복지재단	삼성	1989	31,600	8,308	10,200
17	한국고등교육재단	SK	1974	30,641	11,060	55
18	(재) 서암학술 장학재단	태영	1989	30,300	1,563	100
19	재단법인 대교문화재단	대교	1991	28,047	3,039	400
20	재단법인 오운문화재단	코오롱	1981	27,781	3,117	269

주: 2007년 조사에 응답한 기업재단에 한함.
자료: 전국경제인연합회, 2008: 99.

〈표 18-11〉 사업분야별 참여율

(단위: %)

구분	2007	2006
교육·학교·학술연구	74.6	78.7
사회복지	46.0	44.3
문화예술 및 체육	23.8	24.6
의료보건	12.7	13.1
국제구호 및 교류활동	4.8	11.5
응급 및 재난구호	9.5	6.6
환경보전	4.8	3.3
기타	33.3	18.0

자료: 전국경제인연합회, 2008: 106.

③ 기업재단의 분야별 참여율

2007년 기준으로 사업분야별 참여율은 교육·학교·학술연구분야가 74.6%로 가장 높고, 그 다음은 사회복지(46.0%), 문화예술 및 체육(23.8%) 분야 순으로 나타났다. 상기 세 분야는 기업재단의 주요한 목적사업인 만큼 전통적으로 참여율이 가장 높은 분야이나, 2007년에는 사회복지분야를 제외한 두 분야에 대한 참여율이 전년 대비 소폭 감소한 것으로 나타났다.

한편, 응급 및 재난구호(9.5%), 환경보전(4.8%)에 대한 참여는 전년 대비 증가하여, 기업재단의 사업분야가 점차 다양화되는 것으로 보인다.

2) 외국의 기업자원봉사 현황

(1) 미 국

기업사회공헌과 자원봉사활동이 가장 활발한 나라로는 미국을 들 수 있다. 1970년대 이후 사원자원봉사활동을 기업들이 제도적으로 뒷받침하는 경향이 두드러지게 나타났다. 이는 주로 근무시간 내 자원봉사활동의 인정, 자원봉사휴가제 도입 등과 관련된다. 1980년대 레이건 행정부 시기에는 기업체 직원들의 자원봉사활동 시간을 현금으로 환산하여 세제혜택을 주고 해당기업에도 세제혜택을 부여하였다. 그후 기업자원봉사협의회(CVC)의 전국조직인 전국기업자원봉사협의회(The National Council on Corporation Volunteering)가 결성되었다(최일섭 외, 1996).

1992년 미국의 촛불재단이 454개 대기업들을 상대로 조사한 바에 따르면, 응답기업 중 91%가 자원봉사활동 유공자에 대한 표창제도를 가지고 있었고, 87%가 사내홍보를 통해 지역사회 자원봉사활동을 유도하고 있었다. 또 임직원들에게 지역사회기관 이사회에 참여토록 격려하고(68%), 사장이 지지를 보이며(72%), 근무일에 자원봉

〈표 18-12〉 미국 기업의 자원봉사 프로그램 현황

(단위: %)

내용	예	아니오
자원봉사 프로그램을 갖고 있다	85	15
프로그램을 갖고 있는 기업 중		
자원봉사팀의 조직	69	31
자원봉사시간 공식인정	40	60
기업 간부의 대여출장	29	70
금전적 인센티브제도	44	56
표창 등의 인정제도	77	23
연례적 우수자 시상제	50	50

자료: Center for Corporate Citizenship, 2003.

사활동을 허가하는(68%) 등 여러 가지 방법으로 자원봉사활동을 권장하고 있었다(김동배, 2006: 306).

미국은 사회적 투자평가 잣대로서 중요성이 부각되고 있다. 미국에서는 기업사회공헌활동이 기업에 대한 투자여부 및 투자 정도를 결정하는 중요한 척도로 인식되는데, 그것은 사회공헌활동으로 이익이 더욱 증가할 수 있으며, 또한 주주와 이해관계자들의 이익으로 환원되기 때문이다. 또한 우수한 사회공헌활동을 하는 기업들은 공공정보기관에 의해 선정되어 투자자들에게 확실한 투자정보로 제공되고 있다. 미국 뉴욕증시의 다우존스가 선정하는 "다우존스 안정성지수"(*The Dow Jones Sustainability World Index*)에는 사회공헌 실적이 매우 중요한 비중을 차지하고 있다(전국경제인연합회, 2008: 46).

한편 보스턴대학의 기업시민정신연구소(Center for Corporate Citizenship, 2003)가 141개 기업 사회공헌 간부들을 대상으로 한 조사결과 전체 85%가 기업 차원에서 자원봉사프로그램을 갖고 있다고 답했다. 자원봉사팀을 조직하고 있고, 자원봉사활동을 인정하고 표창하는 기업들이 2/3 수준을 넘는다. 나아가 일부 기업들은 자원봉사활동시간을 근무시간으로 인정하는 제도를 갖고 있고, 임원을 비영리단체에 대여해 주는 출장제를 운영하며, 자원봉사활동시간만큼 금전적 인센티브를 제공하는 기업들도 적지 않다(주성수, 2005: 182).

① 분야별 사회공헌활동의 지출비용

2006년에 응답한 기업(112개소)의 사회공헌활동분야를 보면 보건·사회복지서비스가 31%로 가장 많고 그 다음이 교육분야로 25%이며, 응답기업이 가장 적게 지원한 프로그램분야는 환경으로 3%만을 기부하였다.

〈표 18-13〉 분야별 총기부액의 평균비율

(단위: %)

분야	지역사회 및 경제개발	문화 및 예술	교육	환경	보건 및 사회복지	시민 및 공익	기타
비율	14	8	25	3	31	7	12

자료: 전국경제인연합회, 2008: 786.

② 기부동기

기부의 동기는 다음의 기부결정에 대한 기대에 의하여 이뤄진다.

가. 자선적 성격: 이것은 비즈니스상의 이익을 거의 혹은 전혀 기대하지 않는 수동적 지역사회 기부이다. 예를 들어, 복권판매, 매칭기프트 프로그램, 현물 배급업자에게 주는 대량 기부 등이 있다.

나. 전략적 성격: 비즈니스의 장기적 성공과 아울러 지역사회의 니즈에 부합하는 능동적 기부이다. 기업의 강점과 수혜기관의 중점분야가 일치하며 기업과 비영리기관이 장기적 관계를 수립하는 경우가 많다.

다. 상업적 성격: 기업의 이익이 기부의 주된 이유인 사회공헌활동이다. 예로는, 클라이언트나 고객의 요구를 충족시키기 위한 기업, 자선행사 후원, 대학 학과지원 등이 있다.

2004년부터 2006년까지의 기부동기에 대한 데이터를 시간에 따라 추적해 보면, 기부가 점점 전략적 성격으로 변하며, 따라서 자선적 성격과 상업적 성격의 기부는 점차 줄어들고 있음을 알 수 있다.

〈표 18-14〉에서 보듯이, 이 그룹 가운데 전략적 성격의 기부는 2004년 총기부금액의 38%에서 2006년에는 총기부금액의 48%로 증가하였다. 이 데이터는 조사에 참여한 많은 기업들이 2006년에 자신

〈표 18-14〉 기부동기의 변화

(단위: %, N=45)

구분	자선	전략	사업
2006년	40	48	12
2005년	46	41	13
2004년	46	38	16

주: 비교대상기업세트.
자료: 전국경제인연합회, 2008: 801.

들의 기업 기부프로그램을 검토했다는 사실을 반영하는 것일 수 있다.

월마트 스토어 Inc.의 전략적 현지기부

전국의 4천 개 이상의 매장에서 1억 2천 7백만 명 이상이 매주 장을 보는 월마트는 단연 미국의 최대 소매업자이다.

작고한 월마트 창립자 샘 월튼(Sam Walton)의 "세계적으로 영업하고 현지에서 환원하라"는 철학에 따라 월마트는 혼합된 사회공헌활동정책을 개발했다. 기업 본사 예산에서 기부금을 지원함으로써 현지매장이 지역사회의 요구에 부응할 수 있는 재정적 힘을 실어준다는 것이다.

2006년 월마트는 미 전역의 지역사회 지원에 2억 7천만 달러 이상을 기부했다. 기업의 기부는 대부분 현지에서 이뤄지며 각 매장의 예산규모는 매장이 위치한 지역의 연간매출에 비례하여 계산된다.

월마트는 본사 밖에 있는 집단에 재량껏 사용할 수 있는 사회공헌활동자금을 제공함으로써, 필수소비재 업종의 큰 추세를 대변하고 있다.

국내에서 월마트는 연례 '올해의 교사'(*Teacher of the Year*) 프로그램과 같은 사업에 집중하고 있으며, 이외에도 구세군, 어린이의 기적 네트워크(*Children's Miracle Network*: 어린이병원 네트워크), 유나이티드 웨이(the United Way: 비영리 금고), 미국의 두 번째

추수(*America's Second Harvest*: 남은 음식 나눔 운동) 등을 지원하고 있다.

지역단위에서는 지방마다 자금을 우선적으로 지원해야 하는 분야가 매우 다르다는 것을 알게 되었다. 그러나 일반적으로 월마트 매장은 학교나 기타 유소년 대상 기관을 지원한다.

지역에 매장이나 샘스 클럽(Sam's Club)을 새롭게 열 때마다 월마트는 개장행사에 맞춰 추가로 특별 사회공헌 프로그램을 후원한다.

지역매장에 기부기회 선별방법을 알려주기 위해 월마트는 인트라넷 사이트에 관련정보를 계속 업데이트하며, 주요 프로그램 상세 매뉴얼을 모든 매장에 배포하고, 신규매장이나 클럽 매니저를 대상으로 교육을 실시한다. 이와 같은 노력으로 지역예산이 가능한 한 최상의 결과가 나올 수 있는 대상에게 돌아가게 되는 것이다.

기업의 사업을 지역의 맞춤화된 기부와 결합한 월마트의 사회공헌활동 프로그램은 기업의 45년간의 빠른 성장과 발맞춰 나가며 어려움을 극복하면서도, 기업이 영업하는 다양한 지역사회의 특수한 필요에 부응했다.

③ 자원봉사 현황

가. 기업의 유급자원봉사 파견시간 및 근무시간 외 자원봉사

조사응답자의 대다수(90%)가 최소한 한 가지 공식적 국내자원봉사 프로그램을 가지고 있었고 42%는 최소한 한 가지 공식적 국제자원봉사 프로그램을 가지고 있었다(N=125).

이 조사에서는 근무시간중에 직원이 자원봉사를 하는 시간(이 경우 직원은 근무시간에 자원봉사를 하고 보수를 받는다)과 근무시간 외에 자원봉사를 하는 시간(직원의 개인시간에 하는 자원봉사로 회사에 시간당 비용이 청구되지 않는다)을 구분하였다.

〈표 18-15〉와 〈표 18-16〉의 통계는 2006년 조사에 발표된 것이다(N=123).

〈표 18-15〉 기업의 유급자원봉사 파견시간

(단위: %)

내용	비율
"유급자원봉사 파견시간"(*Paid Releast Time*) 자원봉사정책 또는 프로그램을 가지고 있다.	34
"유급자원봉사 파견시간"을 추적할 수 있는 공식시스템을 보유하고 있다.	24

자료: 전국경제인연합회, 2008: 793.

〈표 18-16〉 기업의 근무시간 외 자원봉사

(단위: %)

내용	비율
기업은 공식 "근무시간 외 자원봉사" 프로그램을 제공한다.	37
기업은 "근무시간 외 자원봉사" 시간을 추적할 수 있는 공식시스템을 가지고 있다.	32

자료: 전국경제인연합회, 2008: 793.

〈표 18-17〉 2006년 "가장 성공적인" 국내 및 국제자원봉사 프로그램

(단위: %)

프로그램 종류	국내(N=95)	국제(N=41)
자원봉사 표창	61	66
역량개발	59	51
봉사의 날	49	59
이사회 리더십 프로그램	33	20
차출 간부(*Loaned Executives*)	12	5
유급안식년	6	5

자료: 전국경제인연합회, 2008: 795.

나. "가장 성공적인" 자원봉사 프로그램

기부전문가들은 자원봉사 표창, 역량개발 프로그램, 기업 전체 봉사의 날이 가장 성공적이었고, 유급안식년이 가장 성공하지 못한 프로그램이라는 점에 의견을 같이했다.

그러나 〈표 18-17〉에서 순위가 낮다고 해서 프로그램의 가치가 낮고 따라서 권장할 것이 못 된다는 의미는 아니다. 왜냐하면 어떤 프로그램은 그 프로그램을 운영하는 기업이 적기 때문에 아무리 성공적이더라도 높은 순위에 오르기는 불가능하기 때문이다.

④ 기업의 사회공헌 전담직원 배치

기부 전문가들이 CEO와 정기적으로 만나 기업의 사회공헌활동 의무와 목표 포트폴리오를 논의하는 모습을 어렵지 않게 볼 수 있다. 또한 기업들이 자사의 자선철학이 조직 전체에 더 깊이 스며들도록 노력하면서 다른 내부그룹이 행동을 취하고 공동의 사회공헌활동 프로젝트에서 협력하도록 동기를 부여하는 기부담당자들의 언변이 점점 좋아지고 있다.

그러나 사회공헌활동 전략을 수집하고 시행하는 과정에 각종 기업 내의 다양한 사람들이 관여하게 된다. 지역사회에 대한 투자와 자원봉사 프로그램을 전담하는 사람들 외에도 마케팅, 인적 자원, 홍보, 기타 유사 부서가 참여할 수 있다. 많은 기업들이 지사장이나 본사 외부에서 기업을 대표할 수 있는 사람들이 자금을 배분하도록 독려하고 있다. 이러한 환경에서는 기업의 사회공헌활동이 직원이 해야 하는 수많은 업무의 일부일 때가 많다.

⑤ 국제적 기부

전 세계에 흩어져 있는 수혜자들을 대상으로 활동하는 기관에 2004년에는 전체 기부금의 9.6%를 기부하였으나, 2006년에는 이 비율이 12.9%로 증가하였다. 2006년에는 제조업체들이 총기부금액의 평균 17.9%를 해외에 기부했으며, 이는 서비스업종의 평균인 3.9%와 대조적이었다(전국경제인연합회, 2008: 755).

〈표 18-18〉 2006년 기업 직원수 그룹별 기부전담직원수 중앙값

기업 직원수(명)	기부전담직원수 중앙값
100,000 이상(N=31)	23.0
50,001~100,000(N=21)	7.0
30,001~50,000(N=16)	11.5
20,001~30,000(N=16)	6.5
10,000~20,000(N=19)	7.0
10,000 이하(N=21)	3.0

자료: 전국경제인연합회, 2008: 796.

〈표 18-19〉 2006년 포춘 100대 기업의 다양한 국내 및 해외 자원봉사 프로그램 채택수준

(단위: %)

구분	국내(N=50)	해외(N=25)
자원봉사 표창	72	72
달러스 포 두어스[1]	52	52
탄력적 스케쥴링	52	48
가족자원봉사	48	56
팀 기부금	48	36
유급휴가	46	44
퇴직자 자원봉사	38	32
인센티브 보너스	2	0

주: 1) Dollars for Doers: 직원들이 봉사활동을 수행한 단체에 기업이 재정지원.
자료: 전국경제인연합회, 2008: 775.

⑥ 포춘 100대 기업의 국·내외 자원봉사 프로그램 채택비율

전형적 포춘 100대 기업은 포춘 100대 기업에 속하지 않는 전형적 일반기업보다 연간 2배를 기부하는데, 국·내외 자원봉사 프로그램 채택비율은 〈표 18-19〉와 같다.

자원봉사 표창이 가장 많고, 달러스 포 두어스, 탄력적 스케쥴링, 가족자원봉사, 팀 기부금, 유급휴가, 퇴직자 자원봉사, 인센티브 보너스 등의 순으로 나타났다.

〈표 18-20〉 분야별 사회공헌활동의 지출비율

(단위: %)

구분	분야별 기부금 지출비율(추계)	
	2005년도(363개사)	2006년도(363개사)
사회복지	5.4	5.0
건강·의학	6.2	6.0
스포츠	7.4	5.8
학술·연구	14.2	20.3
교육·사회교육	16.1	15.8
문화·예술	16.1	13.2
환경	10.8	9.3
사적·전통문화 보존	0.7	0.6
지역사회활동	10.2	8.5
국제교류·협력	2.6	3.2
재해피해지 지원	1.9	1.6
방재마을 조성 지원	0.3	0.1
인권	0.1	0.3
NPO 기반형성	0.3	0.3
정치기부	1.4	1.7
기타	6.3	8.3

자료: 전국경제인연합회, 2008: 729.

(2) 일 본

① 사회공헌비용 총지출규모

일본의 2006년도 사회공헌활동 지출총액(응답기업 393개사)은 1,786억 엔으로 집계되었다(전국경제인연합회, 2008: 727).

② 분야별 사회공헌활동의 지출비율

2006년도 지출총액에서 차지하는 분야별 지출액(추계)[3] 비율은 전체로는 학술·연구, 교육·사회교육, 문화·예술, 환경, 지역사회활동 순으로 많았다.

③ 사회공헌활동촉진을 위한 사내체제·제도도입 상황

2006년도에 도입된 사회공헌활동을 촉진하기 위한 제도는 158건으로 전체 건수의 14.5%를 차지한다. 특히 '기본방침의 명문화', '전문부서 혹은 전임담당자의 설치', '사내 수평적 조직설치'의 증가가 현저했다. CSR에 대한 노력이 강화되는 가운데 '사회공헌활동도 그 일환'으로 체제가 정비되고 있음을 시사했다(〈표 18-21〉 참조).

④ 사원의 자원봉사활동에 대한 지원

2006년도에 도입된 '사원의 자원봉사·사회공헌활동을 지원하기 위한 제도'는 57건으로 전체의 9.0%였다.

특히 자원봉사 휴직제와 휴가제가 도입·시행되고 있다. 이렇게 기업이 직원 봉사활동을 지원하는 이유는 첫째, 지역사회를 중요한 이해관계로 간주하기 때문이고, 둘째, 직원들이 원하기 때문이며, 셋째, 직원 봉사활동이 사회와의 연결고리가 되기 때문으로 보고 있다(주성수, 2005: 186).

---

3) 분야별 지출총액(추계): 각사의 분야별 비율을 근거로, 각 분야의 지출총액을 추계한 것으로 실제금액과는 다르다.

〈표 18-21〉 사회공헌활동 추진을 위한 제도

(단위: 개사, 건수)

구분	~ 1990	1991 ~ 1993	1994 ~ 1996	1997 ~ 1999	2000 ~ 2002	2003 ~ 2005	불 명	2006 신규 도입	합계
기본방침의 명문화	18	28	13	29	36	97	0	47	268
전문부서 또는 전임담당자의 설치	27	31	16	17	16	94	87	39	327
사업소별 사회공헌담당자 설치	4	5	5	10	11	13	24	9	81
사내 수평적 추진조직 설치	10	11	6	8	11	78	0	30	154
외부전문가가 포함된 조직설치	3	1	0	2	1	4	0	1	12
예산제도 도입	24	16	10	9	13	32	69	18	191
금액환산 규정설정	4	5	6	2	7	10	0	4	38
기타	1	3	1	0	0	1	0	10	16
도입 총계	91	100	57	77	95	329	180	158	1,087

자료: 전국경제인연합회, 2008: 745.

〈표 18-22〉 사원의 자원봉사·사회공헌활동을 촉진하기 위한 제도

(단위: 개사, 복수응답)

구분	~ 1990	1991 ~ 1993	1994 ~ 1996	1997 ~ 1999	2000 ~ 2002	2003 ~ 2005	불명	2006 신규 도입	합계
자원봉사 휴직제도	3	29	15	14	4	12	0	6	83
청년 해외협력대 참가제도	12	26	23	3	5	10	0	2	81
자원봉사 휴가제도	3	30	38	28	19	39	0	12	169
자원봉사 활동자 표창제도	9	12	2	7	6	14	1	9	60
자원봉사 활동자 등록제도	0	3	6	5	7	15	0	5	41
자원봉사 연수제도	0	6	4	2	3	1	0	1	27
퇴직자 자원봉사 지원제도	0	0	1	2	4	6	1	0	14
매칭·기프트 자금지원제도	1	10	8	8	8	34	0	8	77
지역공헌활동 촉진운동	5	10	8	6	7	31	2	14	83
도입총계	33	126	105	75	63	172	4	57	635

주: 2005년 조사결과를 바탕으로 2006년 신규도입건수를 추가.
자료: 전국경제인연합회, 2008: 747.

일본 특유의 조직화된 기업주도 형식의 자원봉사 프로그램을 운영하는 미쓰비시상사는 현재 동호회적 성격의 'Volunteer 구락부'와 국내외 100여 개 지사에 사회공헌팀을 운영하고 있다. 주요 자원봉사 프로그램으로 미혼, 이혼모들을 위하여 모자가정을 초청, 임직원들과 '모자 자연교실'이라는 캠프를 17년간 실시하고 있다. 내셔널파나소닉 제품으로 유명한 일본 마쓰시타전기 역시 기업의 사회적 책임으로 유명한 회사다. 이 회사의 자원봉사는 가능한 한 노조의 자율에 맡기고 있으며, 회사는 노조가 운영하는 볼런티어 클럽을 지원한다.

3. 기업자원봉사의 문제점

1) 자원봉사에 대한 올바른 인식부족

자원봉사에 대한 기업 차원의 확고한 정책이 부재한 경우가 많다. 이처럼 자원봉사에 대한 기업 차원의 정책이 수립되지 않는 한, 기업의 자원봉사가 실행될 가능성은 거의 없으며, 설사 기업의 자원봉사가 실행된다 할지라도 계속 유지되기는 쉽지 않다. 왜냐하면 기업의 주목적이 이윤추구에 있다는 점에서 기업 차원의 정책과 연결되지 않은 기업활동은 불안정하며, 언제든지 중단될 가능성을 안고 있기 때문이다.

2) 기업자원봉사 전담기구 미설치 및 전담인력 부족

기업의 자원봉사를 공식적 정책으로 결정하는 것 못지않게 기업자원봉사의 성공에 중요한 요소는 이를 수행하는 기업의 공식조직과 담당자를 지정하는 일이다. 그러나 우리나라의 경우 자원봉사 전담기구를 두는 기업은 26%에 그치고 있다.

4. 기업자원봉사의 활성화 과제

1) 경영층의 기업자원봉사의 개념정립과 확고한 정책수립

기업에서 자원봉사활동을 중요한 사업으로 추진, 전개하기 위해서는 우선적으로 '왜 기업이 자원봉사활동을 해야 하는지'에 대한 개념정립이 이뤄져야 한다. 그후 경영진에 건의하여 회사의 정책으로 채택되어야 한다. 자원봉사체험이 임직원의 인성개발과 사회를 인식하는 데 도움이 된다는 것을 자원봉사교육을 통해 인식시켜야 한다. "기업의 사회공헌활동은 직접적 이익에는 관계가 없지만 기업의 존속과 시장의 양질화(良質化)라는 장기적 시점에서 받아들인다면 큰 이익을 가져 온다." 즉, '계몽적 자기이익'(*enlightened self-interest*)이라는 이념이 있다(박태영, 2008: 418).

2) 기업에 공식적 자원봉사 전담기구 및 전담인력 배치

기업의 자원봉사 전담기구의 기능은 자원봉사자의 모집, 교육, 홍보, 프로그램 개발, 평가를 비롯하여 자원봉사자 배치, 인정 및 보상과 같은 업무를 수행하는 것이다. 전담기구의 설치가 여의치 않을 경우에는 기업 내의 기존부서 중 하나를 지정하여 자원봉사업무를 부서의 업무로 설정할 수도 있을 것이다. 그러나 이러한 경우에도 자원봉사 전담인력을 반드시 배치해야 한다.

3) 외부단체와의 연계 및 공동프로그램 참여

자원봉사활동은 지역사회 문제에 대하여 주인의식과 책임의식을 갖는 데서부터 시작된다고 할 수 있다. 따라서 지역사회 내의 다른 단체나 기관과의 연계나 협조체제 구축은 필수이며 여러 기관이나 단체가 연합하여 시행하는 공동프로그램이 있으면 적극적으로 참여해야 할 것이다. 이렇게 할 때 자원봉사활동의 효과를 극대화할 수 있음은 물론, 회사 내 자원봉사 관련 조직이나 담당자의 업무능력 향상과 봉사프로그램의 질적 향상에도 크게 기여할 수 있다.

4) 자원봉사 지원제도 수립 및 확대

자원봉사에 참여하는 직원에 대한 지원제도가 수립 및 확대되어야 한다. 이는 자원봉사자에 대한 기업의 공식적 인정과 활동홍보, 봉사활동 경비지원, 기금마련, 우수봉사자, 우수팀 포상, 자원봉사자 유급휴가, 휴직제도와 같은 지원제도가 자원봉사활성화에 중요한 요소가 된다.

5) 기업자원봉사활동 경비지원을 위한 매칭기프트(*matching gift*)제도 도입

원칙적으로 자원봉사활동에 소요되는 경비는 자원봉사자 개인이 부담하는 것이 타당하다. 그러나 자원봉사자가 기업의 이름이나 기업자원봉사일 경우에는 봉사활동에 소요되는 경비를 기업에서 부담해 주기를 기대하게 된다. 그러나 기업에서 자원봉사활동을 장려하는 목적이라 하더라도 경비 전액을 지원하는 것보다는 자원봉사자 개인과 매칭하는 것이 봉사활동의 성과를 높이는 방법이 될 수 있다.

매칭기프트제도의 도입은 자원봉사활동에 홍보도 될 수 있으며 임직원의 관심이나 참여도를 높이는 방법이 될 수 있다. 임직원 매칭의 방법은 임직원의 출연이나 급여 우수리 공제, 사무실의 동전모금, 바자회 등과 같은 다양한 방법으로 이뤄질 수 있으며, 임직원 매칭과정 자체가 자원봉사에 대한 분위기를 조성하는 효과도 얻게 되어 기업자원봉사활동에 기여하게 될 것이다(삼성경제연구소, 2004; 최덕경 외, 2006: 350).

6) 기업의 특징을 반영한 프로그램 개발

기업의 '대표 프로젝트'나 '대표 프로그램'의 개발이 중요하다. 기업의 마케팅 포인트, 임직원 특성과 욕구, 지역사회의 문제점과 기업에 바라는 점의 세 가지 측면에 대한 연구와 기획을 통해서 기업의 대표 자원봉사 프로그램을 개발해야 한다. 특히 이는 명확하게 지역사회의 욕구로 표현될 수 있어야 하며, 지역의 협동사업으로 수행되는 프로젝트에 참여한다. 협동적 프로젝트에 많은 기업들이 함께 참여함으로써 기업끼리의 연대감을 쌓는 것도 바람직할 것이다(송인주, 2003: 121~122).

7) 업종별 지역사회 사회공헌 네트워크 구축

대기업들은 대부분 각개전투식으로 자사만의 사회공헌 프로그램을 운용하는 것이 현실이며, 유사한 프로그램을 개별적으로 운영하기 때문에 효과가 미약한 경우가 발생하는데, 실질적 효과를 위해서 협력 아이템으로 인식을 전환할 필요가 있다.

업종별로 산업특성과 업황이 유사하기 때문에 각 업종에 따라 상호협력 프로그램을 운영하는 것은 타당성이 있으며, 전략적 사회공헌의 추세에도 부합된다. 즉, 업종별로 대응해야 할 공통의 사회적 이슈(환경, 소비자 정보보호 등)가 있기 때문에 협력할 동기가 존재하며, 전략적 사회공헌의 개념에서 알 수 있듯이 고유의 역량과 자원을 활용해서 지역사회에 기여할수록 그 영향력이 증대하며, 업종별 공동 캠페인을 통해 자원을 모아서 집중하면 보다 효과적이다(조홍식, 2008: 50).

8) 전략적 홍보강화

우리나라에서는 경제·사회발전 측면에서 기업이 지대한 역할을 했음에도 불구하고 기업에 대한 사회적 인식은 긍정적이지만은 않다. 그 이유를 사회 측면에서 찾을 수도 있지만, 기업과 사회와의 건전한 관계형성을 위한 기업의 노력이 다소 미흡했다는 점에서도 찾을 수 있다. 그러므로 기업자원봉사활동의 홍보는 자칫하면 '생색내기'로 비춰지고 전혀 안하면 기업이미지 제고에 도움이 되지 않으므로 조심성 있게 해야 한다. 기업이미지는 광고로 만들 수 있지만 평판은 돈으로 살 수 없다. 가장 좋은 방법은 민간단체들과의 파트너십을 형성하여 공동노력을 하고 파트너들과 수혜대상자들이 대변토록 하는 간접홍보이다.

제19장

전문직의 자원봉사

1. 전문직 자원봉사의 의의와 필요성

전문직은 일반적으로 대학 및 대학원 교육과정 수준의 정규교육 또는 훈련을 필요로 하는 직무능력으로 정의되며, 준전문직은 기술전문교육과정 수준의 직무능력으로 정의된다. 여기서 입법자, 고위임직원 및 관리자와 군인 등의 전문직업군은 전문직과는 별도로 구분되고 있다.

따라서 전문직 자원봉사자는 해당분야의 기술전문교육과정 수준 정도 이상의 교육 또는 훈련을 받은 사람으로 체계적 지식, 권위, 자율성 등의 전문직 속성과 이타성, 무보수성, 자발성, 연대성 등의 자원봉사자 속성을 가진 사람을 의미한다고 할 수 있다. 즉, 전문직 자원봉사자는 그의 전문성을 활용하여 사회복지시설·기관을 포함하는 지역사회에서 자원봉사활동을 하는 사람을 의미한다.

최근 전문직 자원봉사활동에 대한 기대와 증가는 다음과 같은 시대적 요청에 기인된다. 첫째, 노인, 장애인, 아동 등 요보호대상자의 증가는 사회복지서비스에 대한 수요를 증가시켰을 뿐 아니라 더불어 자원봉사자 수급위기를 초래하였다. 따라서 이에 대한 대응으로 새로운 공급자 개발이 절대적으로 필요한 시점이다. 그 중 전문가들은 자원봉사활동에 유리한 많은 장점을 가지고 있음에도 불구하고 지금까지 조직적으로 체계적인 활동으로 연결되지 못하고 있어 자원봉사기관의 측면에서 보면 매력 있는 대상자이다. 둘째, 서비스 수혜자의 양적 증대와 더불어 대인서비스 증가, 서비스 욕구의 다양성 등으로 서비스의 다양화와 개별성이 요구되면서 서비스제공에 필요한 전문적 기술이나 지식을 소유한 자원봉사자의 개입은 서비스 질과 관련해 필요불가결한 요소가 되었다.

전문직 자원봉사활동의 의의와 필요성은 다음과 같다(김영호 외, 2006: 288~289; 박태영, 2008: 424).

첫째, 전문직 자원봉사는 전문적 지식과 기술을 활용함으로써 사회복지서비스 확대와 질적 향상이 가능하다. 전문직이 가진 전문지식과 기술은 인간의 기본적 필수욕구를 보다 효과적으로 충족할 수 있으므로 이들의 자원봉사활동이 갖는 영향은 매우 크다고 할 수 있다.

둘째, 전문직 자원봉사자들은 시간적·경제적 여유가 있고 시간에 대한 통제력을 소유하고 있어 자원봉사자로서 활동하기에 유리한 조건을 가지고 있을 뿐 아니라 지역사회에서 부수적으로 가질 수 있는 활동력, 설득력이 문제해결에 필요한 인적·물적 자원을 동원하는데 효과적으로 작용한다. 예를 들면, 보통 토요일 오후의 경우 도시에는 의사가 없는 경우가 많고 구급차로 어디로 가야 하는지를 모르는 경우가 많지만 전문직 봉사자는 각자의 분야에서 통하는 네트워크가 있기 때문에 그러한 자원봉사자 조직은 다양화와 개별화에 대응할 수 있는 매뉴얼이 된다.

셋째, 전문직 자원봉사는 전문적 기술과 지식을 활용하므로 사회복지서비스의 질적 향상과 확대를 유도할 수 있는 활동이다. 전문직이 가진 전문지식과 기술은 인간의 기본적 필수욕구를 보다 효과적으로 충족할 수 있으므로 이들의 자원봉사활동이 갖는 파급성은 매우 크다고 할 수 있다.

넷째, 전문직 자원봉사자는 사회계층을 통합한다. 이들은 건전한 가정생활과 직업생활을 유지할 가능성이 높은 계층으로 대체로 건전한 상식과 사회적 능력을 가지고 있어 서비스 대상자와의 원만한 관계형성 및 유지를 통하여 사회계층간의 통합에 이바지 할 수 있다.

2. 전문직 자원봉사의 현황

전문직 자원봉사에 대한 조사나 연구는 특정 전문직을 중심으로 다소 산발적으로 연구되어 그 실태파악에 어려움이 있다.

한국사회복지협의회(1988) 조사에 의하면 조사대상자 직업은 학생이 40.5%로 가장 많고 의료인 6.7%, 종교인, 법조인, 일반 공무원, 교직자 및 자영업자들은 2~3% 정도로 전문직 자원봉사자는 10%가 채 되지 못했다(김영호 외, 1996).

한국사회복지관협회의 1999년 조사에 의하면, 전문직 자원봉사자 수는 전체 자원봉사자 수 115,787명 가운데 의사·약사가 3,821명(3.3%), 변호사가 347명(0.2%), 이·미용사가 6,831명(5.8%), 전문기술인이 3,358명(2.9%) 수준이었다. 그러나 2004년 조사에서는 전체 자원봉사자 수가 164,385명으로 1999년 조사보다 41% 정도 증가하였으며, 전문직 자원봉사자의 수도 의·약사 등을 포함하는 의료인 5,170명(20.0%), 법조인 559명(2.2%), 전문기능인 4,214명(16.3%) 등으로 증가하고 있음을 보여주고 있다. 그러나 종합사회복지관에서 전문직 자원봉사자는 아직까지 부족한 상황이다(민정순, 2004: 38).

반면 행정안전부가 의뢰한 볼런티어 21(2008) 조사에 의하면 사무기술직, 경영관리직, 전문자유직과 같이 전문적이거나 기술적 능력이 필요한 봉사에 종사하는 자원봉사자는 21%로 나타났다. 또한 한국사회복지협의회(2008) 조사는 전문자원봉사자가 12.4%로 낮게 나타났다. 이러한 결과는 전문자원봉사자의 참여율이 높지 않지만 점차 높아지는 추세에 있음을 보여준다.

3. 전문직 자원봉사의 활성화 과제

전문직 자원봉사활동의 활성화 과제를 전문직 자원봉사자의 가치인식과 활동의미 부여, 다양한 프로그램 개발, 홍보방법 개선, 직업별 활동지도 방법의 개발, 인정·보상 측면에서 살펴보면 다음과 같다(박태영 외, 2008: 428~431; 배기효 외, 2008: 343).

1) 전문적 자원봉사자에 대한 가치인식과 활동의미 부여

전문직 자원봉사가 사회복지서비스의 질적 향상을 가져오고 사회계층의 통합을 가져오고 있음을 전문직 자원봉사자에게 인식시키고 활동의 의미를 부여해야 한다.

2) 전문직 자원봉사자를 위한 다양한 프로그램 개발

전문가가 자원봉사활동에 참여하는 방법은 직접적 서비스 제공뿐 아니라 자원이나 관리 등 간접적 방법까지 여러 가지가 있다. 또한 개별적 활동보다는 이미 연대감이 형성된 같은 전문직 종사자들로 집단을 구성하는 방법이나 다양한 전문가들을 하나의 팀으로 구성하여 활동하는 방법도 좋은 방법일 것이다. 특히 후자의 경우 타 전문직과 교류 등을 통해 다른 전문직에 대한 이해와 더불어 새로운 만남을 위한 교류의 장이 되어 심리적 만족감을 줄 수도 있다. 또한 전문가라고 해서 꼭 자신의 전문분야에 국한된 활동프로그램이 아니라 자신의 전문기술이나 지식을 응용하여 활용할 수 있는 부분이 훨씬 더 매력적 요소가 될 수 있다. 예를 들어, 의사라고 해서 꼭 의료적 행위에만 배치할 것이 아니라 그들의 욕구나 관심분야, 재능을 파악해 그들의 본업과 상이한 활동에 연결해 준다면 자신의 잠재능력을 발휘하면서 더욱 즐거운 활동이 될 수 있을 것이다.

3) 홍보방법의 개선

전문직 자원봉사자를 모집하기 위해서는 기존의 언론매체를 통한 모집방법을 탈피하여 전문직 협회, 대학 학과, 학회, 연구모임 등을 직접적으로 접촉하여 다양한 모집통로를 개발하는 것이 중요하다. 그리고 이들 단체의 소식지, 인터넷 홈페이지를 활용하여 홍보하거나 보다 적극적으로 관련단체의 회원명부를 지원받아 개인적으로 E-mail을 보내는 방법 등도 고려해 볼 수 있다.

4) 직업별 활동지도 방법의 개발

전문직 자원봉사활동의 적합성 향상을 위한 참가단위별 혹은 직업별 활동지도 방법이 개발되어야 한다. 이를 위해 참가단위별, 특히 전문직 협회단위의 활동참가를 적극적으로 활성화할 필요가 있으며, 직업별 활동지도 혹은 유사직업간의 모임구성을 통한 활동지도 방식을 개발하는 것도 필요하다. 유사직업간의 모임구성은 타 전문직과의 새로운 만남에서 생기는 심리적 만족감과 같은 이점이 있으므로 많은 인원이 자원봉사활동에 참여하는 준전문직종에 우선 적용해 볼 수 있을 것이다.

5) 전문직 자원봉사자들의 유입을 위한 인정·보상체계 개발

전문가들은 사회에 공헌해야 한다는 도덕적·윤리적 부담감을 갖지만 이미 자신의 직업생활 속에서 사회에 공헌하고 있다고 생각하고 실제 자원봉사활동에 인색한 경우도 있다. 따라서 이들을 활동으로 유도하기 위한 다양한 장려책이 개발되어야 한다. 예를 들어, 노인한방자원봉사자로 등록한 한의사에게는 그들의 고객에게도 이러한 사실을 알려 주기 위해 활동사진이나 기록 등을 제공하거나 자원봉사활용기관에서 인정하는 어떤 증표를 주는 것도 하나의 방법이 될 것이다. 이러한 것은 지역주민에게 홍보가 되어 전문가에 대한 신뢰를 더 높일 수 있을 뿐 아니라 전문가로 하여금 책임감을 갖고 지속적인 활동을 할 수 있도록 하는 촉진제가 될 것이다. 또한 활동한 전문가에 한해서는 세금감면 등의 혜택이 제공되어야 하겠다.

제 4 부

객체별 자원봉사의 실제

객체별 자원봉사의 실제는 자원봉사의 대상과 분야 전체를 의미하는 것으로 자원봉사자들이 자원봉사활동을 통해서 다양한 복지서비스를 제공하려는 인적 · 물적 대상을 말한다. 자원봉사활동을 필요로 하는 대상과 분야는 매우 다양하고, 사회가 발달하고 변동하는 과정에서 새롭게 생겨나기도 한다.

자원봉사활동을 활동의 장과 대상, 과업의 성격, 개입방법에 따라 구분해 보면, 활동의 장은 국제, 지역사회, 사회복지시설, 학교, 병원 등으로 나뉘며, 활동의 대상은 아동, 청소년, 노인, 장애인 등으로 나뉜다. 과업의 성격은 직접적 원조, 예방적 활동, 전문적 활동, 일반적 활동 등으로 나뉘며, 개입방법은 직접적 개입(대부분의 활동이 해당)과 간접적 개입(이사/위원으로 활동)으로 나뉜다.

이처럼 자원봉사활동의 대상은 매우 다양한데, 이 책에서는 자원봉사자로써 활동을 원하는 모든 사람들에게 자원봉사활동을 이해시키고 어떤 대상자에게 자원봉사활동을 하는 것이 효과적인지 이해를 돕고자 수혜대상자별 자원봉사활동 프로그램을 소개하고자 한다.

제20장

아동을 위한 자원봉사

1. 아동의 특성

아동은 일반적으로 다음의 특성을 가지고 있다(장인협, 1993: 3~6; 표갑수, 2005: 27~28 재인용).

① 아동은 일반적으로 성인이나 노인에 비교할 수 있는 말로 심신이 미성숙한 상태이고, ② 아동은 인간의 전 생애 중에서 여러 성숙단계를 거쳐서 성장·발달하며, ③ 아동은 다른 어떤 포유동물보다도 장기간에 걸쳐 의존·보호를 받아야 하고, ④ 아동은 생리적 욕구와 인격적 욕구가 함께 충족되어야 하며, ⑤ 아동은 매우 민감하여 가정을 시초로 점차 사회화되고, ⑥ 아동은 사회적 인간으로 성장하기 위하여 사회환경에 적응할 수 있는 능력을 학습해야 한다. 이렇게 아동에 대한 특성을 여러 가지로 구분할 수 있겠지만 크게 보아 다음의 몇 가지로 나눌 수 있다.

1) 의존성과 보호

의존은 아동기의 가장 중요한 특징의 하나로 아동의 생존과 신체적·지적·사회적 발달을 위해 타인들의 사랑이나 관심 또는 보호에 의존한다. 아동들은 부모가 있을 경우에는 더욱 바람직하겠지만 자립할 수 있을 때까지는 누군가에게 의존해야만 건전하게 성장발달할 수 있게 된다. 아동은 안전하고 사랑을 받고 있으며, 또는 누군가에게 소속되고 의존하고 있다는 감정을 지니고 싶어 한다.

2) 성 숙

미성숙단계에서 성숙단계로 옮겨가는 과정이 바로 아동기이다. 이 때 아동은 아동 자신의 개인수준에 따라 각 성장단계에 적절하게 자기의 생활상황에 대처하면서 신체나 정신뿐만 아니라 필요한 이해력, 기능 또는 능력 등을 발전시키게 된다. 그러므로 아동은 격려와 지도를 필요로 하며 자기수준에 알맞은 지식, 기술, 행동방식 및 가치 등에 관한 학습의 기회를 필요로 한다.

3) 민감성

아동기는 감정이 매우 예민하고 강렬한 시기이다. 아동은 그의 욕구나 원망에 대한 만족을 즉각적으로 얻기 원하며, 시간을 두고 참고 기다릴 줄 모른다. 아동들의 욕구에 대한 계속적 실패는 불안과 불신 또는 자신의 세계관을 왜곡시키는 적개심 등을 조성하여 결국은 냉담과 퇴행에 이르게 된다.

4) 욕 구

인간의 기본적 욕구는 생리적 욕구와 인격적 욕구로 구분된다. 호흡, 식욕, 고통을 피하려는 욕구, 휴식, 수면 등의 생리욕구는 아동기에 가장 필요한 욕구이다. 또한 정신적·심리적·인간적 욕구인 인격적 욕구가 필요하다. 즉, 모든 아동들은 가정에서나 사회 내에서 각기 인간다운 애정을 얻고, 이웃 아동들의 틈에 끼이고, 자립하며, 인정받고 싶어 하고, 새로운 경험 등을 얻고 싶어 한다. 결국 아동은 생리적 욕구와 인격적 욕구의 충족을 원하는 존재라 말할 수 있다.

5) 적 응

아동기는 자기의 힘만으로는 환경에 잘 적응할 수 없다. 이는 인간으로서의 독립된 생활을 가능케 하는 사회적응을 학습해야 하는 시기이다. 생물학적 기관의 성장만으로는 인간으로 적응해 나갈 수 없다. 아동에게 정신적·신체적 발달과정을 통하여 사회생활에 적응할 수 있는 능력을 키워주지 않는다면 훌륭한 사회적 인간으로 성장하지 못할 것이다. 따라서 부모나 사회로부터 많은 교육과 지도가 필요하다.

2. 아동의 문제

1960년 이후 오늘날까지 사회·경제적 변화, 특히 고도의 경제성장 정책에서 빚어진 병리적 현상으로부터 아동을 건전하게 보호해야 할 필요성이 시급한 과제 중의 하나가 되었다(표갑수, 2002: 262~264 재인용).

1) 가족해체

가족해체는 넓게는 통합, 충성심, 합의, 가족단위의 정상적 기능의 붕괴 등 가족결속의 파괴를 의미하고, 좁게는 별거, 이혼, 유기, 사망 등으로 혼인관계가 파괴되거나 또는 부부 가운데 한 사람의 장기간 부재로 결손가족이 되어 가족이 구조적으로 불안정한 상태를 말한다. 이 중에서 가장 대표적 가족해체의 하나가 이혼이다. 이혼은 아동양육의 책임과 역할을 모호하게 만들며 이러한 상황에서 건전한 아동발달이 어려워진다.

2) 핵가족화

아동문제 유발요인은 핵가족의 경향이다. 산업화가 진전되면서 청소년들은 토지중심의 대가족 생활양식에서 주거와 직장이 분리되면서, 부모-자녀중심의 핵가족 형태로 이행할 수밖에 없었다. 이러한 핵가족화 현상으로 가족간의 상호 영향력을 감소시켰고 자녀수의 감소로 형제자녀 간 상호 돌볼 수 있는 정서가 결여되고 조부모나 친척 등이 손자손녀를 돌볼 수 있는 기대도 어려워졌다.

3) 여성취업

자녀를 가진 특히 영유아기의 자녀를 가진 여성취업이 급격히 증가하고 있다. 취업모의 증가현상은 가족의 경제수준을 향상시키려는 이유도 있지만 여성의 일과 사회진출에 대한 의식의 변화이기도 하다.

이러한 여성의 사회진출로 아동들이 정서적으로 건전하게 성장할 수 없다는 것을 보울비(Bowlby)는 모성결여에 관한 연구에서 이미 입증한 바 있다(장인협 · 오정수, 1993: 31). 결국 여성의 사회진출은 불가피한 현상이기도 하지만 아동의 발달상의 결함을 초래하여 결국 아동문제를 유발케 하고 있다.

4) 한부모가족

지난날의 요보호 모자가족의 경우는 경제적으로 자녀양육이 어려운 빈곤가정이 대상이 되었으나, 오늘날에는 어머니의 사회활동과 취업으로 인한 아동양육의 대체기능이 문제가 되고 있다. 더욱이 어머니의 경우는 본래의 역할인 가사나 육아의 역할 외에 세대주로서의 책임이 가중됨으로써 상당한 압박감을 받아 스트레스 상태에 빠지기 쉽다. 역할의 과부담은 긴장의 연속이며, 아동에게 미치는 영향이 매우 갈등적 상황이 될 수 있다. 모자가족에는 정서적 안정의 상실, 자녀의 양육이나 교육의 문제, 자녀들이 동일시할 대상을 상실하는 데에서 나오는 제반문제들이 야기될 수 있다.

5) 미혼모와 그 자녀

서구의 개방적이고 선정적인 성문화의 도입과 가치관의 변화로 청소년의 무분별한 혼전성관계나 성폭력이 증가하면서 미혼모의 수가 증가하고 있다. 미혼모는 사회적 은닉성이라는 특성으로 그 실태를 정확하게 파악하기가 어려운 실정이다. 미혼모는 아이와 관련하여 그의 모성역할에 현실적 어려움을 많이 경험하게 된다. 특히 아동양육을 위한 재정적 지원, 즉 생활비, 의료비, 주거할 장소 및 법적 보호 등에서 어려움을 겪고, 이러한 열악한 환경이 아동문제를 초래하는 원인이 된다.

3. 요보호 아동의 특성

모든 아동이 자원봉사활동의 대상이 되지만 특히 자원봉사자의 도움이 더욱 절실한 요보호 아동의 특성을 살펴보고자 한다.

요보호 아동은 욕구결핍 아동과 사회문제 아동으로, 이를 살펴보면 다음과 같다(김영모, 1984: 13; 표갑수, 2002: 265~266 재인용).

1) 욕구결핍 아동

① 소득욕구: 빈곤아동, 실업아동
② 건강욕구: 영양실조아동, 질병아동, 장애아동
③ 교육욕구: 미취학아동, 재수생, 학교중퇴자
④ 주거욕구: 시설아동, 가출아동, 부랑아동, 무직청소년
⑤ 문화욕구: 문화실조아동, 자폐아동

2) 사회문제 아동

① 구조적 문제: 빈곤아동, 근로아동
② 해체적 문제: 결손가정 아동, 빈민촌 아동, 기아·가출아동, 학대아동
③ 탈선적 문제: 비행아동, 성격결함아동, 약물남용아동

이러한 욕구결핍과 문제아동 중에서도 방임·학대, 유기, 질병, 약물남용 아동을 우선적으로 보호하여야 할 것이다. 장인협은 요보호 아동의 대상을 다음과 같이 지적하고 있다(장인협·오정수, 1993: 128).

① 양육환경에 문제가 있는 아동(결손가정의 아동, 학대받는 아동, 유기나 무관심의 대상이 된 아동, 보호·양육이 결핍된 아동)
② 신체적, 정신적, 정서적으로 문제나 장애를 가진 아동
③ 가출아동, 비행아동과 같이 사회적·법적 보호를 요하는 아동
④ 미혼모와 그 자녀와 같이 특별보호를 요하는 아동

이러한 요보호 아동들을 위해서는 상담과 심리적 지지, 학습지도 등의 교육지원, 자율성 강화와 건전한 여가선용지도, 사회성 향상을 위한 사회활동 지원, 보호활동 등의 자원봉사활동이 요구된다.

4. 아동을 위한 자원봉사활동의 필요성과 프로그램

1) 아동을 위한 자원봉사활동의 필요성

자율성을 지닌 존재이면서 또한 성인에게 보호받아야 하는 의존적 존재로서의 아동은 적절한 영양과 양육보호, 의사표현을 통한 자기 결정권 등 건전한 성장·발달을 이뤄야 한다. 그러나 현대사회의 발전에 따른 산업화, 도시화, 핵가족화 등의 급격한 사회변동은 가족기능의 해체와 가족이기주의의 팽배를 야기시켰으며, 전인교육의 부재로 대표되는 잘못된 교육제도와 방식은 건전하게 성장·발달해야 할 우리의 아동들을 열악한 사회문화환경 속에 밀어 넣고 있다.

이러한 열악한 환경 속에 처한 아동들에게 가정과 공식적 교육체제만으로는 건강하고 밝은 성격형성과 이타적 가치관 확립에 대해 기대하기가 어렵다. 자원봉사자들과의 바람직한 집단경험의 기회를 제공함으로써 올바른 사회화를 유도하고 원만한 대인관계를 갖도록 도우며 건전한 사회인으로서 성장할 수 있도록 도움을 주어야 한다.

2) 아동을 위한 자원봉사활동의 프로그램

아동을 위한 자원봉사활동 프로그램은 〈표 20-1〉과 같이 직접적 활동과 간접적 활동으로 구분할 수 있다(한국사회복지협의회 자원봉사 프로그램백과 ③, 1977: 20~21).

(1) 직접적 활동

자원봉사자들이 대상에게 직접적 개입을 행사하는 것을 직접적 활동이라 한다. 아동을 대상으로 하는 자원봉사활동 중 직접적 활동은 다음과 같은 것들이 있다.

- 아동의 보호서비스: 유기 혹은 고립된 아동들을 대상으로 한 탁아봉사 및 영유아보호시설의 아동보호
- 아동의 학습·기능습득의 장, 특히 결손가정의 아동을 대상으로 지도봉사활동과 어린이 공부방에서의 봉사활동, 시설아동들에게 컴퓨터 및 어린이 한자교실지도 활동
- 헌책, 장난감 등을 수집하여 자매결연 아동에게 보내는 등 교육자료 제공
- 초등학생들의 야영보조 활동, 종이접기교실 등과 같은 기능교육지도
- 결손가정, 다문화가정 등 경제적·심리적·사회적으로 어려운 환경에 처해 있어 보다 각별한 보호 및 지도를 요하는 불우아동을 대상으로 하는 가족결연맺기운동을 전개하여 가족체험 경험

(2) 간접적 활동

자원봉사자들이 대상에게 직접적 개입을 행사하기보다는 한 조직 내의 중요한 구성요소인 이사나 위원으로서 활동하거나 각종 복지사업의 정책수립이나 재원확보 및 조직의 유지와 발전을 위한 개입활동

〈표 20-1〉 아동을 위한 자원봉사활동 프로그램

구분	종류	내용
직접적 자원봉사	상담	▪ 또래상담 ▪ 전화상담 ▪ 가족상담 ▪ 학교부적응아동 상담지도 ▪ 문제행동 및 다문화가정 아동 상담지도
	심리적 자립	▪ 정서지도 ▪ 요보호아동 결연 ▪ 결손가정아동 지도 ▪ 실직가정 및 다문화가정 아동 심리
	교육지원	▪ 아동 컴퓨터 지도 ▪ 학습부진아동 지도 ▪ 아동 교육프로그램 지도 ▪ 아동 공부방 학습지도 ▪ 아동 자원봉사자를 위한 교육 ▪ 다문화가정 아동의 학습지도
	여가선용 지도	▪ 취미교육 ▪ 동아리활동 지도 ▪ 캠프활동 보조 ▪ 레크리에이션 지도 ▪ 독서지도 ▪ 전통문화놀이 지도
	사회활동 지도	▪ 동반외출 ▪ 농촌활동 지도
	보호활동	▪ 일일 위탁부모 ▪ 방과후 아동보호 지도 ▪ 보육시설아동 돌보기 ▪ 영 · 유아보호시설아동 돌보기
간접적 자원봉사	업무보조	▪ 아동단체 · 시설 업무보조 ▪ 아동 숙박시설(수련장) 업무보조
	초청 및 방문	▪ 사회복지시설 방문조사
	조사활동	▪ 유해문화환경 조사 · 감시
	정보제공	▪ 자원봉사활동 정보지도 제작 ▪ 아동을 위한 지역사회신문 제작
	캠페인	▪ 가출아동공동체 건립 및 운영을 위한 바자회 ▪ 소년소녀가정을 위한 음악회 ▪ 낙도 아동을 위한 도서 및 장난감 보내기 캠페인 ▪ 결식아동을 위한 사랑의 빵 나누기 모금 ▪ 저소득가정 아동의 교육비 지원을 위한 물품기증 바자회 ▪ 아동학대 예방 및 신고 캠페인

자료: 한국사회복지협의회 자원봉사프로그램백과 ③, 1997: 22를 저자가 추가 · 재구성.

등을 전개하는 것을 간접적 활동이라 한다. 아동을 대상으로 하는 자원봉사활동 중 간접적 활동은 다음과 같은 것들이 있다.

- 사회복지시설이나 단체의 업무보조 활동
- 유해문화환경 조사 · 감시
- 아동을 위한 지역사회신문 제작
- 아동을 대상으로 하는 프로그램의 원활한 수행을 보조
- 소년소녀가정돕기 캠페인과 같은 모금활동을 전개함으로써 아동복지에 대한 인식을 확산시키며 동시에 재정을 확보하는 활동

제21장

청소년을 위한 자원봉사

1. 청소년의 특성

1) 일반적 특성

청소년기는 아동기와 성인기 사이에서 아동기와 성인기의 특성을 함께 가지고 아동에서 성인으로 발달되는 과정 중의 한 시기로 과도기적 성격 때문에 이중적 성격, 즉 주변인(*marginal man*)으로 정신적으로나 신체적으로 불안정과 불균형이 심하게 일어나는 시기이다. 청소년의 특성을 신체적 특성, 사회심리적 특성, 지적 특성으로 구분하여 살펴보면 다음과 같다(표갑수, 2003 재인용).

(1) 신체적 특징

13~15세의 청소년 전기의 기간은 신체적인 면에서 발달속도가 빠르며 성기의 변화와 2차 성 특징이 뚜렷이 나타나게 된다. 근육활동 등 신체의 운동과 조절이 원활해지며 식욕이 왕성하고, 도구·기계 사용이 자유스럽다. 질병에 대한 저항력이 강하며 마음의 불안을 발

산시킬 수 있는 적극적 운동을 필요로 한다. 이와 아울러 적당한 휴식과 영양도 필요로 한다. 16~18세의 청소년 중기에는 운동과 감각기관의 조절이 더욱 발달되고 식욕이 왕성하며 자신에 대한 자신감이 생긴다. 성기관의 성숙은 거의 완전하고, 성적인 면에서 긴장하게 되며 남녀의 구별이 확실하여진다. 여자는 몸차림과 외모에 신경을 쓰게 된다. 성적 긴장을 해소하기 위한 운동이나 여가활동이 필요하다. 19세 이후 청소년 후기에 이르면 육체적으로 완전한 성인의 단계로 성숙하게 된다(장인협, 1993: 8).

(2) 사회심리적 특징

자아정체성의 확립과 독립의 요구에 따른 '심리적 이유'의 현상이다. 청소년기가 되면 타인이나 외계 사물과의 종속적 관계에서 벗어나 점차 감춰졌던 내면세계에 눈을 뜨기 시작, 자기의 주관적 세계 속에서 자아를 찾고 자기를 발견하여 독립적 자아형성을 희구한다. 이에 청소년들은 정신적 의존관계에 있는 부모로부터 이탈하여 자기자신의 판단과 책임에 따른 독립적 개인으로 인정받기를 바라면서 소속감의 바탕도 가정과 부모에서 동료와 이성 등 그 외의 사회집단으로 변화된다. 이러한 자아의식의 발달과 독립심으로 말미암아 부모에 대한 신뢰감이나 존경심이 줄고 자립적·독립적 인간관계가 가능한 교우나 동료집단관계를 중요시한다. 그러므로 이때 독립적으로 성장하고자 하는 자아가 성인들로부터 수용받지 못하고 거부당하거나 청소년 자신의 가치 및 이상과 맞지 않는 기성세대의 가치, 제도, 관습을 강요당할 경우 청소년들은 자신의 정신적 자주성을 강하게 주장하면서 스스로 자기만의 세계를 찾아간다.

(3) 지적(정신적) 특징

청소년기는 지적 발달이 이뤄져 문제해결 능력이 최고수준에 도달하고 통찰력·판단력은 물론 사고력으로서의 추상력과 논리성에서도 상당한 수준에 이르게 된다. 그리고 상상력과 철학적 사고의 발달로 문학이나 예술에 대한 흥미가 높아지고, 선·악과 가치기준에 대한 탐구심이 증대된다. 이에 청소년은 보다 고차원적·지적인 세계를 희구하고 풍부한 미래상을 그리면서 양적·질적 발달을 동시에 추구한다(권이종, 1992: 25~26).

2) 요보호 청소년의 특성

요보호 청소년은 욕구결핍 청소년과 문제청소년을 말하는데, 이를 살펴보면 다음과 같다(표갑수, 2002: 265 재인용).

청소년의 욕구는 소득, 노동, 교육, 보건 등과 같은 기본적인 것과 레크리에이션, 스포츠 참여와 같은 2차적인 것으로 볼 수 있다. 따라서 이러한 욕구가 결핍된 청소년이 청소년복지서비스의 대상이 된다.

한편 문제청소년은 빈곤·실업과 같은 사회불평등과 결손가정, 빈민촌, 홍등가 등과 같은 사회해체, 그리고 비행, 자살, 약물중독, 정신장애와 같은 사회부적응의 문제를 지적할 수 있다. 이러한 욕구가 충족되지 못한 경우에는 일탈청소년이 많으며 이러한 청소년은 빈곤한 가정의 청소년이거나 나쁜 환경의 영향을 받은 경우가 많다. 이러한 욕구와 문제청소년이 자원봉사의 대상이 된다.

2. 청소년의 문제

청소년문제는 포괄적 의미의 사회문제의 하나로서 '청소년에 관한 사회문제'라고 규정할 수 있다. 이렇게 볼 때 청소년문제는 '영향력 있는 집단에 의해 그 사회의 가치관을 위협한다고 판단되는 다수의 사회성원들에게 영향을 미치며 공동의 노력에 의해 해결될 수 있는 청소년에 관한 사회현상'이라고 정의할 수 있다.

결국 청소년문제는 성인 또는 영향력 있는 집단에 의해 사회의 가치관을 저해한다고 규정되는 현상뿐만 아니라 청소년들이 자신들의 가치관 또는 인간적 삶을 위협한다고 규정하는 문제까지 포함하여야 한다.

청소년문제를 청소년비행에 국한시키는 입장은 협의의 개념에 따른 것이고, 광의의 개념을 따를 때는 청소년 자신들이 지닌 문제, 즉 그들의 고민, 욕구좌절, 문제의식 등을 포함하며 전체 청소년들이 논의의 대상이 된다(김신일, 1983).

이런 입장에서 볼 때 청소년문제를 바라보는 우리들의 시각부터 시정되어야 한다. 청소년문제를 청소년비행, 문제청소년과 동일시하지 말고 "청소년문제란 인생에서 가장 예민한 감성대를 지닌 청소년들이 자신의 주변에서 일어나고 있고 부딪치는 모든 크고 작은 현상들에 대해서 그들이 반응하고 수용하는 과정에서 생기는 감정과 행동(무의식적이거나 의식적인 행동 포함)이 모두 청소년문제가 될 수 있다"고 보아야 한다(김형모, 1990: 132~133). 살인이나 환각제 흡입, 가출, 자살, 강간, 폭행 등의 범죄나 무단결석, 음주, 흡연, 방황 등 청소년비행으로 표출되는 것은 청소년문제의 일각에 불과하며, 드러나지 않았지만 말없이 겪는 문제들을 있는 그대로 보고 그것을 문제로 인정하고 수용하려는 자세가 되어야 한다. 이렇게 볼 때 청소년문제는 청소년비행이나 문제청소년뿐만 아니라 청소년이 사는 환경, 청소년의 고민, 일상생활, 가치관 등에 대한 포괄적 내용을 포함한다(한국청소년연구원, 1992: 4).

3. 청소년을 위한 자원봉사활동의 필요성과 프로그램

1) 청소년을 위한 자원봉사활동의 필요성

핵가족화 현상과 가족이기주의가 팽배함에 따라 청소년들은 공동체 생활의 지혜를 배우는 기회가 줄어들었다. 학교교육도 잘못된 교육제도와 교육을 출세의 수단으로 생각하는 잘못된 인식으로 인성과 생활에 도움을 주기보다는 상급학교 진학을 위한 입시위주의 교육에 중점을 두고 있어 청소년들은 바람직한 미래상을 그려낼 수 없는 사회문화적 환경에 처해 있다.

더욱이 사회변동이 급격히 일어남에 따라 가족기능이 해체되어 가정의 따뜻한 보호 속에 양육되고 교육되어야 할 아동들과 청소년들이 안정된 생활을 영위하지 못하고 있어 이들의 인격을 발전시키고 각자의 능력을 최대로 성취할 수 있도록 돕는 사회 다각의 노력이 필요하다. 즉, 산업사회의 진전에 따라 가족이나 인근 생활공동체가 담당했던 기능이 상당부분 사회로 이양되고 있으므로 아동 및 청소년문제의 예방과 해결에 사회성원들의 자발적 참여가 중요한 시점에 이른 것이다.

이 같은 사정에서 청소년들을 돕는 자원봉사활동의 중요성은 아무리 강조해도 지나치지 않을 것이다. 자원봉사자들은 불우하거나 원만치 못한 가정·사회환경으로 낮은 자기상을 가지고 변화에 잘 적응하지 못하며, 자립의 의지를 상실한 청소년들을 도와 그들이 보다 나은 생을 즐기며, 힘차게 성장하고 고독과 불행에서 벗어날 수 있도록 도와야 한다. 일반청소년들뿐 아니라 결손가정의 경우 동일시 대상의 상실에서 오는 여러 문제점을 해소하고 조화로운 성장을 가져올 수 있도록 하는 적절한 개입이 절대적으로 필요한 것이다(한국사회복지협의회 자원봉사프로그램백과 ③, 1997: 14).

또한 청소년들이 올바른 사회화를 통해 적의나 소극적 감정을 희망적인 것으로 승화시킬 수 있도록 도와주고, 원만한 대인관계를 갖도록 도우며, 목표나 목적달성의 의지를 굳게 갖도록 함으로써 건전한 사회인으로 성장할 수 있도록 하는 데 있어서 자원봉사가 갖는 의의와 필요성은 대단히 크다고 할 수 있겠다. 자아정체성과 도덕성을 함양하며 건전하게 성장·발달해야 할 우리의 청소년들이 현재 교과과정중심의 학교생활에서 얻을 수 있는 한정된 지식 이외에도 다양한 체험활동을 통해 도덕성과 정체감을 성숙시켜갈 수 있도록 해야 한다. 자아정체감의 형성이 청소년기의 중요한 발달과업이며, 타인에 대한 관심과 사회성원으로서의 책임성을 포함한 도덕성이 우리 사회의 생존을 위해 필수적 가치라고 한다면 자아정체성과 도덕성을 통합시킬 수 있는 시기인 청소년기에 여러 가지 활동을 경험할 수 있도록 해야 한다.

2) 청소년을 위한 자원봉사활동의 프로그램

청소년을 위한 자원봉사활동은 청소년이 당면한 문제나 어려움을 극복할 수 있도록 돕는 것에서부터 청소년의 성장가능성을 최대한 발현할 수 있도록 돕는 것까지를 포함한다. 따라서 활동내용에는 직접적 서비스와 간접적 서비스로 구분해 볼 수 있다.

직접적 서비스는 개인이나 집단 및 지역사회 등 대상자에게 직접 프로그램이나 서비스를 행하는 것을 의미하는 것으로 크게 심리적 지지, 사회성 증진, 생활안정의 기능을 행할 수 있다.

심리적 지지를 위한 활동으로는 청소년에 대한 전화상담, 면접상담, 집단상담, 학교상담 자원봉사활동, 법무부·검찰청과 관련된 비행청소년 상담 등의 상담과 소년소녀가정, 결손가정청소년, 비행청소년들과의 결연 등이 있다. 사회성 증진을 위한 활동으로는 컴퓨터나 피아노 등의 기능교실이나 방과후 청소년학습지도, 야학 등의 교

〈표 21-1〉 청소년을 대상으로 하는 자원봉사활동 프로그램

목표	체계	분야별	프로그램
자립기능 향상 (직접 서비스)	심리적 지지	상담	청소년상담(전화, 면접, 집단상담), 학교상담자원봉사, 비행청소년상담(법무부, 검찰청 관련)
		결연	소년소녀가정, 결손가정(시설청소년), 비행청소년 개별 결연
	사회성 증진	교육지원	기능교실(컴퓨터, 서예 등)지원, 방과후 학습지도, 청소년자원봉사자를 위한 교육
		사회활동지원	산업시찰 및 역사탐방, 농촌활동지도
		여가선용	음악·그림·문학, 연극지도, 캠프지도, 전통놀이지도
	생활 안정	취업지원 서비스	청소년들의 직업훈련, 취업알선 및 사회적응훈련
		생활 및 가사 지원서비스	결식청소년 무료급식 및 노력봉사, 불우청소년 도시락 및 밑반찬 전달, 이·미용제공, 차량지원, 청소, 식사준비 및 취사, 세탁, 생필품구입, 시장보기 등 가사 봉사서비스
		보호활동	가출청소년일시보호(쉼터), 민간가정위탁
사회적 지지 (간접 서비스)	시설 지원	업무보조	시설환경정리, 행정업무보조, 차량지원
		시설장비	아동복지시설 화단 만들기, 보일러·수도 등 각종 시설정비, 놀이터 등 장비정비, 아동복지시설 자연학습장 만들기
		방문활동	시설에서의 레크리에이션 지도, 보호관찰소·소년원 등 위문
	사회 환경 조성	조사·정보 제공 캠페인	청소년 유해문화환경 조사·감시, 청소년신문 제작, 아동·청소년욕구조사 등 사회조사, 근로청소년을 위한 음악회 개최, 청소년 유해환경 단속 및 계몽, 불우아동 및 청소년장학금 모금을 위한 활동(바자회), 청소년을 위한 금연, 성교육, 약물남용방지 캠페인, 가출청소년을 위한 아웃리치

자료: 한국사회복지협의회 자원봉사프로그램백과 ③, 1997: 22.

육지원 활동, 산업시찰 및 역사탐방, 농촌활동지도, 각종 서클활동 등의 사회활동 지원, 음악, 연극, 문학, 캠프지도, 레크리에이션 등의 여가선용 활동이 있다. 생활안정을 위한 활동으로는 직업훈련, 직업보도 등의 취업지원서비스와 청소, 식사준비 및 취사, 세탁, 생필품 구입 등의 생활 및 가사지원서비스가 있다.

간접적 서비스는 대상자에게 직접적 활동을 하기보다는 대상자들을 위한 서비스를 행하는 기관이나 대상자가 속한 사회환경을 변화시키려는 개입활동으로 크게 시설지원 활동과 사회환경조성 활동으로 구분된다.

먼저 시설지원 활동에는 행정적 업무보조나 차량지원 등의 업무보조활동과 아동복지시설의 화단 만들기, 보일러 및 전기수리, 놀이터 정비 등의 시설정비활동, 교호시설·청소년 등의 위문공연과 같은 방문활동이 있다. 사회환경조성 활동에는 청소년과 관련된 사회조사, 청소년유해환경 단속 및 계몽, 바자회, 청소년관련 캠페인, 가출청소년을 위한 아웃리치 등이 있다(〈표 21-1〉 참조).

제22장

여성을 위한 자원봉사

1. 여성의 특성

여성의 특성을 신체적, 심리적, 사회적 특성으로 구분하여 살펴볼 수 있다(박용순, 2002: 232~233).

1) 신체적 특성

여성은 보편적으로 신체조직에서 피하지방이 많으며, 근력과 폐활량이 남성과 비교하여 낮은 편이고, 활력과 속도를 요하는 작업에서 남성보다 약한 편이다. 특히 보행속도가 느리고 장시간 서서 작업하는 데에도 부적당한 신체적 구조를 가지고 있다. 하지만 주의력을 집중하는 일이나 세심한 작업, 손으로 하는 작업 등에서는 남성보다 우수하다고 할 수 있다(전재일 외, 1996: 294). 여성의 특징적 차이점은 생리현상인데, 이것은 여성의 감정에 영향을 주는 요인이 되고 있다. 이와 같은 여성의 신체적·생리적 구조는 여성만이 경험하는 임신·출산의 모성적 기능수행을 수반하게 된다.

2) 심리적 특성

여성의 심리적 특성은 대개 감정적이고 소극적인 동시에, 심미적이고 감수성이 예민하여 자신의 자제력이 약한 면이 있다. 특히 여성이 세대주가 되는 경우, 가족의 본래 기능인 성적·경제적·교육적 기능을 상실하게 되므로 심리적으로 심각한 장애를 받게 된다. 또한 사회적으로 인정되는 애정의 원천이 거부되면 성적 충족도 약화되면서 부정적 감정을 갖게 되어 정서적 안정성이 상실되기 쉽다(Kadushin, 1980: 145~146; 박용순, 2002: 233 재인용).

3) 사회적 특성

사회적 특성은 신체적·심리적 특성이 서로 연관되어 나타나게 된다. 여성은 경제활동에서 남성의 시장경제활동과는 달리 가족경제활동에 종사하는 특징을 볼 수 있다. 사회적 지위에서도 남성은 사회적으로 공적 역할을 담당하여 나름대로 사회적 지위를 소유하는 데 반해, 여성은 가족생활의 사적 역할을 담당함으로써 남성의 지위에 의존하게 되며 가정지향적 특성으로 나타나게 된다(전제일 외, 1996: 294~295).

2. 여성의 문제

사회경제구조와 가족의 변화와 관련된 여성문제는 취업여성의 증가와 열악한 대우문제, 학대받는 여성문제, 한부모가족문제, 학대받는 여성문제, 미혼모문제, 그리고 성매매여성문제 등이 있으며, 이러한 문제들은 사회문제로 대두되고 있다. 이를 살펴보면 다음과 같다(표갑수, 2002: 354~358 재인용).

1) 취업여성의 증가와 열악한 대우

1960년대 산업화로 인한 고용기회의 확대는 여성인력의 노동시장 유입이 가능하게 되어 여성의 경제활동 참가율이 지속적으로 증대되었다. 이와 같이 취업여성이 증가하는 상황에서 취업여성들은 집안일과 직장생활이라는 이중부담에서 다양한 가사노동에 시달리게 된다(장인협 외, 2001: 296).

또한 여성은 성별에 따라 호봉기준에서 차별이 존재하며, 생활보조적 기업복지(가족수당, 교육수당, 통근수당, 주택대부금 등) 차원에서도 차별이 엄연히 존재하고 있다.

이렇게 볼 때, 여성취업자는 점차 늘어나고 있으나 여전히 저임금, 미숙련, 단순반복직, 하위직에 머물고 있고, 일용근로자, 시간제 근무직, 임시직 근로자 등 불안정한 노동조건하에서 일하는 경우가 많으며, 전반적으로 열악한 노동환경에서 일하기 때문에 여성 노동조건의 개선, 여성을 위한 생활보장, 기혼여성의 모성보호와 육아, 그리고 직장생활을 병행할 수 있는 사회복지제도의 마련이 필요하다.

2) 한부모가족 문제

모자가정은 남편과의 사별, 이혼 등으로 가족기능을 상실함으로써 많은 문제를 야기하는데, 이는 다음과 같다.

첫째, 경제적 빈곤문제이다. 경제적 주 수입원인 남편의 사망이나 이혼 등으로 발생하는 여성세대주는 경제적 어려움을 경험하게 된다. 이러한 경제적 빈곤은 물질적 자원의 부족만을 의미하는 개념이라기보다는 교육의 기회, 의료혜택의 기회, 지위상승의 기회 등 각종 사회적 가치에서의 빈곤을 동시에 의미하는 것이며, 또한 개인의 성취동기, 열망수준 및 자아실현 등의 심리학적 차원에서의 박탈과 문화적 가치로부터의 소외 등을 의미하기도 한다.

둘째, 자녀의 양육 및 교육문제이다. 모자가정에서 아동·청소년들의 비행현상이 높게 나타나고 있다. 여성가구주는 부모 양자의 역할을 다 갖게 되고 가구에 대한 경제적 책임을 수행하기 때문에 자녀양육이나 교육에 소홀히 될 수밖에 없다.

셋째, 자녀들의 성역할 모델의 상실문제이다. 여기서 성장하는 소년은 남성역할의 모델을 제공받을 수 없기 때문에 성역할의 일체화에 불만이 생기기 때문에 성인으로서의 지위를 획득하는 데 요구되는 남성역할의 일체와 모델을 가족 외적 집단인 가두의 비행집단에서 찾는다. 이로 인해 비행에 가담할 가능성이 높아질 소지가 있다(Shoemaker, 1984: 121을 표갑수, 2005: 28 재인용).

3) 학대받는 여성문제

가정에서의 아내폭력은 불안, 남편에 대한 두려움, 자녀를 버리고 집을 나온 것에 대한 죄의식, 이혼에 대한 불안, 남편을 만나는 것에 대한 두려움 등이라 할 수 있다.

아내학대 문제는 우선 학대받는 여성을 개인적 결함이나 병리적 특성을 가진 개인이 아니라 신체적·정서적으로 상처입은 개인으로 보아, 여성의 개인적 희생을 감수하고 결혼을 유지하게 하는 것을 목표로 개입하는 접근방법보다는 현재의 상황에서 여성이 이혼을 결심했을 때 발생하는 수입의 감소, 이혼녀로서의 낙인, 편모로서의 생활, 탁아서비스 등 사회서비스의 부족이나 결여로 인한 불이익 등을 최소화시키는 방향으로의 사회복지정책적 접근이 필요하다(김기태 외, 2001: 539).

4) 미혼모 문제

현대사회가 급속히 변화함에 따라 성에 대한 규범과 태도가 변화하고 미혼모의 수가 증가함으로써 가정, 사회와 국가, 그리고 미혼모와 그 아동에게 부정적 영향을 주고 있다.

미혼모가 가정에 바람직하지 못한 영향을 미치는 것은 미혼모의 발생으로 미혼모가 속한 가정의 기능을 약화시켜 이것이 사회문제로 나타날 가능성이 크기 때문이다. 미혼모의 탈선행위는 사회통제의 가장 중요한 추진제도인 가족에 영향을 주어 가족의 결속감과 통제력을 약화시키고 사회관계에서 불균형 상태로 만들어 가족해체 현상을 유발시켜 사회문제가 된다. 우리나라의 전통적인 도덕적·윤리적 가치관은 미혼모가 가정에 발생하면 사회적 비난을 의식하여 수치심과 열등감을 느껴 장기간 가정불화와 가정파괴의 주요인이 되었다. 중요한 것은 미혼모로 인하여 가족구성원의 결속력 또는 연대감의 상실이 역할패턴의 약화 및 붕괴를 가져오며(Elliot & Merril, 1961을 김근조, 1985 재인용), 구드(Goode)가 말한 바와 같이 가족구성원이 자신의 역할의무를 수행할 의사가 없거나 수행할 능력이 없어지므로 가족해체에 이르게 되어 사회문제로 되는 것이다(Goode in Merton & Nisbet, 1976: 514).

사회적으로는 미혼모의 성행위 결과로 태어난 아동은 미혼모의 경제적 지위악화, 가정불화, 무책임한 행동 등의 사유로 아동을 학대·유기하는 사례가 발생하므로 사회문제를 일으킨다. 특히 경제적 지위와 지적 수준이 낮고, 사회화가 미숙한 상태의 미혼모는 아동을 유기함으로써 아동경시현상을 초래할 위험성도 내포하고 있다. 국가적으로 미혼모와 사생아로 태어난 아동은 가정에서 양육하지 않는 한 시설보호를 받게 되므로 국가의 자원손실을 초래한다.

그리고 미혼모 자신은 혼외임신으로 심한 긴장과 불안을 경험하여 자포자기하는 경향이 많으며, 학생일 경우 계속 교육받을 수 있는 기회를 잃게 되어 장래에 제약을 받게 된다. 또한 외부의 부정적 태도로 결혼이나 사회활동에서도 불이익을 경험한다. 출산하였을 경우 미혼모는 대부분 산전산후 의료혜택을 제대로 못 받기 때문에 후유증이 생길 가능성도 높다(복지연구회 편, 1984: 208). 미혼모가 낳은 아기는 법적 지위확보도 어려울 뿐만 아니라 조산아, 미숙아, 신체적 결함, 심신장애 등이 될 가능성이 높고, 유아사망률도 높으며 건강상태도 좋지 않을 가능성이 많다. 또한 혼외자녀로서의 낙인을 받거나 부모로부터 거부되고 기아가 될 수도 있다. 따라서 사회복지적 서비스가 필요하다.

5) 성매매여성 문제

성가치관의 타락으로 성폭력 피해를 입은 여성들과 퇴폐·향락업소의 증가로 윤락여성의 문제가 여성문제로 제기되고 있다. 이러한 문제는 사회적으로 잘 노출되지 않고 은밀하게 진행되고 있어 실태파악이 매우 어렵다. 그러나 이들을 보호하고 이들의 사회적·심리적 고통과 문제를 해결하기 위하여 보다 적극적인 법적·제도적 대책이 요청되고 있다.

6) 외국인 여성노동자 및 결혼이민여성의 문제

외국인 여성노동자들은 국내 여성기능공의 유출이 심한 섬유부문을 비롯, 신발·의류·봉제·전자산업이나 건설잡역부, 식당, 가정도우미에 이르기까지 주로 내국인이 취업을 기피하거나 허드레 일손이 필요한 부문에서 일하고 있어 복잡한 문제를 안고 있다. 또한 결혼이민여성의 경우도 한국 가정에서의 적응문제, 언어소통, 자녀교육, 심리사회적 문제 등 많은 부문에서 자원봉사활동의 도움을 요청하고 있다.

3. 여성을 위한 자원봉사활동의 필요성과 프로그램

1) 여성을 위한 자원봉사활동의 필요성

현대사회는 자원봉사활동을 어느 때보다도 더 절실히 요청하고 있다. 현대사회가 산업화, 도시화, 전문화됨에 따라 사회구성원이 고립되고 점차 가정, 직장 내 인간관계가 단절됨에 따라 이의 보완책으로 박애, 사랑, 봉사, 우정 등의 마음을 나타내는 자원봉사활동의 필요가 증대되고 있다.

여성을 돕는 자원봉사는 크게 두 가지 점에서 사회적 의의를 갖는다(한국사회복지협의회 자원봉사프로그램백과 ⑥, 1997: 10). 첫째, 바로 여성문제 자체에 대한 사회적 인식을 개선시킨다는 점이다. 시민들은 자원봉사를 통해 여성의 현실과 문제에 직면하게 되고, 그 과정을 통해 그 문제가 얼마나 심각한지 우리 사회의 대책이 얼마나 열악한지 등을 깨닫게 되는 것이다. 두 번째는 문제인식을 통한 해결의 의지형성과 시민들의 자발적 참여유도이다. 여성을 위한 자원봉사가 필요한 이유는 사회에서 항상 주변인으로 인식되어 온 여성의 사회적 위치는 상대적으로 열악하며, 이에 여성복지 차원에서 여성에 대한 자원봉사가 요구되기 때문이다.

2) 여성을 위한 자원봉사활동 프로그램

여성의 빈곤문제, 성폭력 및 가정폭력의 주된 피해자, 증가하는 여성범죄, 성 상품화 등 현대사회에서 여성이 갖는 취약성에 근거하여 여성을 위한 자원봉사활동이 이뤄지며, 이러한 여성을 위한 자원봉사활동은 여성문제에 대한 사회적 인식을 개선시키고 문제인식을 통한 해결의지 형성과 시민들의 자발적 참여를 유도할 수 있다.

이들을 위한 자원봉사활동영역을 크게 두 가지로 구분하면 다음과 같다(한국사회복지협의회 · 여성부, 1997: 23).

(1) 첫째, 직접적 대인봉사활동

① 심리적 지지

요보호 여성을 상대로 하는 말벗이나 상담, 정신질환자들을 대상으로 하는 역할극 등으로 구성되는 정신적 위문과 매 맞는 여성의 쉼터나 윤락여성의 후견인 맺어주기 등의 심리적 자립이 있다.

② 사회성 증진

사회성 증진을 위한 자원봉사활동에는 교육지원 · 사회활동 지원 · 여가선용이 있으며, 교육지원에는 한글교육 · 소비자교육 · 어머니교육 · 건강교육 · 환경교육 등이 있고, 사회활동 지원에는 요보호 여성의 가정체험, 외출 및 자조모임 주선 · 사회복귀지원 프로그램 등이 있으며, 여가선용으로는 운동지도 · 취미교실 등이 있다.

③ 생활안정

무료직업상담 및 취업훈련생 대상 집단지도 등을 하는 취업지원과 건강정보 지원, 약물치료, 정신질환자 재활 및 의료서비스를 목적으로 하는 의료지원과 모자원 가사보조, 생활협동운동, 도서관 운영 등

〈표 22-1〉 여성을 위한 자원봉사활동 프로그램

목표	체계	서비스	프로그램
자립기능 향상(직접 대인서비스)	심리적 지지	정서적 위문	▪ 요보호여성 말벗 ▪ 요보호여성 상담 ▪ 정신질환자 사회심리극
		심리적 자립	▪ 매맞는 여성 쉼터 ▪ 윤락녀 후견인 맺어주기
	사회성 증진	교육지원	▪ 소비자교육 ▪ 어머니교육 ▪ 환경교육 ▪ 빈곤여성 한글교육 ▪ 요보호여성 건강교육 ▪ 윤락여성 종교교육 ▪ 정신질환자 종교교육
		사회활동 지원	▪ 요보호여성 가정체험 ▪ 요보호여성 동반외출 ▪ 자조모임 조직 및 참석 주선 ▪ 출소자 사회복귀 지도 ▪ 호신술 교육
		여가선용	▪ 요보호여성 운동지도 ▪ 윤락녀 가족장기자랑 ▪ 윤락녀 취미교실
	생활안정	취업지원	▪ 무료직업상담 ▪ 취업훈련생 대상 집단지도
		의료지도	▪ 요보호여성 건강정보 제공 ▪ 요보호여성 약물치료 ▪ 정신질환자 사회재활서비스 ▪ 정신질환자 의료서비스
		생활지원	▪ 모자원 가사보조 지도 ▪ 생활협동운동 ▪ 작은 도서관 운영

〈표 22-1〉 계 속

목표	체계	서비스	프로그램
사회적 지지(간접 서비스)	시설지원	업무보조	▪도서수집 및 정리 ▪모자원 캠프보조
	사회환경 조사	조사·개발	▪저소득층 지원 설문조사
		정보제공	▪광고모니터링 ▪비디오 모니터링
		캠페인	▪서명운동 ▪요보호여성 후원금 모금 ▪우리상품쓰기 운동 ▪여성관련법 개정을 위한 운동

자료: 한국사회복지협의회, 자원봉사프로그램백과 ④, 1997: 22.

의 생활지원이 있다.

(2) 간접적 지원활동

① 시설지원

업무보조, 도서정리, 모자원 캠프보조 등이 있다.

② 사회환경조사

저소득 지원 설문조사, 각종 캠페인, 서명운동, 여성관련법 개정 운동 등을 들 수 있다.

제23장

노인을 위한 자원봉사

1. 노인의 특성

1951년 미국 세인트루이스 시에서 개최된 제2회 국제노년학회에 의하면 노인이란 인간의 노화과정에서 생리적·심리적·환경적 변화 및 행동의 변화가 상호작용하는 복합형태의 과정에 있는 사람이라고 정의하고 있다.

이를 보다 구체화하여 노인을 ① 환경변화와 적절히 적응할 수 있는 자체 조직에 결핍이 있는 사람, ② 자신을 통합하려는 능력이 감퇴되는 시기에 있는 사람, ③ 인체기관, 기능 등에서 감퇴현상이 일어나는 시기에 있는 사람, ④ 생활 자체의 적응이 점진적으로 결손되는 사람, ⑤ 인체의 조직 및 기능저장의 소모로 적응이 감퇴되는 시기에 있는 사람을 의미한다고 했다(김태현, 1994: 41; 이혜원, 1996: 12~13 재인용).

브린(Breen)은 노인을 ① 생리적, 생물학적 면에서 쇠퇴기에 있는 사람, ② 심리적인 면에서 정신기능과 성격이 변화되는 사람, ③ 사회적인 면에서 지위와 역할이 상실되는 사람이라고 정의하고 있다(박차상 외, 2002: 18).

그리고 노인의 성격을 보면, ① 건강과 경제적 불안감, ② 생활부적응에서 오는 불안과 초조감, ③ 정신적 흥미의 감퇴에서 오는 내폐성(內閉性), ④ 육체적 쾌락추구, ⑤ 활동성의 감소, ⑥ 성적 충동의 감퇴, ⑦ 새로운 상황에 대한 학습·적응의 곤란, ⑧ 고독감, ⑨ 질투심, ⑩ 보수성, ⑪ 다변(多辯)·우둔, ⑫ 과거에 대한 집착, ⑬ 완고, ⑭ 누추함, ⑮ 잡부스러기 수집 등을 들고 있다(井上勝也·長山島紀一, 1980: 138~139).

이상의 정의를 정리하면 인간이 생애과정의 황혼기에 진입하게 되면 신체적·정신적 및 사회적 측면에서 그 능력이나 적응의 퇴화현상이 나타나고, 이로 인하여 사회적 기능수행에 장애를 초래하게 된다. 이와 같은 시기를 노년기라 하고, 노년기의 사람을 노인이라 칭한다. 일반적으로 노인에게는 신체적 노화현상, 즉 신체기능의 저하와 손상이 일어나고, 심리적 권태와 고독감에 사로잡히게 된다. 사회적 지위와 역할구조의 변화로 지금까지 가졌던 가부장적 권위나 사회생활의 영역이 축소되며, 경제적으로도 고용과 생산활동에서의 후퇴로 소득이 감소하고 사회적응에서 어려움에 처하게 된다. 따라서 인간의 노화는 사회문제로서의 노인문제를 심각하게 제기하고 있다(표갑수, 2004: 321~322 재인용).

2. 노인의 문제

현대사회에서 노인이 직면하는 4중고(四重苦) 문제로 ① 소득상실문제, ② 질병문제, ③ 역할상실문제, ④ 소외·고독문제를 들고 있는데, 이를 살펴보면 다음과 같다(표갑수, 2004: 323 재인용).

1) 소득상실문제

노인계층은 소득상실로 빈곤한 생활을 하는데, 그 소득상실의 원인은 첫째, 노인은 젊은 세대와 비교하여 신체적·정신적 기능이 쇠퇴하여 산업화되는 노동시장에서 경쟁력을 확보하는 것이 어려워 이로 인한 압력을 받아 퇴직으로 이어지며, 둘째, 전문화, 분업화, 새로운 기술 등에 의해 새롭게 만들어진 직업은 노인들이 감당하기에는 어려워 직장에서 밀려나게 되며, 셋째, 사회보장제도가 초기단계에 있는 경우 소득보장정책의 혜택을 받지 못할 뿐만 아니라 연금수입이 있다고 하더라도 급여액이 매우 낮고, 마지막으로 노인은 산업화 과정에서 파생되는 도시화와 핵가족화로 인하여 전통적으로 대가족제도하에서 누렸던 경제적 안정 대신에 빈곤문제에 직면하고 있다.

2) 질병문제

평균수명의 연장은 건강하게 오래 살고자 하는 인간의 욕망을 어느 정도 충족시켜 주기는 했으나, 노화현상으로 인한 신체적·정신적 능력의 약화와 질병, 장애로부터의 해방을 의미하지는 않는다. 노인들의 건강상태는 연령이 증가할수록 약화되는데, 젊은 세대와는 달리 만성질환으로 장기간의 치료와 요양을 필요로 한다. 그리고 신체적 질병뿐만 아니라 고령화가 진행될수록 정신장애가 증가하는데, 특히 치매노인 문제는 그 가족들에게 많은 고통을 주고 있다.

3) 역할상실문제

노인의 평균수명은 의료의 발달과 생활수준 향상 및 교육증대 등의 요인으로 계속 연장되고 있다. 그러나 정년퇴직 등에 의해 비자발적으로 사회적 역할을 박탈당함으로써 노인은 사회적으로 소외되고 고립되는 상태에 놓이게 된다.

특히 노인들은 직장에서 물러나는 것 이외에 자녀들의 독립으로 부모역할의 상실, 친구들의 사망으로 인한 관계의 상실, 그리고 경제적 여건과 건강의 약화 등으로 역할이 줄어들게 된다. 심리적으로는 고독감과 소외감으로 어려움을 당하게 된다. 역할상실은 노인 개인의 자아개념과 사회적 정체감의 혼란을 가져오고 노년기 사회적응상의 곤란을 유발시킨다(박차상 외 공저, 2001: 238).

4) 소외 · 고독문제

이 문제는 역할상실과 밀접한 관계를 갖게 되는데, 전통적 경로효친사상이 퇴조하고 도시화로 이웃과의 사회적 연대가 약화됨에 따라 노인은 가정과 지역사회에서 고립되어 지낼 뿐만 아니라 세대간 교육수준의 차이와 이에 따른 가치관의 차이는 부모-자녀 간 대화의 기회를 줄이고 노인을 가족과 집안일의 결정에서 제외시키는 방향으로 작용하고 있다. 또한 핵가족화로 지리적 거리도 멀어져 부모와 자녀 간의 대화와 만남의 기회는 더욱 줄어들고 있다. 결국 노인은 가족으로부터 소외감과 고립감을 느끼고 갈등을 경험하게 될 뿐만 아니라 실제로 소외되고 고립되는 경우가 많다.

3. 노인을 위한 자원봉사활동의 필요성과 프로그램

1) 노인을 위한 자원봉사활동의 필요성

노인은 장애인, 아동과 함께 자원봉사의 주된 대상이 되고 있다. 특히 고령화 사회에서 노인복지가 사회복지의 가장 큰 문제로 나타나고 있다. 노인복지는 노인이 건강하고 안전하게 생활하며 보람 있는 활동을 계속하면서 자기가 속한 가족과 사회에 잘 적응하고 통합될 수 있도록 노후생활에 필요한 자원과 서비스를 제공하는 활동이라 할 수 있다.

고령화사회의 진전과 가족보호기능의 저하, 정상화 이념의 확산 등과 관련해서 취약한 노인의 보호, 즉 혼자 사는 노인, 거동불능 또는 치매성 노인(혹은 그 가족) 등의 보호와 지원을 위해서는 자원봉사활동이 필요불가결하다.

고령자가 거동불능, 독거, 기타 여러 가지 생활문제에 직면하게 될 때 공·사를 막론하고 상담기관, 시설, 병원 등에서의 케어를 필요로 하게 된다. 또한 고령자가 스스로 일상생활 동작을 할 수 없게 되면 가족을 중심으로 한 수발자가 돌보게 되는 경우가 많은데, 이런 경우 고령자 자신은 물론 수발자의 케어부담을 경감해 주는 사회적 케어가 요구되고 있다(小田兼三·古瀨徹 편, 1993: 22).

또한 건강한 노인의 문제, 예컨대 삶의 보람 만들기, 사회참가의 촉진 등과 관련해서도 자원봉사활동은 더욱더 중요한 시대적 과제가 되고 있다(류기형 외, 2001: 445).

결국 날로 증가하는 노인들의 서비스 욕구는 가정이나 정부의 사원만으로는 감당하기 어렵기 때문에 시민들의 자발적 참여와 봉사를 필요로 하고 있다.

〈표 23-1〉 노인을 위한 자원봉사활동 프로그램

목표	체계	서비스	프로그램
자립기능 향상(직접 대인서비스)	심리적 지지	정서적 위문	▪노인에게 안부전화 걸기 ▪독거노인 가정결연 ▪무의탁노인 가정방문
		심리적 자립	▪욕창관리 지도 ▪인지치료 ▪작업요법지도 ▪화상치료지도
	사회성 증진	교육지원	▪노인대학 운영보조 ▪문맹노인 학습지도
		사회활동 지원	▪독거노인 모임 ▪노인자서전 쓰기 ▪장애인 및 허약노인 외출동행 ▪치매노인 사회적응지도
		여가선용	▪노인체육지도 ▪노인 취미활동 그룹지도 ▪노인특기 개발지도
	생활안정	취업지원	▪노인 취업알선
		생활지원	▪노인급식 ▪노인 목욕보조 ▪도시락 배달 ▪이·미용 ▪무의탁노인 세탁물 배달 ▪탁노 서비스 ▪노인가정 환경미화
		의료지원	▪노인건강강좌 ▪노인진료 ▪임종간호(호스피스) ▪저소득층 노인 진료단 조직
		보호활동	▪무의탁장애노인 수발
사회적 지지(간접 서비스)	시설지원	업무보조	▪차량운행 ▪시설환경 정리
		방문활동	▪노인정 방문 ▪노인시설 위문공연
	사회환경 조성	조사·개발	▪노인관련 출판물 제작

자료: 한국사회복지협의회 자원봉사프로그램백과 ④, 1997: 21.

2) 노인을 위한 자원봉사활동 프로그램

노인을 위한 자원봉사활동 프로그램은 〈표 23-1〉과 같이 자립기능 향상을 위한 직접대인서비스와 사회적 지지의 간접서비스로 구분하고 있다. 자립기능 향상에는 심리적 지지, 사회성 증진, 생활안정 프로그램이 있고, 사회적 지지에는 시설지원과 사회환경조성 프로그램이 있는데, 이를 구체적으로 살펴보면 〈표 23-1〉과 같다.

제24장

장애인을 위한 자원봉사

1. 장애인의 특성

장애인(*the disabled*)에 대한 개념은 한마디로 규정하기 어렵고 매우 복합적인 성격을 띠고 있다.

국제연합의 "장애인 권리선언"(1975)에 의하면, 장애인이란 "선천적인가 아닌가에 관계없이 신체적 또는 정신적 능력의 불완전 때문에, 개인 또는 사회생활에 필요한 것을 자기 자신으로서 완전히 또는 부분적으로 확보할 수 없는 사람"을 의미한다. ILO(국제노동기구)는 제99조 권고에서, 장애인이란 "신체적 혹은 정신적 손상의 결과 적당한 직업에 취업하거나, 그것을 계속할 가망이 상당히 감퇴하는 자"라고 정의하였다(표갑수, 2004: 335 재인용).

1980년 세계보건기구(WHO)에서 규정한 국제장애분류(*International Classification of Impairments, Disabilities, and Handicaps*: ICIDH)에 의하면, 장애의 개념을 심신의 손상(*impairments*), 능력장애(*disability*), 사회적 불리(*handicap*)의 세 가지 차원으로 보고 있다. 손상은 능력장애와 사회적 불리에 영향을 주며, 능력장애는 개인적 차원에서 일상생활의 활동에 나타나며, 사회적 불리는 사회적 차원, 즉 다른 사람과의 관계에서 비롯되는 것으로 장애인이 경험하는 불이익, 편견, 차별 등을 의미한다(배기효 외, 2008: 280).

우리나라의 경우 1999년 장애인복지법에 의하면 장애인의 정의를 "장애인은 신체적·정신적 결함으로 인하여 장기간에 걸쳐 일상생활 또는 사회생활에 상당한 제약을 받는 자로서 대통령이 정하는 장애의 종류 및 기준에 해당하는 자"로 규정하면서 장애의 종류를 신체적 장애와 정신적 장애로 구분하고 있다(〈표 24-1〉 참조).

장애인의 특성을 일반적 특성과 장애유형별 특성으로 살펴보면 다음과 같다.

1) 일반적 특성

장애인은 정상인에 비해 생활상 많은 어려움을 가지고 있다(김동배, 2006: 189).

(1) 건강유지의 어려움

장애인은 건강을 유지하는 데 어려움이 따른다. 예를 들어, 뇌졸중환자에게는 고혈압이나 심장질환·당뇨병 등의 합병증이 일어나기 쉽고, 척수손상자는 욕창이나 방광직장장애, 호흡기 합병증을 갖게 되는 경우가 많다. 이러한 것들은 관리가 용이하지 않을 뿐만 아니라 생명을 위협하기도 한다.

(2) 일상생활을 하는 데 있어서 어려움

신체운동기능장애는 그 자체가 일상생활을 하는 데 있어서 저해인자가 된다. 또한 심장이나 호흡기에 기능장애가 있는 사람도 운동부담이 과도한 심장박동이나 호흡곤란을 일으켜 작업을 계속할 수 없으

〈표 24-1〉 법정장애의 분류

대분류	중분류	소분류	세분류
신체적 장애	외부신체 기능장애	지체장애	절단장애, 관절장애, 지체기능장애, 변형 등의 장애
		뇌병변장애	중추신경의 손상으로 인한 복합적 장애
		시각장애	시력장애, 시야결손장애
		청각장애	청력장애, 평형기능장애
		언어장애	음성기능 또는 언어기능에 영속적인 현저한 장애가 있는 사람
		안면변형 장애	안면부의 변형으로 인한 장애가 지속되며, 이로 인하여 사회생활이 현저하게 제한
	내부기관 장애	신장장애	투석치료중이거나 신장을 이식받은 경우
		심장장애	일상생활에 현저히 제한되는 심장기능 이상
		호흡기장애	폐나 기관지 등 호흡기관의 기능장애로 일상생활 및 사회생활이 제한
		간장애	간의 기능에 장애가 지속되며, 이로 인하여 기본적 일상생활 및 사회생활이 제한
		장루장애	배변기능 또는 배뇨기능의 장애로 장루 또는 요루를 시술하여 일상생활을 하는 데 있어 상당한 제약을 받는 사람
		간질장애	간질로 인한 기능 및 능력장애가 지속되며, 이로 인하여 일상생활 및 사회생활이 제한
정신적 장애	지적 장애		지능지수가 70 이하인 경우
	정신장애		정신분열, 분열형 정동장애, 양극성 정동장애, 반복성 우울장애
	발달장애		소아자폐 등 자폐성 장애

자료: 장애인복지법 시행령 일부개정 2008. 2. 29.

며, 심할 경우 집 안에서만 생활하는 경우도 생긴다.

(3) 사회생활에의 참가곤란

장애인은 사회생활에 참가하기 곤란하기 때문에 그 결과 교육의 기회를 누릴 수 없거나 친구나 지역사회와의 교류가 제한되는 경우가 많다. 또한 직업이나 경제생활에서 제약을 갖게 되며 스포츠, 영화관람, 여행 등 문화생활 역시 만족스럽게 누리기 어렵다.

2) 장애유형별 특성

장애유형별 특성은 우리나라 장애인복지법상의 법정장애인 분류에 의하여 살펴보면 다음과 같다. 이들 분류에 의하면 자원봉사활동을 가장 필요로 하는 대상은 장애인이다.

(1) 신체적 장애

① 지체장애

지체장애는 골격, 근육, 신경 중 어느 하나의 일부나 전체에 질병이나 외상 등으로 그 기능에 장애가 있을 때 대체로 운동장애(또는 감각장애를 동반하기도 함)의 형태로 증상이 나타나는데, 이를 지체장애라고 한다. 그러나 골절이나 근육의 파열상 등으로 어느 기간 동안 지체운동이 부자유한 상태일 때는 지체장애라고 보지 않으며, 그 장애가 영구적으로 남아 있을 경우에 지체장애라고 한다.

② 뇌병변장애

뇌병변장애란 중추신경의 손상으로 인한 복합적 장애로 뇌성마비, 외상성 뇌손상, 뇌졸중(腦卒中) 등 뇌의 기질적 병변으로 인하여 발생한 신체적 장애로 보행이나 일상생활의 동작 등에 상당한 제약을 받는 사람을 말한다.

③ 시각장애

시각장애란 눈의 기능에 문제가 있는 경우를 총칭하여 말하는데, 장애의 기준은 시력 또는 시야의 이상유무 및 그 정도에 둔다. 그리고 시력의 저하는 안경으로 보완되므로 장애유무를 판정하기 위한 시력은 안경착용 후 측정한 교정시력으로 한다.

④ 청각장애

청각장애는 귀에서부터 뇌에 이르기까지 청각전달에 관여하는 기관 중 어느 부분에 이상이 생겨 소리를 듣지 못하거나 들은 소리의 뜻을 정확하게 이해하지 못하는 경우를 총칭하여 말한다.

⑤ 언어장애

언어장애란 선천적·후천적 원인으로 의사소통과정에 문제가 생겨 언어습득 및 발달에 지장을 초래한 경우를 말한다. 의사전달이 잘 이뤄지려면 다른 사람의 말소리를 들을 수 있는 청각과 그 뜻을 이해하고 자신의 뜻을 가질 수 있는 지능, 그리고 뜻을 표현할 수 있는 음성 및 조음기관에 이상이 없어야 하는데, 뜻을 표현할 수 있는 음성 및 조음기관에 이상이 있는 자를 언어장애인이라고 한다.

⑥ 안면변형장애

안면변형장애는 선천성 기형, 질환 및 사고 등으로 안면부위의 변형(색깔, 모양, 혹 등)으로 인한 장애가 있어 사회생활에 현저한 제한을 받는 사람을 의미한다.

⑦ 신장장애

신장의 기능부전으로 혈액투석이나 복막투석을 지속적으로 받아야 하거나, 신장의 기능에 영속적 장애가 있어 일상생활에 현저한 제한을 받는 사람을 말하는데, 장애인복지법 시행령에서는 1개월 이상 혈액투석 또는 복막투석을 받는 사람과 신장을 이식받은 사람으로 규정하고 있다.

⑧ 심장장애

심장의 기능부전으로 일상생활 정도의 활동에도 호흡곤란 등의 장애가 있어 일상생활에 현저한 제한을 받는 사람을 말하는데, 장애판정 직전 1년간 동일 심장질환에 대하여 지속적으로 치료를 받았거나 호전의 기미가 없을 정도로 장애가 고착되었을 때에 판정한다.

⑨ 호흡기장애

호흡기장애는 폐나 기관지 등 호흡기관의 기능에 장애가 있어 일상생활이나 사회생활이 현저하게 제한되거나, 수면, 휴식 등 제한된 시간을 제외하고 항상 보호가 필요한 사람 또는 수시로 보호가 필요한 사람을 말한다.

⑩ 간장애

간장애는 간기능의 장애로 일상생활 및 사회생활이 극도로 제한되어 항상 보호가 필요하거나, 현저하게 제한되어 수면, 휴식 등 제한된 시간을 제외하고 항상 보호가 필요한 경우, 또는 수시로 보호가 필요한 경우, 만성간질환으로 간이식을 받은 사람을 말한다.

⑪ 장루장애

직장이나 대장, 소장 등의 질병으로 대변배설에 어려움이 있을 때

복벽을 통해 체외로 대변을 배설시키기 위해 만든 구멍을 장루라고 한다. 이와 같은 결장루, 회장루, 요루기능에 장애가 있어 일상생활이나 사회생활에 현저한 제한을 받는 사람을 장루장애라고 한다.

⑫ 간질장애

간질(*epilepsy*)은 인간 뇌를 구성하는 신경세포 중 일부가 다양한 원인에 의해 기능이상을 일으켜 짧은 시간동안 정상적으로 발생하는 전기보다 과도한 전기를 발생시킴으로써 발작을 일으키는 신경계의 만성질환이다. 간질장애는 간질로 인한 기능 및 능력장애가 지속되며, 이로 인하여 기본적 일상생활 및 사회생활이 현저하게 제한되어 수면, 휴식시간 등 제한된 시간을 제외하고 항상 보호가 필요하거나, 수시로 보호, 가끔씩 보호가 필요한 사람을 말한다.

(2) 정신적 장애

① 지적 장애

지능이 70 이하로 낮아 일상생활과 사회적응이 곤란한 장애유형이다. 발생원인을 알 수 없는 경우가 더 많지만, 생물학적 원인은 불완전한 임신, 유전적 원인, 산전원인, 분만시 원인, 출생 후 원인 등이며, 사회심리적으로는 낙후된 성장환경, 위험한 활동이나 부모의 학대, 무관심, 학습기회 부족 등으로도 발생할 수 있다. 지적 장애인의 경우 관찰학습이나 우연학습능력이 부족하여 기억증진 프로그램이나 반복학습이 필요하다. 비정상적 언어패턴을 보이며, 언어지체를 동반하는 경우가 많다.

② 정신장애

정신장애인은 의학적 진단분류에 따라 정신과 전문의에 의해 판단된다. 정신분열증, 분열성 정동장애, 양극성 정동장애, 반복성 우울

장애 등의 진단명을 부여받은 경우에 한하며 단계적으로 장애유형을 정하고 있어 1단계로 만성중증정신질환, 자폐 등이 장애유형으로 분류되었으며, 현재는 2단계 만성알코올중독, 약물중독, 기질성 뇌증후군, 자폐 이외 발달장애인까지 정신장애로 분류하고 있다.

③ 발달장애

정확한 원인은 잘 알려지지 않고 있으나 현재 학계의 동향은 환경보다는 생물학적 요인, 즉 신경손상 등에 있다고 보는 경향이 지배적이다. 외견상 신체적 발달이나 운동능력 발달은 정상이지만, 언어발달이 아주 늦어 의사소통에 어려움을 겪는다. 질문 자체를 그대로 반복하는 반향언어를 사용하고, 장난감이나 물건을 가지고 노는 데 열중한다. 상대방의 눈을 마주치는 것을 꺼려하는 등의 행동양상을 보인다.

2. 장애인의 문제

1) 심리사회적 문제

장애인은 오랜 기간 어려움을 겪으면서 살아가기 때문에 많은 심리적 문제를 안고 있다. 장애인의 심리적 대응전략은 대개 부정, 퇴행, 분노, 불안, 우울, 수용의 형태로 나타나는데, 이러한 심리적 반응은 질병발생이나 외상 후 시간이 경과함에 따라 다르게 나타난다.

2) 가족갈등문제

한 가정에 장애인이 발생하면 그 가정은 신체적・정신적・사회적・경제적 부담을 지고 생활하게 되는 공동운명체가 된다. 장애인의 부모와 형제, 배우자, 자녀는 생활의 균형을 잃기 쉽다. 가족은 장애인이 영구적으로 의존하여 평생 살아야 할지도 모른다는 사실에 불안해하며, 장애인이 수입원이었던 가장일 경우 가족역할의 변화와 경제적 위기를 예상해야 하기도 한다. 또한 장애인 가족은 가정생활 만족도가 현저하게 낮게 나타나는데, 불만족의 이유로는 장애인 자신의 의존심, 경제적 부담, 심리적 문제 등이 있다. 그리고 장애자녀의 교육, 치료 및 재활을 위한 장애자녀에 대한 관심집중은 가족갈등문제를 유발하기도 한다.

3) 교육문제

장애아동에 대한 특수교육은 초등학교 및 중학교 과정이 의무교육이며, 유치원 및 고등학교 과정의 교육은 무상교육으로 제공된다. 이처럼 학령기 장애아들은 적절한 교육을 받을 수 있도록 특수교육진흥법에 규정되어 있음에도 불구하고 실제로 장애아동들이 학교로부터 받는 서비스는 제한적이다. 왜냐하면 지역에 따라 특수학교와 특수학급이 불균형하기 때문이다(배기효, 2008: 288).

4) 의료문제

의료는 장애인 재활의 기초가 되며, 장애에 대한 치료, 예방, 재활 등을 위한 의료서비스의 확대가 요구된다. 정부에서는 장애인들이 안고 있는 문제에 대한 의료재활을 위해서 재활전문의의 양성, 재활의료기관의 확대, 생활이 곤란한 장애인의 의료비지원 등과 같은 다각적 의료재활서비스 시책을 어느 정도 실시하고 있다. 그러나 장애인의 다양한 의료문제들을 해결하기에는 현실적으로 아직 거리가 있는 것이 사실이다.

5) 경제문제

한 가정에 장애인이 발생하게 되면 그 가정의 부모와 형제, 배우자, 자녀들은 생활의 어려움을 겪는데, 장애로 인한 추가적 비용이 많이 들기 때문에 경제적 부담이 가중된다. 장애인의 가족들은 장애인과 관련하여 상당한 정도의 추가지출 부담을 안고 있음에도 불구하고 이 모든 부담이 전적으로 개별 가족에게 전가되어 장애인이 적절한 치료와 교육을 받지 못하고 방치되는 경우가 적지 않은 것으로 파악되고 있다. 이는 결국 장애 정도를 심화시키고 재활의 가능성과 기회를 축소시킴으로써 사회적으로도 커다란 손실을 초래하게 된다. 우리나라의 경우 한국장애인개발원(2008)의 자료에 의하면, 기초생활보장 수급가구의 비율은 비장애인가구의 경우 2.7%인 반면, 장애인가구는 11.8%로 4배 이상 높게 나타났으며, 장애인가구 중 소득인정액 120% 미만의 법정차상위가구는 9.0%, 소득인정액 120% 이상, 소득 120% 미만의 소득차상위 가구는 9.6%로 장애인가구 전체의 30.4%가 차상위계층 이하로 나타나 다수의 장애인들이 빈곤한 생활을 하고 있음을 알 수 있다.

6) 고용문제

장애인들은 사회적 편견으로 근로의 권리로부터 소외되고, 일할 기회가 주어지지 않는 실정이다. 2005년 장애인실태조사결과 장애인

실업자 비율은 전체 실업률(3.3%)에 비해 매우 높으며(10.6%), 취업자 비율에서 여성장애인에 비해 남성장애인이 2배인 것으로 나타났다. 그리고 취업분야는 단순노무직 등에 편중되어 있고, 취업장애인의 소득은 월평균 115만 원으로 상용종업원의 45%에 불과하며, 대다수 장애인이 자신이 하는 일에 비해 수입이 적다고 생각하는 것으로 나타났다. 이를 통하여 우리나라 장애인 고용문제는 높은 실업율과 낮은 임금 등의 문제인 것을 알 수 있다(배기효, 2008: 289).

7) 편견문제

장애인에 대한 편견문제는 이들에 대한 장점을 이해하기보다는 약점이 많다는 인식을 하고 있다. 장애인은 개인적·사회적으로 열등하다고 간주하면 그들은 자신을 열등한 존재로 인식하고 부정적 자아상을 가지기 쉽다. 즉, 장애인에 대한 사회적 편견, 차별 등이 우리의 의식구조에 내면화되어 있기에 그 외 많은 것들이 더욱 중요하다는 것을 상실해버리는 경우가 많다. 이러한 사회적 냉대의식이 그대로 있는 한 장애인 문제해결이 어려워질 수밖에 없다.

3. 장애인을 위한 자원봉사활동의 필요성과 프로그램

1) 장애인을 위한 자원봉사활동의 필요성

어떤 시대나 어떤 사회든지 자원봉사활동이 존재하는 곳이라면, 장애인은 그 활동의 주요한 대상 중 하나라고 할 수 있을 것이다. 비록 그 활동이 연민에서 비롯된 것이건, 인간존중의 사상에서 비롯된 것이건, 사회연대의식에서 생긴 것이건 간에 장애인은 고령자와 더불어 그 일차적 대상이 되었다.

더욱이 장애인이나 노인 등 일차적인 사회적 약자들에 대한 복지사상의 중심을 정상화의 구현에 두고 이를 위한 각종 정책 및 서비스들에서 자원봉사활동이 더욱 중요한 위치를 차지하였다. 오늘날 대부분의 사회에서는 이들을 사회로부터 격리시키지 않고, 지역사회 내에서 영위할 수 있도록 하는 국가적 차원에서의 시책들이 형성되었다. 이러한 차원에서 볼 때 장애인을 위한 자원봉사활동의 중요성이 점점 더 큰 비중을 차지하고 있다.

더욱이 고전적 자원봉사활동이라 할 수 있는 장애인을 위한 신변수발 외에 장애인의 사회통합과 재활, 자립 등 다방면에 걸친 다양한 자원봉사활동들이 공적 부문과 민간부문을 막론하고 활발히 진행되고 있다.

2) 장애인을 위한 자원봉사활동 프로그램

장애인을 위한 자원봉사활동은 아동·청소년·노인 등 다른 대상보다 다양하고 광범위하다. 이것은 이미 앞에서 살펴본 장애인의 문제에서 알 수 있듯이 장애인의 연령층이 어린 유아부터 노인층에 이르기까지 다양하며, 장애유형별 특성과 욕구가 크기 때문이다. 장애인을 위한 자원봉사활동의 프로그램은 자립기능 향상서비스와 사회적 지지를 구분하여 살펴보면 〈표 24-2〉와 같다.

〈표 24-2〉 장애인을 위한 자원봉사활동 프로그램

목표	체계	서비스	프로그램
자립기능 향상(직접 대인서비스)	심리적 지지	정서적 위문	▪ 동료 상담 ▪ 재활전화 상담
		심리적 자립	▪ 발달장애인 친구되기
	사회성 증진	사회활동 지원	▪ 외출 동행 ▪ 차량지원 ▪ 중증장애인 나들이 보조 ▪ 언어소통을 위한 수화통역 ▪ 특수학교 장애아동 통학보조 ▪ 발달장애인의 대중교통이용 지도 및 보조 ▪ 발달장애인의 지역사회시설이용 지도 및 보조
		교육지원	▪ 장애아동 학습보조 ▪ 장애아동 학습지도 ▪ 장애인 컴퓨터 교육 ▪ 시각장애인 이동훈련 보조
		여가선용	▪ 체육활동 지도 ▪ 현장학습 지도 ▪ 여가선용 보조 ▪ 장애아동 발달을 위한 학예활동 지도
	생활안정	취업지원	▪ 구인·구직 개척 ▪ 교용홍보 보조 ▪ 작업지도 및 보조 ▪ 취업알선 및 사후지원 ▪ 구직장애인을 위한 직업상담 ▪ 장애인 직업재활을 위한 욕구분석 보조
		생활지원	▪ 목욕보조 ▪ 반찬지원 ▪ 이·미용 ▪ 가사활동 지원
		보호활동	▪ 장애아동 돌보기
		의료지원	▪ 순회진료 ▪ 언어치료 보조
사회적 지지(간접 서비스)	시설지원	업무보조	▪ 관련시설·단체 업무보조 ▪ 시각장애인을 위한 녹음서제작 보조 ▪ 시각장애인을 위한 도서 전산화 ▪ 전국장애인 체육대회 보조 ▪ 후원자 개발·관리 보조 ▪ 장애아동 학습증진을 위한 학습자료제작 보조
		기술지원	▪ 설비·장비보수 및 환경관리
	사회환경 조사	조사·개발	▪ 장애인관련 조사연구사업 보조
		캠페인	▪ 장애인관련 각종행사

자료: 한국사회복지협의회 자원봉사프로그램백과 ⑤, 1997: 20.

제25장

사회복지시설에서의 자원봉사활동

1. 사회복지시설의 이해

1) 사회복지시설의 정의

사회복지기관(*agency*)과 시설(*institution*)은 명확히 구별되기 어려운 점이 있다. 그러나 통상적으로 복지서비스 대상자인 클라이언트를 직접적으로 접촉하여 활동하는 경우에는 시설, 그렇지 않은 간접적 활동을 수행하는 경우에는 기관의 용어를 사용하는 것이 일반적이다.

우리나라 사회복지사업법 제2조 제5항에 의하면 "사회복지시설이라 함은 사회복지사업을 행할 목적으로 설치된 시설을 말한다"라고 규정되어 있다. 다시 말해 '아동 · 노인 · 장애인 기타 스스로 정상적 사회생활을 하기 어려운 사람들에 대한 보호 · 치료 · 자립 등의 서비스를 제공할 것을 목적으로 통원 · 수용 기타의 방법으로 이들에게 편익을 제공하기 위해 마련된 장소 · 설치 · 건조물 등'을 사회복지시설이라 정의할 수 있을 것이다.

2) 사회복지시설의 기능

사회복지시설은 생존권적 문제를 가진 사람들에 대해 보호, 원호, 육성, 갱생 등의 사회복지서비스를 제공함으로써 그들의 문제를 해결 완화하는 시설운영 조직을 말한다. 사회복지시설의 기능을 보면 가족대체기능과 전문적 원조의 기능으로 크게 나룰 수 있다(배기효, 2008: 328).

가족대체의 기능은 ① 가정대체적 기능: 가정에서 이뤄지는 기본적 보호 부양의 기능이 가족의 부양능력 결여에 의해 곤란한 경우 그 기능을 대체하는 것, ② 경제적 보호·원호의 기능: 생활곤궁과 그 밖의 다른 장애를 가진 사람에 대하여 주로 경제적 측면에서의 보호, 원호를 행하는 것으로 나눌 수 있다. 전문적 원조의 기능은 ① 치료, 교육, 갱생적 기능: 일반가정에서 수행하기가 곤란한 개입원조와 치료, 교육, 훈련을 시행함으로써 갱생을 원조하는 것, ② 육성적 서비스 기능: 신체적, 정신적 또는 사회적으로 장애를 가진 사람들에게 편의를 제공하고 육성을 원조하는 것으로 나눌 수 있다.

3) 사회복지시설의 종류

우리나라의 사회복지시설은 사회복지사업법 제2조와 관련법령의 적용을 받고 있다. 그 구체적 사회복지시설은 〈표 25-1〉과 같다.

사회복지시설은 대상의 특성에 따라 종합사회복지관, 부랑인·노숙인시설, 결핵·한센시설, 노인복지시설, 아동복지시설, 장애인복지시설, 정신보건시설, 지역자활센터, 복합노인복지시설, 한부모복지시설, 보육시설 등으로 나눌 수 있고, 각 시설종류에 따라 생활시설과 이용시설로 구분하고 있다. 노인복지시설 중 생활시설은 노인주거복지시설과 노인의료복지시설로 나누고, 이용시설로는 재가노인

〈표 25-1〉 사회복지시설의 종류

관련법	시설종류	세부종류		소관부서
		생활시설	이용시설	
사회복지사업법	▪ 종합사회복지관 ▪ 부랑인 · 노숙인시설 ▪ 결핵 · 한센시설	▪ 부랑인시설 ▪ 결핵 · 한센시설	▪ 종합사회복지관 ▪ 노숙인쉼터 ▪ 상담보호센터	보건복지가족부
노인복지법	▪ 노인복지시설	▪ 노인주거복지시설 ▪ 노인의료복지시설	▪ 재가노인복지시설 ▪ 노인여가복지시설 ▪ 노인보호전문기관	
아동복지법	▪ 아동복지시설	▪ 아동양육시설 ▪ 아동일시보호시설 ▪ 아동보호치료시설 ▪ 아동직업훈련시설 ▪ 자립지원시설 ▪ 아동단기보호시설 ▪ 공동생활가정	▪ 아동상담소 ▪ 아동전용시설 ▪ 아동복지관 ▪ 지역아동센터 ※ 2개 이상 아동시설이 혼합된 종합시설 설치가능	
장애인 복지법	▪ 장애인복지시설	▪ 장애인생활시설 ▪ 장애인유료복지시설	▪ 장애인지역사회재활시설 ▪ 장애인직업재활시설	
정신보건법	▪ 정신보건시설	▪ 정신요양시설 ▪ 사회복귀시설 중 생활(주거) 시설	▪ 사회복귀시설 중 이용시설	
국민기초 생활보장법	▪ 지역자활센터		▪ 지역자활센터	
농어촌 주민의 보건복지증진을 위한 특별법	▪ 복합노인복지시설	▪ 농어촌지역에 한해 노인복지시설 중 "노인보호전문기관"을 제외한 2종류 이상의 노인복지시설을 동일 또는 인접 건물에 설치가능		
한부모가족 지원법	▪ 한부모가족복지시설	▪ 모(부) 자보호시설 ▪ 모(부) 자자립시설 ▪ 미혼모(자) 시설 ▪ 공동생활가정 ▪ 일시보호시설	▪ 여성복지관 ▪ 한부모가족복지상담소	
영유아보육법	▪ 보육시설		▪ 보육시설	

〈표 25-1〉 계 속

관련법	시설종류	세부종류		소관부서
		생활시설	이용시설	
성매매방지 및 피해자보호 등에 관한 법률	▪ 성매매피해지원시설	▪ 일반지원시설 ▪ 청소년지원시설 ▪ 외국인여성지원시설	▪ 자활지원센터	여성부
성폭력범죄의 처벌 및 피해자보호 등에 관한 법률	▪ 성폭력피해보호시설	▪ 성폭력피해자보호시설	▪ 성폭력피해상담소	
가정폭력방지 및 피해자보호 등에 관한 법률	▪ 가정폭력보호시설	▪ 가정폭력피해자보호시설	▪ 가정폭력상담소	

자료: 보건복지가족부, 2009b.

복지시설, 노인여가복지시설, 노인보호전문기관이 있다.

아동복지시설 중에서 생활시설은 아동양육시설, 아동일시보호시설, 아동보호치료시설, 아동직업훈련시설, 자립지원시설, 아동단기보호시설, 공동생활가정이 있고, 이용시설은 아동상담소, 아동전용시설, 아동복지관, 지역아동센터가 있다.

장애인복지시설은 생활시설로 장애인생활시설, 장애인유료복지시설이 있고, 이용시설로는 장애인지역사회재활시설과 장애인직업재활시설이 있다.

정신보건시설은 생활시설로 정신요양시설, 사회복귀시설 중 생활(주거)시설이 있고, 이용시설로는 사회복귀시설 중 이용시설이 있다.

자활관련 시설은 이용시설로 지역자활센터가 있다.

한부모가족복지시설은 생활시설로 모(부)자보호시설, 모(부)자자립시설, 미혼모(자)시설, 공동생활시설, 일시보호시설이 있고, 이용시설로는 여성복지관, 한부모가족복지상담소가 있다.

보육시설은 0세~만 5세까지 영유아를 어린이집에서 보육하는 이용형 시설이 있다.

그 밖에도 생활시설로 부랑인시설과 결핵·한센시설이 있고, 이용시설로는 종합사회복지관, 노숙인쉼터, 상담보호센터가 있다.

이상의 사회복지시설은 보건복지가족부가 관리감독의 주무부처가 되고 있다. 그러나 여성복지 관련 영역인 성매매피해지원시설과 성폭력피해보호시설, 가정폭력보호시설은 여성부가 주무부처로 되어 있다.

2. 사회복지시설 자원봉사활동의 필요성과 프로그램

1) 사회복지시설 자원봉사활동의 필요성

인간다운 삶 안에는 제도적 복지시책이 완벽하게 갖춰졌다고 할지라도 충족될 수 없는 부분이 있다. 그것은 인간적 정, 마음의 나눔에서 오는 만족감이다. 이 부분은 이웃과의 관계 속에서 얻어질 수 있다. 이런 정서적 만족감을 얻지 못한 사람에게는 사회부적응 행동이 일어나기가 쉽다. 특히 육아시설에서의 정서적 안정은 시설생활 아동의 일생을 좌우하는 중요한 요인이 된다. 올바른 이웃과의 관계를 맺는 것, 그 자체가 바로 자원봉사활동인 것이다.

또한 사회복지시설은 대부분 생활시설인 입소시설이다. 이러한 입소시설은 사적 생활이 존재하지 않는 집단생활이 이뤄지는 것으로 가정적 분위기를 가질 수 없다. 또한 우리나라의 경우 시설 자체가 대부분 지역사회와는 심리적으로 격리되어 있어 시설거주자들은 많은 경우 고독감을 갖고 생활하고 있다. 특히 시설입소자에 대한 사회적 인식이 이들을 낙오자로 낙인찍고 정상인과 구별하는 경향이 강할 뿐만 아니라 심지어는 인간으로서의 보편적 가치조차 인정하지 않으려는 경향조차 보이고 있다.

따라서 시설입소자의 사회복귀나 재활에 어려움이 따르고 아무리 시설직원들이 개별적 서비스를 행하고 가족적 체험을 가질 수 있도록 노력한다 하더라도 그다지 실효를 거두지 못하고 있다. 더구나 시설과 시설직원의 노력과 능력에는 한계가 있다. 이러한 이유로 복지시설의 사회화 문제가 대두되고 있으며, 이것과의 관련에서 자원봉사활동이 더욱 요구되는 것이다.

사회복지생활시설은 역사적으로 과거에는 요보호대상자를 사회일반으로부터 격리수용하거나 혹은 최저생활보장을 위해 수용·보호하는 모습을 나타내기도 했다.

그러나 최근에는 단지 입소자들을 수용·보호하는 것이 아니라 이들에게 적절한 재활과 자활프로그램 및 개입을 제공하여 지역사회 일반의 사람들과 같이 생활할 수 있게 하는 목적을 가지고 있다. 이에 따라 사회복지시설에서의 자원봉사활용이 더욱더 중요하다.

2) 사회복지시설에서의 자원봉사활동 프로그램

사회복지시설에서 자원봉사활동의 활용은 시설보호에서 기본원리에 보다 충실할 수 있는 정상화 이념의 대두로 더욱 심화된 시설보호로의 방향으로 나아갈 수 있는 방법이 될 것이다. 또한 사회복지시설은 지역사회의 공공시설이고 시설생활자가 지역주민이며 자원봉사자도 지역주민이라는 현실을 감안할 때, 시설에서의 자원봉사활동 활용은 기본적인 것이다.

여기서 사회복지시설에서의 종별 자원봉사활동 프로그램을 살펴보면 〈표 25-2〉와 같다.

〈표 25-2〉 사회복지시설 종별 자원봉사자활동 프로그램

시설종류	시설종별 활용프로그램	공통적 활용프로그램
아동 복지시설	▪ 학습지도, 미취학아 지도, 예·체능 및 특기지도(피아노·그림·태권도·웅변·서예·주산·농악·타자·각종 스포츠지도 등), 일일부모 및 형제자매 역할, 운동회 및 소풍 따라가기, 방학중 캠프실시, 지역사회의 각종 기관 및 시설방문, 연장아 진로지도, 결연아동 후원, 아동용품(의류, 학용품, 놀이기구)의 수집제공, 시설아동을 가정으로 초대 등	▪ 각종 업무보조 ▪ 노력서비스 ▪ 상담서비스 ▪ 의료서비스 ▪ 이·미용서비스 ▪ 자동차와 운전기술의 제공 ▪ 방문 ▪ 종교지도 ▪ 각종 행사보조 ▪ 각종 모금활동에 참여 ▪ 각종 조사연구 ▪ 다른 사회복지시설을 방문하여 자원봉사활동 실시 ▪ 시설운영의 자문 ▪ 비디오나 영화상영 ▪ 시설설비 및 기구수리 ▪ 집단지도서비스 ▪ 시설의 건립 등
장애인 복지시설	▪ 아동복지시설의 자원봉사활동 프로그램에 참가하여 생활지도(안아주기, 말하기, 걷기), 낭독·점역·안내서비스·장애인 레크리에이션, 수화지도, 보행훈련보조, 각종 기술지도(칠기, 수예 수직, 목공예, 도자기, 인쇄, 재활기구 제공, 편지쓰기, 전화걸기, 목욕 및 식사서비스, 장애인 직장제공 및 알선, 장애인 치료보조, 장애인용 의복·장난감, 악기 등의 제작, 장애 정도별 생활용품 제작 등	
한부모 가족복지 시설	▪ 모자시설은 아동복지시설의 자원봉사활동 프로그램 중 일부와 남성적 놀이지도, 모친교(자녀지도, 생활지도 등), 작업지도 및 알선, 생애교육 각종 취미지도, 모자공동참여 프로그램 실시 각종 정보안내 등 ▪ 부녀직업보도시설은 각종 기술지도(디자인, 컴퓨터, 편물, 미용 등), 각종 취미지도(꽃꽂이, 수예, 서예, 예절 등), 정서적 안정을 위한 서비스 등	
노인복지 시설	▪ 말벗 및 편지쓰기, 생필품 수집제공, 관광여행 실시, 재활기구 제공, 재활치료 보조, 식사 및 목욕서비스, 여가선용 프로그램서비스, 호스피스서비스, 노인체조지도, 가벼운 스포츠지도, 경로·생일잔치 개설, 노인 결연사업 참여 등	
기타	▪ 전문적 상담서비스, 치료보조, 각종 취미지도 등	

자료: 박태영, 2008: 65.

제26장

사회복지관에서의 자원봉사활동

1. 사회복지관의 이해

1) 사회복지관의 정의

우리나라 '사회복지관 설치운영규정'에는 사회복지관이란 지역사회를 기반으로 일정한 시설과 전문인력을 갖추고 지역주민의 참여와 협력을 통하여 지역사회복지문제를 예방하고 해결하기 위하여 종합적 복지서비스를 제공하는 시설을 말한다.

여기서 지역사회복지란 주민의 복지증진과 삶의 질 향상을 위하여 지역사회 차원에서 전개하는 사회복지를 말한다. 사회복지관의 목표는 "사회복지관은 사회복지서비스 욕구를 가진 모든 지역사회주민을 대상으로 보호서비스, 재가복지서비스, 자립능력 배양을 위한 교육훈련 등 그들이 필요로 하는 복지서비스를 제공하고, 가족기능 강화 및 주민상호간 연대감 조성을 통한 각종 지역사회문제를 예방·치료하는 종합적 복지서비스 전달기구로서 지역사회 주민의 복지증진을 위한 중심적 역할을 수행하여야 한다"고 되어 있다.

사회복지이용시설 중 가장 대표적인 것으로 자원봉사자의 활용이 활발한 곳은 사회복지관이라 할 수 있다. 사회복지관은 전국적으로 2008년 12월 말 391개소로 특정 인구층만을 대상으로 하는 단종복지관과 지역사회복지관이 있다. 지역사회복지관은 각종 복지프로그램을 통해 생활이 어려운 주민들에게 사회복지서비스를 제공하거나, 자립능력 배양을 위한 교육훈련의 기회제공 등 각종 복지서비스를 제공하며 지역사회문제의 예방·치료 및 지역주민의 연대감을 조성하는 사회복지시설로 지역주민의 복지증진을 위한 종합복지센터의 역할을 수행하는 곳이다.

지역사회복지관은 사회복지 대상자들을 수용·보호하는 곳이 아니라는 점에서 사회복지생활시설과는 구별되는 이용시설이다. 또한 장애인복지관이나 노인복지관 등 다른 사회복지이용시설과는 달리 특수한 집단을 대상으로 하여 서비스가 편성되기보다는 지역을 단위로 하여 지역주민에게 종합적 사회복지서비스를 제공하기 위한 곳이라는 특성을 가지고 있다.

이러한 사회복지관은 일정한 지역에 자리잡고 있고, 지역의 가족 및 가족성원에게 관심을 가지며, 지역의 어떤 특정한 연령층이나 계층과는 상관없는 서비스 전달체계의 하나이고, 지역주민들의 통합, 연대, 공동적 관심사에 개입하며, 연구적이고 시범적인 사업을 수행하고 있다(김만두, 1994: 40).

이러한 견해를 종합하면 사회복지관은 지역주민의 욕구와 지역문제를 해결하고 예방하기 위한 전문적 서비스를 제공하며, 지역주민의 문제해결능력을 배양하고 지역사회의 연대감을 증대시키는 기관이라고 할 수 있다(표갑수, 2003: 262).

2) 사회복지관의 기능과 역할

사회복지관은 그들이 표방하는 사회관의 기능, 목표, 역할 등이 지역의 성격과 문제에 따라 독특하고 다양하게 나타나기 때문에 일률적으로 그 성격을 규정하기가 대단히 어렵다. 그러나 사회복지관은 지역주민의 욕구해결을 위해 가장 민감하고 융통성 있게 활동할 수 있다는 면에서 획일적 사업만을 전개하는 다른 기관이나 시설보다 효율적 기관이라 볼 수 있다. 여기에서 딜릭(Dillick)이 제시한 사회복지관의 기능과 역할을 간략히 살펴보면 다음과 같다(최일섭·류진석, 1996: 320).

- 첫째, 근린지역의 다양한 욕구를 충족시키기 위해 통합된 서비스를 제공한다.
- 둘째, 서비스의 중복과 누락을 방지하기 위해 서비스간 조정을 꾀한다.
- 셋째, 지역주민들의 문제해결을 위해 공동노력을 할 수 있도록 집단을 구성하게 한다.
- 넷째, 주민집단으로 하여금 사회적 목표를 수정하고 새로운 목표를 만들어낼 수 있도록 한다.

보건복지부의 사회복지관의 기능과 역할은 다음과 같다(보건복지부, 2002: 179~180).

(1) 지역사회 주민의 욕구파악 및 평가

지역사회의 인적·물적 환경의 특성과 주민들의 당면한 사회복지욕구를 합리적으로 조사·평가하는 것은 사회복지관의 지역사회복지사업 개발에 주민의 참여를 활성화하기 위한 동기조성의 기초가 된다.

(2) 주민의 성장과 자립을 위한 종합사회복지서비스 제공

사회복지관은 사회생활의 현장에서 주민들의 성장과 발전, 그리고 사회적 자립을 직접·간접으로 돕는 종합복지센터의 역할을 수행한다.

(3) 지역사회통합의 매개역할

지역사회 주민 및 유관기관·단체 상호간의 지역공동체의식을 고취하고 주민의 자발적 참여로 지역사회 발전을 도모한다.

(4) 지역사회 민간자원의 발굴 및 활용

사회복지에 대한 지역주민의 자발적 참여를 통한 자원봉사자와 후원자를 적극적으로 개발·활용하여 지역사회복지에 관한 연대의식을 고취한다.

(5) 주민을 위한 사회교육의 매체

저소득층 주민들의 생활향상과 자기실현을 위하여 새로운 생활정보의 보급, 지식·교양의 증대, 자립의욕의 활성화를 위한 동기조성, 지역사회 소속감 부여를 위한 사회교육의 모체기능 등을 수행한다.

이상과 같은 사회복지관은 〈표 26-1〉에서 보듯이 종합적 사회복지 기능과 지역사회 문제해결 및 조직화 기능을 수행하는 기관이다.

이러한 사회복지관의 기능과 역할에서 알 수 있듯이 사회복지관은 첫째, 지역사회를 근거로 하는 복지기관(*community-based agency*)이다. 즉, 사회복지관의 사업범위를 지역사회로 한정하고 있다는 것은 지역적 근거에 기반을 두고 있어야 한다는 것이다. 왜냐하면 사회복지관은 대상을 특정화시키기 어렵고, 저소득층 지역인지 아니면 중산층 지역인지에 따라 사업의 내용과 성격이 결정되기 때문에 지역적 특성을 고려해야 한다. 둘째, 지역사회 주민들의 욕구 및 문제를 파

악하여 이에 필요한 서비스를 제공하는 직접서비스 기관이다. 셋째, 사회복지사와 같은 전문인력의 확보를 통해 지역사회 주민들의 복지 증진을 위한 전문적 서비스 프로그램을 실시하는 복지기관이다. 다시 말해 사회복지관은 "지역사회에서 일정한 시설과 전문인력을 확보하고, 지역사회 주민의 욕구충족을 위해서 뿐만 아니라 지역사회문제의 예방과 개선을 위한 직접적 혹은 간접적 사회복지서비스를 제공하며, 주민참여와 자원동원 등의 분야에서 지역사회가 공동으로 대처하는 능력향상에 기여함으로써 지역사회통합을 증진시키려는 지역사회중심의 복지기관"이라 할 수 있다(최일섭 · 류진석, 1996: 324~325).

〈표 26-1〉 사회복지관의 기능과 역할

사회복지관의 기능	사회복지관의 역할
종합적 사회복지서비스의 전달기능	▪ 문제를 지닌 개인이나 가정에 대한 지원서비스를 제공하는 역할 ▪ 사회화 또는 발달적 욕구충족을 위한 서비스센터로서의 역할 ▪ 특수한 문제나 욕구에 부응하여 구체적 서비스나 정보제공 및 의뢰서비스를 제공하는 역할
지역사회 문제해결 및 지역사회조직화의 기능	▪ 지역사회 문제해결을 위한 주민참여 중심체로서의 역할 ▪ 지역사회개발을 위한 주민 또는 기관 간의 공동계획 및 조정의 역할 ▪ 특정 집단의 이익대변 및 사회행동센터로서의 역할
양 기능에 수반되는 공통의 역할	▪ 지역사회 자원동원의 역할 ▪ 지역사회욕구조사와 문제파악의 역할 ▪ 지역주민의 단합과 연대감 조성의 역할

자료: 황성철 · 강혜규, 1994: 209~210.

2. 사회복지관에서 자원봉사활동의 필요성과 프로그램

1) 사회복지관에서 자원봉사의 필요성

첫째, 지역사회 자원봉사활동을 통해 지역주민의 상호연대의식을 증진시킬 수 있다. 사회복지관의 효율적 서비스 프로그램의 계획 및 실행을 위한 재원마련은 지역주민들의 재정적 지원 또는 기부금, 모금행위를 통해서 이뤄질 수 있으며, 이는 주민들의 사회연대의식과 자발적 참여를 기초로 하고 있다. 따라서 자원봉사활동은 사회복지관 활동에 개별화된 지역주민들을 사회복지관으로 통합시키게 됨으로써 주민들의 상호연대의식을 증진시킬 수 있다.

둘째, 서비스 프로그램의 효과성 및 효율성을 제고시키기 위해서도 지역사회의 자원봉사자 활용은 필요하다. 사회복지관의 전문성을 발휘하기 위해, 그리고 지역주민의 욕구에 맞는 서비스를 제공하기 위해 자원봉사자를 효율적으로 활용해야 한다는 점이다(김범수, 2005: 313).

셋째, 사회복지관 서비스 프로그램에 대한 정확한 인식과 접근성을 증진시키기 위해 지역사회의 자원봉사자 활용이 필요하다.

넷째, 복지자원의 효율적 활용의 의미이다. 사회복지관의 유급직원은 대부분 사회복지에 대한 전문성을 보유하고 있다. 그리고 이들이 전문성을 발휘하여 보다 수준 높은 사회복지프로그램을 기획하고 실행하기 위해서는 기본적인 일상적 보호(*care*) 활동의 부담을 경감시키는 것이 필요하다. 지역사회의 자원봉사자를 활용함으로써 사회복지 전문가와 일반 참여자 사이에 효율적 역할분담이 나타나도록 할 수 있다. 그리고 사회복지사 등 전문가는 자원봉사자에 대한 관리감독 등 지원과 새로운 프로그램 개발에 진력할 수 있다(남기철, 2007: 413).

2) 사회복지관에서의 자원봉사활동 프로그램

사회복지관은 지역주민의 종합적 서비스를 제공하는 기능을 수행하기 위해 다양한 프로그램을 실천하고 있다. 각 프로그램마다 자원봉사가 참여하고 있으므로 사회복지관의 자원봉사활동 프로그램을 파악하기 위해서 먼저 사회복지관의 사업내용을 알아야 한다.

(1) 사회복지관의 사업대상 및 내용

사회복지관은 이용시설로 생활시설과는 달리 일정한 거처가 있는 지역주민들이 필요한 시간에 사회복지관을 방문하여 원하는 사회복지서비스나 프로그램을 활용할 수 있게 하고 있다.

사회복지관의 제반 사업은 저소득 취약계층과 지역주민에 대한 실질적 사회복지서비스가 이뤄질 수 있도록 각 사업을 유기적으로 연계하여 실시하고 있다.

사회복지관 사업의 대상은 사회복지서비스 욕구를 가진 모든 지역주민으로 다만, 다음의 주민을 우선 대상으로 하여 사업을 진행하도록 되어 있다(보건복지가족부, 2009a: 9).

① 국민기초생활보장 수급자, 차상위계층 등 저소득 주민
② 장애인, 노인, 모・부자가정 등 취약계층 주민
③ 직업・부업훈련 및 취업알선이 필요한 주민
④ 유아, 아동 또는 청소년의 보호 및 교육이 필요한 주민
⑤ 기타 긴급지원이 필요하다고 인정되는 주민

이러한 서비스의 대상을 살펴보면 사회복지관의 사업이 국민기초생활보장 수급자 및 저소득 주민, 사회적 취약계층중심으로 전개되고 있음을 알 수 있다.

사회복지관의 사업내용은 〈표 26-2〉와 같이 가족복지사업, 지역사회보호사업, 지역사회조직사업, 교육·문화사업, 자활사업으로 구분되고 있다.

사회복지관은 지역사회의 특성과 지역주민의 복지욕구에 대한 조사결과를 바탕으로 사업내용을 자율적으로 결정하여 실천하도록 되

〈표 26-2〉 지역사회복지관의 주요 사업별 내용

분야	단위사업	우선사업 대상 프로그램
가족복지사업	▪ 가족관계증진 ▪ 가족기능 보완 ▪ 가정문제 해결·치료 ▪ 부양가족 지원	▪ 개인 및 가정문제 등 상담 ▪ 방과후 아동보호 프로그램
지역사회 보호사업	▪ 급식서비스 ▪ 보건의료서비스 ▪ 경제적 지원 ▪ 일상생활 지원 ▪ 정서서비스 ▪ 일시보호서비스	▪ 급식서비스(식사배달, 밑반찬 배달, 무료급식 등) ▪ 주간보호소·단기보호소 운영
지역사회 조직사업	▪ 주민조직화 및 교육 ▪ 복지네트워크 구축 ▪ 주민복지 증진 ▪ 자원봉사자 양성 및 후원자 개발·조직	▪ 주민조직체 형성 및 운영 ▪ 복지네트워크 구축
교육·문화 사업	▪ 아동·청소년 기능교육 ▪ 성인 기능교실 ▪ 노인 여가문화 ▪ 문화복지	▪ 노인 여가·문화프로그램 ▪ 아동·청소년 사회교육프로그램
자활사업	▪ 직업기능 훈련 ▪ 취업알선 ▪ 직업능력 개발 ▪ 자활공동체 육성	▪ 취업·부업 안내 및 알선 ▪ 취업·부업 기능훈련 및 공동작업장 운영

자료: 보건복지가족부, 2009a: 10.

〈표 26-3〉 사회복지관 자원봉사활동의 종류와 내용

자원봉사활동 종류	자원봉사활동 내용
보육프로그램	▪ 급식 돕기 ▪ 청소 및 환경정리 ▪ 보육자료 만들기 ▪ 보육교사 보조(아기돌보기) ▪ 행사보조(원내 또는 야외행사) ▪ 주방일 돕기 및 배식(간식 제공시)
아동 · 청소년	▪ 행정적 업무 돕기 ▪ 전화상담원으로서 활동 ▪ 불우한 아동 후원자 모집 ▪ 그림 그리기 지도 활동 ▪ 방과후 아동보호 · 지도 ▪ 학습부진아 학습지도 ▪ 음악활동(합창단 등) ▪ 외국어 지도 ▪ 연극부를 통한 지도활동 ▪ 스포츠 자원봉사활동 ▪ 행사 돕기(옥내 및 야외행사) ▪ 레크리에이션 지도자로 활동 ▪ 슬라이드나 비디오를 통한 시청각 교육 ▪ 상담활동(친구 · 이성관계, 학업, 진로문제) ▪ 기관에서 발행하는 회보나 회지발송(주소, 이름 쓰기, 우송 등)
노인	▪ 이 · 미용 자원봉사 활동 ▪ 취미교실 자원봉사 ▪ 독거노인 가사 돕기 ▪ 목욕시키기 활동 ▪ 무료급식 활동 ▪ 노인대학 강사로 활동 ▪ 노인상담전화의 상담원으로 활동 ▪ 노인자원봉사활동 조직 지원
재가복지	▪ 소년소녀가정 가사돕기 및 상담자원봉사 ▪ 소년소녀가정 아동을 집에 초대하기 ▪ 환자 가정을 위한 간병 및 가사 돌보기 ▪ 빈곤한 맞벌이 가정 어린이 돌봐주기 ▪ 빈곤가정 아동들의 도시락 만들어주기
기능프로그램	▪ 컴퓨터교실을 위한 강사 ▪ 가정요리반을 위한 자원봉사 강사 ▪ 기타 프로그램을 위한 강사 ▪ 양재 지도를 위한 강사 ▪ 수공예를 위한 강사

〈표 26-3〉 계 속

자원봉사활동 종류	자원봉사활동 내용
기타 복지관 프로그램	▪ 민속놀이 활동 ▪ 독서실을 위한 자원봉사 ▪ 의료사업: 노인의원이나 보건사업을 위한 자원봉사활동 ▪ 도서실 시설보조 및 책정리(파손된 책 수리 및 정리) ▪ 복지기관 환경정리(청소 및 화단가꾸기) ▪ 어린이 취미활동 보조: 그림교실, 글짓기, 종이접기, 바둑교실, 음악교실 등 ▪ 복지기관 업무를 도울 수 있는 자원봉사자 교육 및 조직활동

자료: 류기형 외, 2001: 502.

어 있다. 단 저속득층 등 우선사업대상자들을 위해 8개 이상의 프로그램을 선정하여 수행하고 우선사업으로 지정된 프로그램을 각 분야별로 1개 이상씩 포함하도록 하고 있다.

이미 살펴보았듯이 사회복지관은 지역주민을 위해 종합적이고 다양한 사회복지사업을 수행하기 때문에 많은 자원봉사자들을 필요로 하고 있다. 실제 그동안 다양한 사업의 수행을 위한 활동의 대부분은 지역사회문제에 관심을 가진 일반인들, 즉 자원봉사자에 의해 행해졌고 지역사회복지관에서의 자원봉사활동이 현대적 의미의 자원봉사활동으로 발전하게 하는 촉진제 역할을 제공하였을 뿐 아니라 지역사회복지관의 역할과 기능을 수행하는 핵심적 인력으로 기여함으로써 지역사회복지관은 물론 사회복지의 발전에도 크게 공헌하였다(홍봉선, 1998: 5).

이러한 사회복지관에서 자원봉사활동의 종류와 내용은 〈표 26-3〉과 같다.

제 5 부

자원봉사의 과제와 전망

1. 자원봉사의 과제
2. 자원봉사의 전망

1. 자원봉사의 과제

우리나라는 88올림픽 이후 자원봉사활동 참여가 확대되고 조직화와 체계화 노력이 다양하게 경주되고 있다. 1993년에는 전국 15세 이상의 9.8%가 자원봉사활동을 하였고, 행정안전부가 볼런티어 21에 의뢰하여 만 20세 이상을 대상으로 조사한 결과 자원봉사 참여율이 1999년 14.0%, 2002년 16.3%, 2005년 20.5%, 2008년 20.0%로 나타나 참여율이 점점 증가하였다. 1996년 대학 및 초·중·고교의 봉사학습 확대, 1997년 전문단체의 창설 활성화, 1998~1999년 정부의 자원봉사진흥책, 2000~2002년 '세계자원봉사자의 해'와 월드컵, 2005년 자원봉사활동기본법의 제정 등으로 한국의 자원봉사가 발전하였다.

이제 자원봉사활동의 주제가 이벤트성이나 사회적 약자만을 대상으로 한 자원봉사활동에 머물러 있거나 행사중심에서 주민의 일상생활화로 확산되어야 한다. 즉, 자원봉사활동 활성화의 장애요인을 제거하고 재구조화가 필요할 것이다.

이에 앞으로 자원봉사활동의 활성화를 위한 과제를 몇 가지 제시하고자 한다.

1) 자원봉사지원체계 재정비

(1) 정부부처별 전문영역의 분담체계 확립이 요구된다

자원봉사지원체계 및 추진체계가 공공체계의 경우 정부의 소관 부처별(보건복지가족부, 행정안전부, 교육과학기술부)로 자원봉사 관련 센터나 지원체계들이 혼란스럽게 중복과 누락의 문제를 안고 있어 자원봉사 활성화의 걸림돌이 되고 있다. 또 이는 자원봉사자의 욕구에 적절히 활용되기보다는 부처별 자원봉사 관련 센터간에 자원봉사자를 더 확보하기 위한 경쟁적 쟁탈전마저 야기되고 있다.

사실 1990년부터 정부부처들 사이에서 자원봉사관련법의 제정을 둘러싸고 자원봉사 주무부처에 관한 논란이 진행되었고, 결국 세미나, 공청회 등을 통해 행정안전부를 주무부처로 하는 것이 바람직하다는 의견이 수렴되었다. 그러나 행정안전부가 시·군·구, 읍·면·동까지 이르는 지방전달체계를 갖고 있을 뿐 자원봉사 행정과 전문업무를 총괄해서 다른 부처들의 업무와 조정하는 역할을 할 수도 없는 것이 사실이다.

따라서 각 정부부처별 자원봉사 전문영역을 분담하여 활성화하는 것이 오히려 현실적일 것이다.

세계 각국의 자원봉사 행정업무는 전문화와 분권화를 동시에 추구했다. 미국과 서구국가들처럼 사회복지분야, 청소년분야, 문화 등 전문영역에 따라 정부부처들의 자원봉사 업무가 전문화되면서 다양한 계층들의 참여와 이를 통한 공공정책 형성과 집행에 효율성을 높이고 있다. 즉, 미국의 경우 교육성은 학생들의 봉사학습을 관장하고, 보건성은 사회복지와 시민봉사단의 의료팀과 구호팀을 관장하며, 법무부는 동네감시팀과 지원경찰팀의 자원봉사활동을 지원하고 있다.

(2) 재정지원체계 확립

자원봉사조직의 수입은 현재 주로 회비나 후원금으로 충당하는 실정이지만 정부나 기업의 공공기금 조성 등을 통해 재정지원이 이뤄져야 한다. 이를 위해 정부와 민간이 공동으로 설립한 독립적 비영리민간단체 지원기금을 모으는 기구를 만들어 비영리민간단체에 대한 지원과 관련된 활동에서 정부의 직접적 개입을 축소하는 것이 하나의 방안이 될 수 있을 것이다.

(3) 자원봉사지원체계와 지방정부 간의 역할구분

지방정부는 자원봉사활동의 활성화를 위한 인프라 구축, 하드웨어 마련, 재정지원, 조례제정 등 제도적 장치구축을 위한 노력을 기울여야 하고, 자원봉사지원체계는 지방정부가 형성해 놓은 자원봉사 인프라 위에서 다양한 자원봉사프로그램의 개발·실천, 관련조직간의 네트워크 활용 등을 위한 노력을 기울여야 한다. 이들 양 조직은 상호간의 역할 차이에 따른 협력관계를 유지해야 한다.

2) 자원봉사관리의 강화

잘 교육된 자원봉사자의 관리는 새로운 자원봉사자의 개발 이상으로 중요하다. 이들이 계속적으로 자원봉사활동에 참여할 수 있도록 하기 위해서는 다음과 같은 사항에 유의해야 한다.

① 자원봉사활동의 중단이유 중 비교적 많이 지적되는 업무수행상 능력과 기술부족, 사명감 부족, 그리고 인식부족을 극복해 줄 수 있어야 한다.

② 자원봉사활동 중에서 그들이 희망하는 활동내용(메뉴)에 따라 적재적소에 배치하여야 한다. 즉, 각종 상담, 학습지도, 노력봉사, 안내, 레크리에이션 지도, 재가방문 등이 있을 수 있다.

③ 직원과 자원봉사자의 의견대립을 가능한 한 피해야 한다. 이를 위해서 의사결정시 양자합의나 민주적 과정에 입각해야 하며, 역할분담을 분명히 하고, 봉사자의 지위를 명확히 해주어야 한다. 아울러 직원의 권위주의적 태도를 불식시키고 자원봉사자에 대한 지원활동을 할 때에는 기관의 직원처럼 대우해주어야 한다.

④ 활동분야별 전문조정자가 담당해야 하고, 그 분야 속에서 나뉜 활동기관별 책임자를 선정하여야 한다. 분야별 전문조정자는 자원봉사 활용기관의 발굴과 그 분야 소속 자원봉사자의 적성 및 능력에

따른 업무배치, 그리고 그 분야 소속 자원봉사자에 대한 사후지도 등의 임무를 수행해야 할 것이다.

활동기관별 책임자는 그 기관 소속 자원봉사자들간의 의견교환과 조정, 그리고 소속 자원봉사자의 활동상황 점검 및 사후 행정관리를 담당하여야 한다. 또한 기관에서는 자원봉사자가 소속감(저자의 조사에서는 66.9%)과 유대관계를 갖도록 하기 위해 각종 유인물 및 자원봉사활동 관계 자료를 자원봉사자에게 우송하고 자원봉사활동 회보를 제작하여 계속 관심을 갖도록 해야 한다. 정기적 회의 이외에 활동기관별 모임도 정기적으로 가져 자원봉사자의 제반 건의사항 수렴 및 그룹스터디를 위한 기회를 제공하여야 한다(표갑수, 2003: 368 재인용).

⑤ 자원봉사관리 프로그램의 체계화와 보급이 필요하다. 자원봉사 프로그램의 기획과 모집, 선발과 인정·보상에 이르는 자원봉사관리 프로그램이 체계화되어 자원봉사자가 있는 기관에 보급되어야 한다.

⑥ 자원봉사자의 인정·보상 등 유인책이 체계화되어야 한다. 유급휴가(단기간 6개월 미만, 장기간 6개월 이상 1년간)를 통한 자원봉사 제도 도입 등 자원봉사자의 동기와 욕구에 기반하여 자원봉사활동 참여를 지속적으로 동기화할 수 있도록 해야 한다.

⑦ 자원봉사관리자의 전문성이 강화되어야 한다. 자원봉사관리를 담당하는 직원의 전문성을 제고하기 위해 자원봉사관리에 대한 교육이 이뤄져야 하고 전문자원봉사관리자들로 자원봉사프로그램이 운영되도록 해야 한다.

⑧ 자원봉사활동에 대한 실제적 지원내용을 제도화하여야 한다. 자원봉사자에 대한 자동적 보험가입, 기금확보, 법적 안전조치, 경력 인정이나 포상제도 등 개별 관리체계에서 실행할 수 없거나 모든 현장에서 필수적 지원방법에 대해서는 폭넓은 법제화나 제도적 노력이 필요하다(남기철, 2007: 93).

⑨ 학생봉사활동에 대한 질적 향상 시스템을 구축해야 한다.

가장 시급한 과제로 학생자원봉사에 대한 질적 향상이 필요하다. 초·중·고등학생들의 자원봉사활동은 많은 경우 단지 형식에 흐르고 있다. 학교교실에서 봉사학습의 기법은 채택되지 못하고 있다. 따라서 일선교사의 지도력 개발, 지역사회 대학과 NGO의 지원, 학부모가 참여하는 가족봉사프로그램의 개발 및 참여를 통하여 질적 향상 시스템을 구축해야 한다.

3) 기업임직원 자원봉사활동 강화

① 단순물질제공중심의 자선을 확대하기보다는 기업의 적합한 공헌활동을 특화시키거나 비즈니스에 도움이 되는 경영전략의 하나로 추진하면서, 공헌팀뿐 아니라 기획팀, 영업팀, 인사팀도 모여 특별위원회를 가동해 볼 수 있다.

② 사회봉사의 가치를 충분히 인식하고 임직원 봉사활동 프로그램을 기업 차원에서 혹은 임직원 차원에서 개발, 운영하는 것이다. 현금과 현물중심의 물질제공과 함께 임직원의 인력, 기술, 자문지원 등의 다양한 인력봉사를 겸하는 것이 바람직하다. 지역주민들과 직접 접촉하고 나누며 베푸는 인간관계를 갖는 임직원의 개별 혹은 집단사회공헌이 일회성 물질제공보다 쌍방에서 훨씬 더 높은 효과를 가져온다(한국자원봉사포럼, 2005: 320).

③ 정년퇴직자들이 기업과 함께 지역사회에 봉사하는 '은퇴자 봉사프로그램'을 개설하는 것도 바람직하고, 임원들이 대학에 가서 특강을 맡는 것도 좋은 사회봉사이며, 장소제공, 장비대여, 기술 및 자문제공 등도 중요한 사회봉사활동이다. 미국의 기업들은 이런 항목들을 수십여 가지로 나누어 자신들의 공헌활동을 널리 알리면서 지역사회와 하나가 되는 매우 자연스런 관계를 유지하고 있다.

④ 기업 내에 자원봉사활동을 위한 등록제, 표창제, 휴직제, 휴가

제, 매칭기프트를 갖춰 기업의 자원봉사활동을 활성화해야 한다.

2. 자원봉사의 전망

21세기는 자원봉사국가의 시대가 될 것이다. 세계자원봉사협의회 회장 켄알렌의 말처럼 앞으로는 어느 국가에서나 자원봉사가 국가의 복지서비스를 보완하는 차원을 넘어 국민운동으로 확산, 자리잡을 전망이다.

자원봉사활동은 이제 복지서비스, 건강, 교육 및 연구, 예술, 종교, 환경 등 인간생활의 전 영역에서 실천되고 있다.

2001년 11월 18일부터 21일에는 스위스 제네바에서 국제자원봉사 심포지엄이 "국제적 사고와 지역적 활동"을 주제로 개최되었으며, 국제적 NGO들의 자원봉사활성화를 위한 협력활동도 활발하게 이뤄지고 있다. 특히 5개국의 국제적 NGO단체들, 즉 국제자원봉사자를 위한 조정위원회, 국제크리스찬청년 교환프로그램, 평화를 위한 청년활동, 국제봉사시민, 유럽자원봉사기관연맹이 UNESCO와 UN의 청년협력부서의 지원을 받아 활동하는 자원봉사자의 고용가능성, 자원봉사자의 신분, 외국인 무급 전업자원봉사자 문제 등과 관련된 문제들에 초점을 맞추고 있으며, 자원봉사에 대한 개념을 확장하고 진흥시키고자 하는 목표를 설정해 두는 등 국가와 국가의 경계를 넘어 자원봉사활동을 활성화시키기 위한 다각적 노력이 이뤄지고 있다.

이에 21세기에 나타날 자원봉사활동의 전망을 몇 가지 제시하고자 한다.

첫째, 급변하는 사회에 발맞추어 자원봉사 관련 법령의 제·개정, 재원조성, 자원봉사 통합지원체계 및 관리시스템의 구축이 실현될 것이다.

둘째, 자원봉사활동의 진흥에 필요한 다양한 제도수립 및 민간부문의 참여·지원이 이뤄질 것이다.

셋째, 정부는 행·재정적 지원을 통하여 민간의 자원봉사활동에 대한 여건개선 및 분위기 조성에 힘쓸 것이다.

넷째, 민간은 자원봉사활동을 통해 지역사회문제 해결을 위한 정부의 부족자원 보충 등 상호보완관계가 유지될 것이다.

다섯째, 지역사회문제 해결을 위한 자원봉사활동의 자율적이고 책임성 있는 역할이 강화될 것이다.

여섯째, 자원봉사 활성화 차원에서 자원봉사 전문인력(자원봉사 지도·감독, 자원봉사조정, 전문성 있는 자원봉사자 양성)으로 인정되고 그에 따라 자원봉사 행정도 보다 전문화될 것이다.

일곱째, 새롭고 다양한 자원봉사자들이 개발될 것이다. 이미 선진국에서 볼 수 있듯이 여성들이 유휴인력이라는 인식의 변화, 정년퇴직한 어르신들을 자원봉사에 참여케 하는 일, 그리고 자원봉사자들이 가진 기술을 DB로 구축하여 지속적 자원봉사과제를 수행하는 것은 물론, 필요할 때마다 단기적으로 자원봉사자가 가진 특별한 지식이나 기술을 활용하는 일 등은 중요한 과제가 될 수 있을 것이다.

여덟째, 기업자원봉사활동이 활성화될 것이다. 기업에서의 자원봉사가 기업의 비즈니스에 도움되는 경영전략으로 추진되고 있다.

아홉째, 다양한 자원봉사활동에 대한 인정·보상프로그램이 확대될 전망이다.

부 록

자원봉사활동 기본법

〔시행 2008. 2. 29〕〔법률 제8852호, 2008. 2. 29, 타법개정〕

제1조 (목적) 이 법은 자원봉사활동에 관한 기본적 사항을 규정함으로써 자원봉사활동을 진흥하고 행복한 공동체 건설에 기여함을 목적으로 한다.

제2조 (기본방향) 자원봉사활동의 진흥을 위한 정책은 다음 사항을 기본방향으로 하여야 한다.

1. 자원봉사활동은 국민의 협동적인 참여능력을 높일 수 있는 방향으로 추진하여야 한다.
2. 자원봉사활동은 무보수성·자발성·공익성·비영리성·비정파성·비종파성의 원칙 아래 수행될 수 있도록 하여야 한다.
3. 모든 국민은 연령·성별·장애·지역·학력 등 사회적 배경에 관계없이 누구든지 자원봉사활동에 참여할 수 있도록 하여야 한다.
4. 자원봉사활동의 진흥을 위한 정책은 민·관 협력의 기본정신을 바탕으로 하여 추진하여야 한다.

제3조 (용어의 정의) 이 법에서 사용하는 용어의 정의는 다음과 같다.

1. "자원봉사활동"이라 함은 개인 또는 단체가 지역사회·국가 및 인류사회를 위하여 대가 없이 자발적으로 시간과 노력을 제공하는 행위를 말한다.
2. "자원봉사자"라 함은 자원봉사활동을 행하는 자를 말한다.
3. "자원봉사단체"라 함은 자원봉사활동을 주된 사업으로 행하거나 이를 지원하기 위하여 설립된 비영리법인 또는 단체를 말한다.
4. "자원봉사센터"라 함은 자원봉사활동 개발·장려·연계·협력 등의 사업을 수행하기 위하여 법령과 조례 등에 의하여 설치된 기관·법인·단체 등을 말한다.

제4조 (국가 및 지방자치단체의 책무) 국가와 지방자치단체는 자원봉사활동의 진흥에 관한 시책을 강구하여 국민의 자원봉사활동을 권장·지원하여야 한다.

제5조 (정치활동 등 금지의무) ① 제14조·제18조 및 제19조에 근거하여 지원을 받는 자원봉사단체 및 자원봉사센터는 그 명의 또는 그 대표의 명의로 특정정당 또는 특정인의 선거운동을 하여서는 아니된다.

② "선거운동"이라 함은 '공직선거법' 제58조 제1항의 규정에 따른 선거운동을 말한다.

제6조 (다른 법률과의 관계) 자원봉사활동의 진흥 등에 관하여는 다른 법률에 특별한 규정이 있는 경우를 제외하고는 이 법이 정하는 바에 따른다.

제7조 (자원봉사활동의 범위) 이 법의 적용을 받는 자원봉사활동의 범위는 다음과 같다.

1. 사회복지 및 보건증진에 관한 활동
2. 지역사회개발·발전에 관한 활동
3. 환경보전 및 자연보호에 관한 활동
4. 사회적 취약계층의 권익증진 및 청소년의 육성보호에 관한 활동
5. 교육 및 상담에 관한 활동
6. 인권옹호 및 평화구현에 관한 활동
7. 범죄예방 및 선도에 관한 활동
8. 교통 및 기초질서계도에 관한 활동
9. 재난관리 및 재해구호에 관한 활동
10. 문화·관광·예술 및 체육진흥에 관한 활동
11. 부패방지 및 소비자보호에 관한 활동
12. 공명선거에 관한 활동
13. 국제협력 및 해외봉사활동

14. 공공행정분야 사무지원에 관한 활동
15. 그 밖에 공익사업의 수행 또는 주민복리의 증진에 필요한 활동

제8조 (자원봉사진흥위원회) ① 자원봉사활동에 관한 주요 정책을 심의하기 위하여 국무총리 소속하에 관계부처 및 민간전문가로 구성된 자원봉사진흥위원회를 둔다.

② 자원봉사진흥위원회는 다음 사항을 심의한다

1. 자원봉사활동의 진흥을 위한 정책방향의 설정 및 협력·조정
2. 자원봉사활동의 진흥을 위한 국가기본계획과 연도별 시행계획에 관한 사항
3. 자원봉사활동의 진흥을 위한 제도개선에 관한 사항
4. 그 밖에 자원봉사활동의 진흥에 관하여 필요한 사항

③ 제2항의 규정에 의한 심의사항을 미리 검토하고 관계기관간의 협의사항을 정리하기 위하여 자원봉사진흥위원회에 실무위원회를 둘 수 있다.

④ 자원봉사진흥위원회 및 실무위원회의 구성·조직 및 운영에 관하여 필요한 사항은 대통령령으로 정한다.

제9조 (자원봉사활동의 진흥에 관한 국가기본계획의 수립) ① 행정안전부장관은 관계중앙행정기관의 장과 협의하여 자원봉사활동의 진흥을 위한 국가기본계획(이하 "기본계획"이라 한다)을 5년마다 수립하여야 한다. 〈개정 2008. 2. 29〉

② 기본계획에는 다음 사항이 포함되어야 한다.

1. 자원봉사활동의 진흥에 관한 기본방향
2. 자원봉사활동의 진흥에 관한 추진일정
3. 관계 중앙행정기관의 자원봉사활동에 관한 추진시책
4. 자원봉사활동의 진흥을 위하여 필요한 재원의 조달방법
5. 그 밖에 자원봉사활동의 진흥을 위하여 특히 필요하다고 인정되는 사항

제10조 (연도별 시행계획의 수립) 관계 중앙행정기관의 장과 지방자치단체의 장은 기본계획에 따라 연도별 시행계획을 수립·시행하여야 한다.

제11조 (학교·직장 등의 자원봉사활동 장려) ① 학교는 학생의 자원봉사활동을 권장하고 지도·관리하기 위하여 노력한다.
② 직장은 직장인의 자원봉사활동을 촉진하기 위하여 노력한다.
③ 학교·직장 등의 장은 학생 및 직장인 등의 자원봉사활동에 대하여 그 공헌을 인정하여 줄 수 있다.

제12조 (포상) 국가와 지방자치단체는 국가와 사회에 현저한 공로가 있는 자원봉사활동을 한 자원봉사자, 자원봉사단체, 자원봉사센터 등에 대하여 대통령령이 정하는 바에 따라 포상할 수 있다.

제13조 (자원봉사자의 날 및 자원봉사주간) ① 국가는 국민의 자원봉사활동에 대한 참여를 촉진하고 자원봉사자의 사기를 높이기 위하여 매년 12월 5일을 자원봉사자의 날로 하고 자원봉사자의 날부터 1주간을 자원봉사주간으로 설정한다.
② 자원봉사자의 날 및 자원봉사주간의 행사에 관하여 필요한 사항은 대통령령으로 정한다.

제14조 (자원봉사자의 보호) ① 국가와 지방자치단체는 자원봉사활동이 안전한 환경 속에서 이루어질 수 있도록 노력하여야 한다.
② 자원봉사자에 대한 보험의 가입 등 보호의 종류와 내용에 관하여 필요한 사항은 대통령령으로 정한다.

제15조 (자원봉사활동의 관리) 자원봉사단체 및 자원봉사센터는 자원봉사자에 대한 교육훈련 및 안전대책 등이 체계적으로 관리될 수 있도록 노력하여야 한다.

제16조 (국·공유재산의 사용) 국가와 지방자치단체는 '국유재산법' 또는 '지방재정법'의 규정에 불구하고 자원봉사활동의 진흥을 위하여 자원봉사단체 및 자원봉사센터가 대통령령이 정하는 특정사업을 수행하기 위하여 국·공유재산을 필요로 한다고 인정하는 때에는 이를 무상으로 대여하거나 사용하게 할 수 있다.

제17조 (한국자원봉사협의회) ① 자원봉사단체는 전국단위의 자원봉사활동을 진흥·촉진하기 위한 다음의 활동을 하기 위하여 한국자원봉사협의회를 설립할 수 있다.

1. 회원단체간의 협력 및 사업지원
2. 자원봉사활동의 진흥을 위한 대국민 홍보 및 국제교류
3. 자원봉사활동과 관련된 정책의 개발 및 조사·연구
4. 자원봉사활동과 관련된 정책의 건의
5. 자원봉사활동과 관련된 정보의 연계 및 지원
6. 그 밖에 자원봉사활동의 진흥과 관련하여 국가 및 지방자치단체로부터 위탁받은 사업

② 제1항의 규정에 의한 한국자원봉사협의회는 법인으로 한다.

③ 한국자원봉사협의회는 정관을 작성하여 행정안전부장관의 인가를 받아 등기함으로써 설립된다. 〈개정 2008. 2. 29〉

④ 한국자원봉사협의회의 조직과 운영 등에 관하여 필요한 사항은 대통령령으로 정한다.

제18조 (자원봉사단체에 대한 지원) 국가 및 지방자치단체는 자원봉사단체의 활동에 필요한 행정적 지원을 할 수 있으며 '비영리민간단체지원법'에 의한 사업비를 지원할 수 있다.

제19조 (자원봉사센터의 설치 및 운영) ① 국가기관 및 지방자치단체는 자원봉사센터를 설치할 수 있다. 이 경우 자원봉사센터를 법인으로 하여 운영하거나 비영리법인에게 위탁하여 운영하여야 한다.

② 제1항 후단의 규정에도 불구하고 자원봉사활동을 효율적으로 추진하기 위하여 필요하다고 인정할 때에는 국가기관 및 지방자치단체가 운영할 수 있다.

③ 국가는 자원봉사센터의 설치·운영이 활성화될 수 있도록 적극 노력하여야 하며, 지방자치단체는 자원봉사센터의 운영에 필요한 경비를 지원할 수 있다.

④ 자원봉사센터 장의 자격요건과 자원봉사센터의 조직 및 운영 등에 관하여 필요한 사항은 대통령령으로 정한다.

제20조 (벌칙) 자원봉사단체 및 자원봉사센터가 제5조의 규정에 따른 정치활동 등 금지의무를 위반한 때에는 '공직선거법' 제255조 제1항 제11호의 규정에 따른 벌칙을 적용한다.

부칙(정부조직법) 〈제8852호, 2008.2.29〉

제1조(시행일) 이 법은 공포한 날부터 시행한다. 다만, … 부칙 제6조에 따라 개정되는 법률 중 이 법의 시행 전에 공포되었으나 시행일이 도래하지 아니한 법률을 개정한 부분은 각각 해당 법률의 시행일부터 시행한다.

제2조부터 제5조까지 생략

제6조 (다른 법률의 개정) ①부터 〈216〉까지 생략

〈217〉 자원봉사활동 기본법 일부를 다음과 같이 개정한다.

제9조 제1항 및 제17조 제3항 중 "행정자치부장관"을 각각 "행정안전부장관"으로 한다.

〈218〉부터 〈760〉까지 생략

제7조 생략

자원봉사활동 기본법 시행령

〔시행 2008. 2. 29〕〔대통령령 제20741호, 2008. 2. 29, 타법개정〕

제1조 (목적) 이 영은 '자원봉사활동 기본법'에서 위임된 사항과 그 시행에 필요한 사항을 규정함을 목적으로 한다.

제2조 (자원봉사진흥위원회의 구성) ① '자원봉사활동 기본법'(이하 "법"이라 한다) 제8조 제1항의 규정에 의한 자원봉사진흥위원회(이하 "위원회"라 한다)는 위원장 1인과 부위원장 2인을 포함하여 30인 이내의 위원으로 구성하되, 위원은 다음 각호의 자로 한다. 〈개정 2008. 2. 29〉

1. 당연직 위원: 기획재정부·교육과학기술부·법무부장관·보건복지가족부·여성부장관 및 국무총리실장
2. 민간위원: 자원봉사분야에 관한 학식과 경험이 풍부한 자 중에서 제13조의 규정에 의한 한국자원봉사협의회와 교육과학기술부장관·보건복지가족부장관 또는 여성부장관의 추천을 받아 국무총리가 위촉하는 자

② 위원회의 위원장은 국무총리가 되고, 부위원장은 행정안전부장관과 민간위원 중에서 호선한 자 1인이 된다. 〈개정 2008. 2. 29〉

③ 제1항의 규정에 의한 위원 중 민간위원이 과반수가 되도록 하여야 한다.

④ 민간위원의 임기는 2년으로 한다.

⑤ 위원장은 위원회를 대표하며, 위원회의 업무를 통할한다.

⑥ 부위원장은 위원장을 보좌하며, 위원장이 부득이한 사유로 직무를 수행할 수 없는 경우 그 직무를 대행하되 행정안전부장관, 민간부위원장 순으로 한다. 〈개정 2008. 2. 29〉

제3조 (위원회의 운영 등) ① 위원회의 회의는 위원장이 필요하다고 인정하는 때 또는 재적위원 4분의 1 이상의 회의소집 요청이 있는 때에

위원장이 이를 소집하며, 위원장이 회의를 소집하고자 하는 때에는 회의의 일시·장소 및 부의안건을 회의개최 5일 전까지 각 위원에게 서면으로 통지하여야 한다. 다만, 긴급을 요하는 경우에는 그러하지 아니하다.

② 위원회의 회의는 재적위원 과반수의 출석으로 개의하고, 출석위원 과반수의 찬성으로 의결한다.

③ 부의된 안건과 관련하여 필요한 경우 위원장이 지정하는 중앙행정기관의 장은 위원회에 출석하여 발언할 수 있다.

④ 위원회의 사무를 처리하기 위하여 위원회에 간사 1인을 두며, 간사는 자원봉사활동 업무를 담당하는 행정안전부 소속 공무원으로 한다. 〈개정 2008. 2. 29〉

⑤ 위원회는 자원봉사진흥 등에 관한 전문적인 사항을 조사·연구하게 하기 위하여 위원회에 5인 이내의 전문위원을 둘 수 있다.

⑥ 제5항의 규정에 의한 전문위원은 자원봉사에 관한 학식과 경험이 풍부한 자 중에서 행정안전부장관이 위촉한다. 이 경우 예산의 범위 안에서 연구비 및 여비를 지급할 수 있다. 〈개정 2008. 2. 29〉

⑦ 그 밖에 위원회의 구성·운영에 관하여 필요한 사항은 위원회의 의결을 거쳐 위원장이 정한다.

제4조 (자원봉사진흥 실무위원회의 구성 등) ① 법 제8조 제3항의 규정에 의한 자원봉사진흥 실무위원회(이하 "실무위원회"라 한다)는 위원장 1인과 부위원장 2인을 포함하여 25인 이내의 실무위원으로 구성하되, 실무위원은 다음 각호의 자로 한다. 〈개정 2008. 2. 29〉

1. 당연직 실무위원: 기획재정부·교육과학기술부·법무부·보건복지가족부·여성부·경찰청 및 소방방재청의 자원봉사에 관한 업무를 담당하는 국장
2. 민간실무위원: 자원봉사분야에 관한 학식과 경험이 풍부한 자 중에서 제13조의 규정에 의한 한국자원봉사협의회와 교육과학기술부장관·보건복지가족부장관 또는 여성부장관의 추천을 받아 행정안전부장관이 위촉하는 자

② 실무위원회의 위원장은 행정안전부 제2차관이 되고, 부위원장은 자원봉사활동 업무를 담당하는 행정안전부 소속 공무원과 민간실무위원 중에서 호선한 자 1인이 된다. 〈개정 2008. 2. 29〉

③ 제1항의 규정에 의한 실무위원 중 민간실무위원이 과반수가 되도록 하여야 한다.

④ 민간실무위원의 임기는 2년으로 한다.

⑤ 부의된 안건과 관련하여 필요한 경우 실무위원회의 위원장이 지정하는 중앙행정기관의 자원봉사 관련 국장은 실무위원회에 출석하여 발언할 수 있다.

⑥ 실무위원회의 사무를 처리하기 위하여 실무위원회에 간사 1인을 두며, 간사는 자원봉사활동 업무를 담당하는 행정안전부 소속 공무원으로 한다. 〈개정 2008. 2. 29〉

⑦ 그 밖에 실무위원회의 구성·운영에 관하여 필요한 사항은 위원회의 의결을 거쳐 위원장이 정한다.

제5조 (자원봉사활동의 진흥에 관한 국가기본계획의 수립) ① 행정안전부장관은 법 제9조의 규정에 의한 자원봉사활동의 진흥에 관한 기본계획(이하 "기본계획"이라 한다)을 기본계획 개시연도의 전년도에 수립하여야 한다. 〈개정 2008. 2. 29〉

② 행정안전부장관은 기본계획을 수립할 때에는 관계중앙행정기관의 장과 협의하고 위원회의 심의를 거쳐야 한다. 〈개정 2008. 2. 29〉

제6조 (연도별 시행계획의 수립·시행) ① 법 제10조의 규정에 의하여 시장·군수·구청장(자치구의 구청장을 말한다. 이하 같다)은 매년 12월 말까지 특별시장·광역시장·도지사(이하 "시·도지사"라 한다)에게 다음 연도의 소관 자원봉사활동진흥에 관한 시행계획을 제출하여야 한다.

② 관계 중앙행정기관의 장과 시·도지사는 매년 1월 말까지 당해연도의 소관 자원봉사활동 진흥에 관한 시행계획을 행정안전부장관에게 제출하여야 하며, 행정안전부장관은 이를 종합하여 위원회의 심의를 거

쳐 확정한 후 이를 3월 말까지 중앙행정기관의 장 및 시·도지사에게 알려야 한다. 〈개정 2008. 2. 29〉

③ 시장·군수·구청장은 매년 1월 15일까지 시·도지사에게, 중앙행정기관의 장 및 시·도지사는 매년 1월 말까지 행정안전부장관에게 각각 전년도 시행계획의 이행결과를 제출하여야 한다. 〈개정 2008. 2. 29〉

④ 국무총리는 행정안전부장관으로 하여금 제3항의 규정에 의한 이행결과를 점검·평가하고 그 결과를 위원회에 제출하게 할 수 있으며, 행정안전부장관은 이행상황을 점검·평가하기 위하여 필요한 경우 전문연구기관에 자문을 구하거나 조사·연구를 의뢰할 수 있다. 〈개정 2008. 2. 29〉

제7조 (관계기관 등에 대한 협조요청) 국가 및 지방자치단체는 제5조 및 제6조의 규정에 의한 기본계획 및 연도별 시행계획의 수립·시행을 위하여 필요한 때에는 공공기관·자원봉사단체 그 밖의 민간단체에 대하여 필요한 자료 또는 의견의 제출 등의 협조를 요청할 수 있다.

제8조 (포상) 법 제12조의 규정에 의한 포상대상자의 선정절차와 훈격은 '상훈법'의 규정에 따른다.

제9조 (자원봉사자의 날 및 자원봉사주간 행사) 법 제13조의 규정에 의한 자원봉사자의 날 및 자원봉사주간을 기념하기 위하여 국가와 지방자치단체 및 자원봉사단체 등은 다음 각호의 행사를 실시할 수 있다.

1. 기념행사
2. 연구발표 및 국제교류행사
3. 유공자 및 유공단체에 대한 격려
4. 대중매체 등을 통한 홍보
5. 그 밖에 자원봉사 활성화에 대한 범국민적인 관심을 높이기 위한 행사

제10조 (자원봉사자에 대한 보험가입 등) ① 국가와 지방자치단체는 법 제14조 제1항의 규정에 의하여 자원봉사단체 및 자원봉사센터로 하여금 위험이 수반되는 자원봉사활동에 대한 안전교육 등 사전에 필요한 조치를 취하도록 할 수 있다.

② 법 제14조 제2항의 규정에 의한 자원봉사자에 대한 보호의 종류는 다음 각호와 같다.

1. 자원봉사활동중인 자원봉사자의 신체적 보호
2. 자원봉사활동중에 발생한 자원봉사자의 경제적 손실보호
3. 자원봉사활동중에 발생한 타인의 신체 또는 재물손괴에 대한 보호

③ 국가 및 지방자치단체는 자원봉사센터 또는 '비영리민간단체 지원법'에 의하여 등록된 단체에 소속한 자원봉사자의 보호를 위하여 다음 각호의 요건을 모두 갖춘 보험 또는 공제에 가입할 수 있다.

1. 자원봉사활동중에 발생한 자원봉사자의 사망, 후유장애 및 의료·입원·수술비 등에 대한 보상을 할 수 있을 것
2. 자원봉사활동중에 발생한 타인의 신체 또는 재물손괴에 대한 보상을 할 수 있을 것

④ 지방자치단체는 제3항의 규정에 의한 보험의 가입절차 및 방법 등에 관하여는 조례로 정한다.

제11조 (교육훈련) 자원봉사단체 및 자원봉사센터는 법 제15조의 규정에 의하여 자원봉사자의 안전한 봉사활동을 위한 교육훈련을 관련 교육시설에 위탁할 수 있다.

제12조 (국·공유재산의 사용) ① 법 제16조의 규정에 의하여 국가 또는 지방자치단체가 국·공유재산을 무상으로 대여하거나 사용하게 할 수 있는 자원봉사단체 및 자원봉사센터의 사업은 다음 각호와 같다.

1. 국제행사에 관한 사업
2. 재난복구 및 구호에 관한 사업
3. 그 밖에 국가 및 지방자치단체가 자원봉사활동의 진흥을 위하여

필요하다고 인정하는 사업. 이 경우 국·공유재산을 사무실 용도로 대여·사용하거나 1년 이상의 기간을 대여·사용하게 할 수 없다.

② 국·공유재산의 무상대여나 사용의 절차 및 방법 등에 관하여는 '국유재산법' 또는 '공유재산 및 물품관리법'의 규정에 따른다.

제13조 (한국자원봉사협의회의 회원 등) ① 법 제17조의 규정에 의한 한국자원봉사협의회(이하 "협의회"라 한다)의 회원은 다음 각호의 어느 하나에 해당하는 자로 한다.

1. 자원봉사를 주된 사업으로 하는 비영리법인 또는 단체의 대표자
2. 그 밖에 자원봉사활동의 진흥을 위하여 필요하다고 인정되어 협의회 이사회의 의결을 거친 자

② 협의회의 임원으로 대표이사 1인을 포함한 20인 이상 50인 이하의 이사와 감사 2인을 둔다.

③ 임원은 정관이 정하는 바에 따라 총회에서 선출한다.

④ 임원의 임기는 2년으로 하되 연임할 수 있다.

⑤ 임원의 자격요건과 선출방법 및 협의회의 운영에 관하여 필요한 사항은 협의회의 정관으로 정한다.

⑥ 협의회에 관하여 이 영에 규정된 것을 제외하고는 '민법' 중 사단법인에 관한 규정을 준용한다.

제14조 (자원봉사센터 장의 자격요건 등) ① 법 제19조의 규정에 의한 자원봉사센터 장의 자격요건은 다음과 같다.

1. 대학교의 자원봉사 관련 학과에서 조교수 이상의 직에 3년 이상 재직한 자
2. 자원봉사단체·자원봉사센터 또는 사회복지기관·시설·학교·기업에서 자원봉사 관리업무에 5년 이상 종사한 자
3. 5급 이상 퇴직공무원으로서 자원봉사업무 또는 사회복지업무에 3년 이상 종사한 자
4. 국가 및 지방자치단체에 등록된 자원봉사 관련 시민사회단체에서

임원으로 10년 이상 활동한 자

② 자원봉사센터 장은 공개경쟁의 방법에 의하여 선임한다.

③ 지방자치단체는 자원봉사센터 장의 선임방법 및 절차 등에 관하여는 조례로 정한다.

제15조 (자원봉사센터의 조직 및 운영 등) ① 자원봉사센터의 사무를 처리하게 하기 위하여 자원봉사센터에 사무국을 둔다.

② 자원봉사센터의 원활한 운영을 위한 정책결정기구로서 운영위원회를 둔다. 다만, 자원봉사센터를 법인으로 하여 운영하는 경우에는 이사회를 둔다.

③ 제2항의 규정에 의한 운영위원회는 20인 이하로 하되 자원봉사단체 대표를 과반수 이상으로 구성하고 대표는 민간인으로 한다.

④ 특별시·광역시·도 자원봉사센터는 지역 내 자원봉사 활성화를 위하여 다음 각호의 사업을 수행한다.

1. 특별시·광역시·도 지역의 기관·단체들과의 상시협력체계 구축
2. 자원봉사 관리자 및 지도자의 교육훈련
3. 자원봉사프로그램의 개발 및 보급
4. 자원봉사 조사 및 연구
5. 자원봉사 정보자료실 운영
6. 시·군·자치구 자원봉사센터 간의 정보 및 사업의 협력·조정·지원
7. 그 밖에 특별시·광역시·도 지역의 자원봉사 진흥에 기여할 수 있는 사업

⑤ 시·군·자치구 자원봉사센터는 지역 내 자원봉사 활성화를 위하여 다음 각호의 사업을 수행한다.

1. 시·군·자치구 지역의 기관·단체들과의 상시협력체계 구축
2. 자원봉사자의 모집 및 교육·홍보
3. 자원봉사 수요기관 및 단체에 자원봉사자 배치
4. 자원봉사 프로그램의 개발·보급 및 시범운영

5. 자원봉사 관련 정보의 수집 및 제공
6. 그 밖에 시·군·자치구 지역의 자원봉사 진흥에 기여할 수 있는 사업

⑥ 지방자치단체는 자원봉사센터의 조직 및 운영 등에 관한 사항은 조례로 정한다.

부칙(행정안전부와 그 소속기관 직제) 〈제20741호, 2008.2.29〉

제1조(시행일) 이 영은 공포한 날부터 시행한다. 〈단서 생략〉

제2조부터 제5조까지 생략

제6조(다른 법령의 개정) ①부터 〈59〉까지 생략

〈60〉 자원봉사활동 기본법 시행령 일부를 다음과 같이 개정한다.

제2조 제1항 제1호 중 "재정경제부장관·교육인적자원부·법무부장관·보건복지부장관·여성가족부장관·기획예산처장관·국무조정실장·국정홍보처장 및 청소년위원회위원장"을 "기획재정부·교육과학기술부·법무부장관·보건복지가족부·여성부장관 및 국무총리실장"으로 한다.

제2조 제1항 제2호 중 "교육인적자원부장관·보건복지부장관·여성가족부장관 또는 청소년위원회위원장"을 "교육과학기술부장관·보건복지가족부장관 또는 여성부장관"으로 한다.

제2조 제2항, 제2조 제6항 및 제3조 제6항 중 "행정자치부장관"을 "행정안전부장관"으로 한다.

제3조 제4항, 제4조 제2항 및 제4조 제6항 중 "행정자치부"를 각각 "행정안전부"로 한다.

제4조 제1항 제1호 중 "재정경제부장관·교육인적자원부·법무부·보건복지부·여성가족부·경찰청·소방방재청 및 청소년위원회"를 "기획재정부·교육과학기술부·법무부·보건복지가족부·여성부·경찰청 및 소방방재청"으로 한다.

제4조 제1항 제2호 중 "교육인적자원부장관·보건복지부장관·여성

가족부장관 또는 청소년위원회위원장"을 "교육과학기술부장관 · 보건복지가족부장관 또는 여성부장관"으로, "행정자치부장관"을 "행정안전부장관"으로 한다.

제 5조 제 1항, 제 5조 제 2항, 제 6조 제 2항부터 제 4항까지 중 "행정자치부장관"을 각각 "행정안전부장관"으로 한다.

〈61〉부터 〈105〉까지 생략

▪ 참고문헌

고양곤(1995), “한국사회의 노인문제와 노인복지의 근황,” 《한국교회와 노인복지》, 한국장로회 출판사.

구혜영 · 김성희(2004), “5개국 자원봉사 행정시스템 분석을 통한 자원봉사활성화 방안에 관한 연구,” 〈자원봉사〉, 한국자원봉사포럼, 한국자원봉사학회.

권병옥(2008), “자원봉사활동의 실태와 활성화 방안에 대한 연구,” 한양대 행정 · 자치대학원 석사학위논문.

권이종(1992), 《청소년과 교육병리》, 양서원.

김경배(1997), “청소년 자원봉사 정착모형 개발연구,” 한국청소년개발원.

김근조(1985), “미혼모와 그 자녀의 복지대책에 관한 연구,” 〈사회개발논총〉 제7집, 중앙대 사회개발대학원 석사논문.

김기선(1992), “자원봉사의 이론과 실제,” 한국사회복지협의회.

김기태 · 박병현 · 최송식(2001), 《사회복지의 이해》, 박영사.

김동배(1997), “도시지역 주민공동체 실현을 위한 전략적 구상,” 〈한국지역사회복지학회 1997춘계학술대회 발표논문집〉, 한국지역사회복지학회.

______(1997), “청소년자원봉사활동의 현황과 과제,” 〈IAVA 1997년 아시아태평양지역대회 기념세미나 자료집〉, 대구광역시 종합자원봉사센터.

______(2005), “고령화사회의 자원봉사운동,” 〈자원봉사포럼〉, 한국자원봉사포럼.

______(2006), 《시민사회와 자원봉사》, 학지사.

김동배 외(1998), “한국자원봉사활동의 관리운영 실태 평가와 지원욕구,” 〈한국사회복지학〉 통권 35호, 한국사회복지학회.

김동배 · 조학래(1996), 《청소년자원봉사의 길잡이》, 도서출판 동인.

김동배 · 최재성 · 조학래(1997), “전국자원봉사센터 모형개발에 관한 연구,” 한국자원봉사단체협의회.

김만두(1984), “사회복지관의 프로그램개발,” 〈사회복지관 관리자반〉, 보건사회부 국립사회복지연수원.

김미숙 · 김성희(1999), “자원봉사센터의 현황과 효율적 운영방안,” 〈보건복지포럼〉 통권 28호, 한국보건사회연구원.

김범수(1982), “자원봉사의 의식구조에 관한 조사연구,” 《사회복지》, 한국사회복지협의회.
______(2000), 《21세기 지역사회복지론》, 홍익재.
______(2000), “대학 사회봉사 활성화를 위한 제도적 방안, 대학생 자원봉사내실화 방안 탐색,” 〈대학생 자원봉사 지도교수 및 직원세미나 자료집〉, 한국대학사회봉사협의회.
김범수 외(2001), 《자원봉사의 이해》, 학지사.
______(2005), 《자원봉사의 이해》, 학지사.
김성경(1998), “자원봉사센터 설립유형상의 문제점과 개선방안,” 〈21세기와 자원봉사활동〉, 볼런티어 21.
______(1999), 〈여성자원봉사활동의 현황과 육성방안〉, 한국여성개발원.
김성이(1996), “자원봉사와 관리자의 역할,” 《자원봉사의 효율적 관리》, 한국사회복지협의회.
김성이 · 박영희(2007), 《자원봉사총론》, 양서원.
김성이 외(1997), 《자원봉사프로그램백과(아동 · 청소년)》, 한국사회복지협의회.
김성이 편(1997), 《자원봉사센터의 운영 길잡이》, 한국자원봉사단체협의회.
김소영(1991), “자원봉사활동에 대한 가정주부의 의식조사 연구,” 동국대 행정대학원 석사학위논문.
김신일(1983), “청소년문제의 연구동향,” 〈청소년문제의 실태와 개선방안 연구〉, 현대사회연구소.
김영모(1982), 《한국인의 복지의식》, 일조각.
______(1984), “아동복지의 일반이론,” 복지연구회, 《현대아동복지론》, 한국복지정책연구소.
______(1999), 《사회복지학》, 한국복지정책연구소 출판부.
______(2000), 《사회복지학》, 고헌출판부.
김영호(1991), “자원봉사활동의 영역과 수요,” 〈자원봉사활동 활성화를 위한 세미나〉, 한국사회복지학회.
______(1992), 《자원봉사 이론과 실제》, 홍익재.
______(1996), “자원봉사 교육훈련의 방법,” 《자원봉사의 효율적 관리》, 한국사회복지협의회.
______(1996), 〈자원봉사센터 설치 및 운영에 관한 연구〉, 경기도.
______(1997), 《자원복지활동의 활성화 방법》, 학문사.
______(2003), 《자원복지의 이론과 실천》, 현학사.
김영호 외(1996), “자원봉사활동의 영역과 수요,” 〈자원봉사활동 활성화를 위한 세미나〉, 한국사회복지학회.

김영옥 · 부성래 · 김만두 · 노상학 · 고양곤 · 이원숙(1996), 〈자원봉사센터설치 및 운영에 관한 연구〉, 경기도.

김영호 · 오정욱 · 전형미(2002), 《자원봉사의 이론과 실제》, 창지사.

김옥라 · 김현자 역(1989), 《자원봉사: 사랑의 공동체》, 희성출판사.

김용자(1984), "우리나라 주부의 자원봉사 참여 판별에 관한 분석," 〈아세아 여성연구〉 제 23집, 숙명여대 아세아여성문제연구소.

김익균 외(2004), 《자원봉사론》, 교문사.

김인숙 외 6인(2001), 《여성복지론》, 나남.

김정배(1997), "주요 외국의 자원봉사," 〈한국청소년개발원자원봉사센터(편)〉, 한국청소년개발원.

______(2004), "가칭 자원봉사진흥법안의 주요 내용과 의미," 〈자원봉사활동진흥법안 공청회 자료집〉, 자원봉사활성화 추진기획단.

______(2005), "선진국 자원봉사 인프라와 한국적 함의," 〈한국자원봉사 운동의 도약과 과제〉, 한국자원봉사학회.

______(2005), "봉사학습의 이해와 활동지도," 〈2005청소년위원회〉, 한국청소년자원봉사센터.

김정배 · 고원영 · 정익제(1997), 〈21세기 청소년자원봉사 정책과 추진방향〉, 한국청소년개발원.

김정배 · 정익재(2008), 〈청소년 봉사활동 참여 실태 조사연구〉, 한국청소년개발원.

김창기(1996), "자원봉사자 관리의 실태와 대책에 관한 연구," 청주대 석사학위논문.

김태현(1994), 《노년학》, 고문사.

김통원(1998), 《자원봉사론》, 성균관대 출판부.

김한구 외(1997), 《자원봉사실무론》, 백산출판사.

______(1999), 《자원봉사실무론》, 백산출판사.

김형모(1990), "상담편지로 본 십대들의 고민," 〈한국청소년연구〉 제 1권 제 1호, 한국청소년연구원.

남기철(2007), 《자원봉사론》, 나남.

남세진 · 조흥식(1998), 《한국사회복지론》, 나남.

대구광역시 사회복지협의회(1993), 〈자원봉사자의 활동실태와 효율적 활용체제에 관한 조사연구〉.

대구자원봉사포럼(2008), 〈한국자원봉사의 정책진단과 방향 모색〉.

대한민국정부(2007), "자원봉사활동진흥을 위한 제 1차 국가기본계획"(2008-12).

류기형(1996), “지역사회복지와 자원봉사,” 〈부산광역시 청소년자원봉사센터 개소기념 심포지엄〉, 부산광역시 청소년자원봉사센터.

류기형 외(2001), 《자원봉사론》, 양서원.

민정순(2004), “종합사회복지관의 전문인력 자원봉사자 활용에 관한 연구,” 대구대 사회복지대학원 석사학위논문.

박병현(1994), “영국과 미국의 사회복지제도 발달 비교 1859~1935,” 〈사회복지의 역사와 과제〉, 인창 신중섭 박사 회갑기념논문집, 기념논문간행위원회.

박영일 외(2001), 《사회복지학 강의》, 양서원.

박용순(2002), 《사회복지개론》, 학지사.

박윤애(2003a), “기업자원봉사 관리자 역할,” 《2003 기업자원봉사 관리자교육 교재》, 볼런티어 21.

박재택(1997), 《자원봉사, 여기에 미래가 있다》, 학문사.

박차상 외(2002), 《한국노인복지론》, 학지사.

박태영(1985), “우리나라 자원봉사활동의 활성화 방안,” 대구대 석사학위논문.

______(2000), “자원봉사실무자의 전문성 강화,” 〈대구광역시 자원봉사실무자를 위한 WORKSHOP자료집〉.

______(2001), “지역사회복지협의회의 위상강화 방안,” 〈사회복지〉 제 149호, 한국사회복지협의회.

______(2004), “지역 자원봉사활동의 발전 방향에 관한 연구,” 〈사회복지개발연구〉 제 10권 제 2호, 사회복지개발연구원.

______(2006), “자원봉사관리자의 전문성 강화방안,” 〈우리나라 자원봉사의 나아갈 방향〉, 2006대구자원봉사관리자 워크숍, 대구광역시.

______(2008), 《자원봉사론》, 공동체.

박태영 역(1996), 〈자원봉사활동 담당자 지침서〉, 대구광역시사회복지협의회.

박태영 · 최경익 역(1993), 《자원봉사활동조정자》, 도서출판 해와달.

______(1993), 《자원봉사활동 조정자-이론과 실제》, 은익.

배기효 외(2008), 《자원봉사론》, 공동체.

보건복지가족부(2008), 《2008 아동 · 청소년백서》.

______(2008), 《2007 보건복지가족백서》.

______(2009), 《2009년도 사회복지자원봉사사업 안내》.

______(2009a), 《2009년도 사회복지관 운영관련 업무처리 요령 안내》.

______(2009b), 《2009년도 사회복지시설 관리안내》.

보건복지가족부 · 한국사회복지협의회(2009), 《2008사회복지자원봉사 통계연보》.

복지연구회 편(1984), 《현대아동복지론》.
볼런티어 21(1999), "1999 한국인의 자원봉사 의식 및 활동 현황."
______(2002), 〈한국인의 자원봉사 및 기부현황〉.
______(2005), 〈2005 한국인의 자원봉사 · 기부현황 조사연구〉.
사회복지공동모금회(2003), 〈기업의 사회공헌활동에 대한 실태조사〉.
삼성경제연구소(2004), 〈윈윈전략으로서의 사회공헌활동 현황과 시사점〉.
삼성사회봉사단(2001~2005), 《삼성사회봉사단 백서 2000~2004》.
생활정보센터(2005), 〈사회복지, 볼런티어통계자료집〉.
서울시정개발원(1995), 〈서울시 자원봉사자 활용 증진방안에 관한 연구〉.
성민선(1997), "주요국과 한국의 자원봉사 동향," 한국사회복지협의회.
송애리(2000), "기업 내 봉사팀 리더의 리더십 유형과 자원봉사자들의 성숙도 및 봉사활동 만족도에 관한 연구," 가톨릭대 석사학위논문.
송인주(2003), "기업자원봉사 프로그램 개발," 《2003 기업자원봉사 관리자교육 교재》, 볼런티어 21.
신섭중(1994), "사회복지전달체계와 자원봉사활동의 발전방향," 〈21세기 사회복지발전방향〉, 부산시사회복지협의회.
심재호(1997), "지역복지의 발전을 위한 자원봉사의 활성화 방안," 〈지역사회복지운동〉 제4집, 한국지역사회복지학회.
여금숙(2001), "사회복지관 사회복지사 전문성에 영향을 미치는 요인에 관한 연구," 대구대 대학원 석사학위논문.
여성부(2001), 〈여성자원활동센터 현황〉, 내부자료.
원석조(1999), "자원봉사 활성화를 위한 원불교의 역할과 과제," 〈원불교학〉 4호(12), 한국원불교학회.
유경희(1994), "자원봉사활동의 중도탈락 요인과 대책에 관한 연구," 청주대 석사학위논문.
유성호 역(1997), 《자원봉사 프로그램의 관리와 리더십》, 아시아미디어리서치.
이가옥(1994), "재가노인복지와 가정봉사원 파견사업," 《한국노인복지 40년사》, 한국노인복지시설협회.
이가옥 편(1999), 《노인복지의 현황과 과제》, 나남.
이강현(1999), "시민단체의 자원봉사 활용방안," 주성수 편저, 《새천년 한국시민사회의 비전》, 한양대 출판부.
______(2001), "자원봉사의 의미와 가치," 〈2001 광주광역시 자원봉사관리자 아카데미(일반과정)〉.
______(2001), "한국 기업자원봉사의 과제와 전략," 〈자원봉사포럼 창립 10주

년 기념자료집〉, 한국자원봉사포럼.

이강현 역(1997), 《자원봉사 프로그램의 기획과 관리를 위한 101가지 아이디어》, 한국자원봉사단체협의회.

______(2005), 〈2005 한국인의 자원봉사 기부현황 조사연구〉, 볼런티어 21.

이강현 외 역(2002), "기업사회공헌의 의미와 필요성, 동향," 《2003 기업자원봉사관리자 교육교재》, 볼런티어 21.

이명구(1987), "모티베이션 이론에 관한 분석연구," 경희대 석사학위논문.

이미정(1996), "자원봉사활동의 활성화 방안에 관한 연구," 부산대 석사학위논문.

이번송 외(1996), 〈서울시자원봉사활용증진방안에 관한 연구〉, 서울시정개발연구원.

이성록(1995), "민간 사회복지 전산망 구축방안-볼런티어 네트워크를 중심으로," 〈계간 사회복지〉 통권 제125호.

______(2003), 《자원봉사 매니지먼트》, 지식과 경영.

______(2005), 《자원봉사 매니지먼트》, 미디어 숲.

______(2005), 《자원봉사 어드바이저》, 미디어 숲.

이성록 편역(1996), 《자원봉사활동 관리조정론》, 학문사.

이인수(2001), "한국노인자원봉사의 의미와 실태," 〈노인복지연구〉 여름호, 한국노인복지학회.

이창호(1995), "외국의 자원봉사", 《대학생 사회봉사 핸드북》, 성공회대 출판부.

______(1999), "시민운동, 사회복지," 《자원봉사, 새천년 한국시민사회의 비전》, 한양대 출판부.

______(2004), "자원봉사활동진흥법안의 쟁점과 과제," 〈한국자원봉사학회 학술지〉 제3권 제1호(9), 한국자원봉사포럼.

______(2008), "한국자원봉사의 정책진단과 방향 모색," 한국자원봉사포럼.

______, "선진국 기업의 자원봉사," 〈중앙일보〉(1995. 12. 27~1996. 1. 12), 4회 연재.

이청자 · 김노마 · 송성숙 · 김응진(1993), 〈자원활동 수요개발에 관한 연구〉, 한국여성개발원.

이팔환 · 백남덕(2003), 《자원봉사론》, 형설출판사.

이현송 외(1996), 《여성의 경제활동과 가족복지》, 한국보건사회연구원.

이혜원(1996), 《노인복지론》, 유풍출판사.

이화수(1984), "자원봉사활동의 좌표," 《자원봉사활동의 이론과 실제》, 이화여대 한국여성연구소.

임천지(2002), "여성자원봉사활동의 활성화 방안 연구," 단국대 석사학위논문.

자원봉사포럼(2001), 〈자원봉사포럼 창립 7주년 기념자료집〉.

______(2005), 〈자원봉사포럼 창립 10주년 기념자료집〉.

자원봉사활동기본법, 법제처 〔일부개정 2008. 2. 29 법률 8852호〕.

자원봉사활동기본법 시행령, 법제처 〔일부개정 2008. 2. 29〕.

장덕희 외(2001), 〈가족자원봉사 프로그램 개발에 관한 연구〉, 경북여성정책개발원.

장묘욱(1992), "상담자원봉사자의 자원봉사활동과 관련된 동기에 관한 연구," 이화여대 석사학위논문.

장세철 외(2004), 《현대노인복지론》, 홍익제.

장인협·오정수(1993, 2001), 《아동·청소년복지론》, 서울대 출판부.

장인협·이혜경·오정수(2001), 《사회복지학》, 서울대 출판부.

______(2000), 《아동·청소년론》, 서울대 출판부.

전국경제인연합회(2007), 〈기업의 기부활동에 대한 의견조사〉.

______(2008), 《2007 기업·기업재단 사회공헌백서》.

전수일·봉민근(1995), 《지방자치와 사회정책》, 홍익재.

전재일 외(2002), 《사회복지개론》, 형설출판사.

정무성(1999), "종교와 사회복지," 〈제 10회 전국사회복지대회 자료집〉, 한국사회복지협의회.

정무성 외(2001), 〈기업 및 기업재단의 사회복지활동지원에 대한 인식 및 욕구조사〉, 한국사회복지협의회.

정민자 외(2001), 《자원봉사 길잡이》, 양지.

______(2005), 《자원봉사 실무와 프로그램》, 대왕사.

정일교·김만교(2005), 《장애인복지론》, 양서원.

정혜숙(1984), "동기부여이론의 현대적 전개," 동아대 석사학위논문.

조난심(1996), "학생봉사활동의 지도방향과 과제와 지역사회복지운동," 〈한국지역사회복지학회〉 제 2집.

조성숙(2003), "여성자원봉사활동의 활성화 방안에 관한 연구," 원광대 행정대학원 석사학위논문.

조추용(2001), "일본 노인의 자원봉사활동 실태," 〈노인복지연구〉, 한국노인복지학회.

조학래(1998), "자원봉사의 효율적 관리를 위한 기술," 〈자원봉사업무의 효율적 관리를 위한 기술〉, 사회복지자원봉사안내센터.

조휘일(1975), "볼런티어 활동의 기능과 역할," 《몽산 하상락 교수 송수논문집》, 농원문화사.

______(1991), "지방화시대에 있어서 지역사회복지증진을 위한 자원봉사 활성화 방안," 〈한국의 사회복지교육과 지역사회복지〉, 전주한일신학교 사회복지학과.

______(1995), "자원봉사자의 관리 및 운영방안," 한국사회복지관협회.

______(1995), "사회복지와 자원봉사," 남세진 편, 《한국사회복지의 선택》, 나남.

______(1995), "기업자원봉사활동의 배경과 방향," 〈서울사회복지연구〉 창간호, 서울특별시사회복지협의회.

______(1997), "자원봉사에 대한 이해," 〈자원봉사의 기초〉, 한국사회복지협의회.

______(1998), "자원봉사자관리자의 구체적 업무," 〈자원봉사의 효율적 관리〉, 사회복지자원봉사안내센터.

______(2000), "기업의 사회적 책임과 기업 자원봉사주의," 〈경영학연구〉 제 13호, 서울여대 경영학과.

______(2002a), 《자원봉사프로그램관리》, 학지사.

______(2002b), 《현대사회와 자원봉사》, 홍익재.

조홍식(2008), "기업 사회공헌활동의 추세와 과제," 《2007 기업 · 기업재단 사회공헌백서》, 전국경제인연합회.

조홍식 · 이태수(1999), "공동모금제도와 민간복지부문의 역할정립," 〈한국사회복지학〉 38.

주성수(2005a), 《자원봉사》, 아르케.

______(2005b), "한국 자원봉사 문화의 정착과제: 정부-기업-시민사회 파트너십 전략," 한국자원봉사포럼, 〈자원봉사포럼 창립 10주년 기념 자료집〉.

청소년위원회 · 한국청소년자원봉사센터(2005), 《2005 청소년활동백서》.

최덕경 외(2006), 《자원봉사론》, 공동체.

최성재 · 장인협(2002), 《노인복지론》, 서울대 출판부.

최일섭(2008), "우리나라 자원봉사 활성화 방안과 주요 쟁점들," 〈사회복지〉 겨울호, 통권 178호, 한국사회복지협의회.

최일섭 · 류진석(1996), 《지역사회복지론》, 서울대 출판부.

최일섭 · 이강현 · 이창호 · 주성수(1996), 《미국의 자원봉사 유래와 현황》, 한국사회복지관협회.

통계청(2008), 〈2008 한국의 사회지표〉.

______(2007), 〈2007 사회통계조사보고서〉.

표갑수(1994), "자원봉사활동의 실태와 활성화 방안," 〈사회과학논총〉 제 13집, 청주대 사회과학연구소.

______(1996), "청소년자원봉사활동의 실태와 활성화 방안," 〈충북복지정책연

구〉 제3집, 충북복지정책연구원.

______(1998), "자원봉사관리체계의 문제점과 개선방안," 〈사회과학논총〉 제17집, 청주대 사회과학연구소.

______(2001), "충청북도 자원봉사체계 통합관리방안," 〈사회과학논총〉, 제22집, 청주대 사회과학연구소.

______(2002), "올바른 기부문화 조성을 위한 공동모금회의 역할," 〈사회과학논총〉 제23집 제2호, 청주대 사회과학연구소.

______(2003), 《지역사회복지론》, 나남.

______(2003), 《사회문제와 사회복지》, 나남.

______(2004), 《사회복지개론》, 나남.

______(2005), 《아동·청소년복지론》, 나남.

한국보건사회연구원·보건복지가족부(2005), 〈2004년도 전국노인생활실태 및 복지욕구조사〉, 정책보고서 2005-3.

한국사회복지연구회(1997), 《현대사회의 자원봉사론》, 유풍출판사.

______(1998), 《사회복지역사》, 이론과 실천.

한국사회복지협의회(1997), 《자원봉사프로그램백과 ①, ②, ③, ④, ⑤, ⑥, ⑦, ⑧, ⑨, ⑩》.

______(1997), 〈자원봉사활동 현황 및 활성화 방안〉.

______(1998), 〈사회복지시설을 중심으로 한 자원봉사활동 현황조사〉, 한국사회복지협의회 내부자료.

한국여성개발원(1999), 〈여성자원활동의 현황과 육성방안〉.

한국자원봉사단체협의회(2003), 〈한국자원봉사단체 현황〉.

한국장애인개발원(2009), 《2008년 장애인백서》.

한국청소년개발원(1994), 《지역사회봉사활동》, 인간과복지.

______(2005), 〈청소년자원봉사 및 동아리활동론〉.

한국청소년연구원(1992), 《청소년문제론》.

한국청소년진흥센터(2008), 〈청소년활동 욕구 및 실태조사〉.

______(2009), 〈한국청소년진흥센터 일반현황〉.

한덕웅(1987), 《조직행동의 동기이론》, 법문사.

한동우(1999), "한국 기업의 사회복지활동 분석: 직접 기부행위를 중심으로," 〈한국사회복지학〉 37, 한국사회복지학회.

______(2008), "사회공헌활동의 현황과 과제," 〈사회복지〉 가을호, 통권 178호, 한국사회복지협의회.

한동우 외(2003), "사회공헌활동이 기업에 미치는 영향," 사회복지공동모금회.

한양대 사회봉사단 엮음(1997), 《대학의 사회봉사》, 한양대 출판부.

한혜경(1996), "자원봉사의 활성화를 위한 방향모색," 〈보건복지포럼〉 창간호, 한국보건사회연구원.

행정안전부(2009), 〈2008년 자원봉사센터현황〉.

행정안전부(2009), 〈2008 전국자원봉사활동 실태조사〉.

현외성(2006), 《자원봉사론 강해》, 학지사.

홍경준(2000), "민간기업의 지역사회복지 참여방안," 〈지역사회복지운동〉 8, 한국지역사회복지학회.

홍덕률(1991), "산업화와 현대사회," 〈현대사회론〉, 사회문화연구소.

홍봉선(1998), "부산지역 사회복지관 자원봉사자의 의식과 운영실태에 관한 연구," 〈사회복지연구〉 제8호, 부산대 사회복지연구소.

황성철·강혜규(1994), 《사회복지관 운영평가 및 모형개발》, 한국보건사회연구원.

Kosis.kr, 통계청 한국의 사회지표, 사회조사.

ACTION(1978), ACTION, Catalog.

Alfred Kadushin(1980), *Child Welfare Service*, New York.

Anonymous(2005), "Three Steps to Effective Volunteer Management," *Healthcare Executive*: Jan./Feb. 2005.

Costin, L. B. (1972), "Adaptation in the Delivery of School Works Service," *Social Casework*, Vol. 53.

Dunn, P. C. (1995), "Volunteer Management," *National Association of Social Workers, Encyclopedia of Social Work*(19th ed.), Washington D.C.: NASW Press.

Elliott, M. A. & F. E. Merrill(1961), *Social Disorganization*, Harper and Brothers, N.Y.

Ellis, S. J., & Cravens, J. (2000), *The Virtual Volunteering Guidebook*, www.impactionline.org

Frances, L. Feldman and Frances H. Scherz(1967), *Family Social Welfare*, Chicago: Aldine Publishing Co.

G. Manser and R. H. Cass Voluntarism at the Crossroads, Family(1976), Service Association of America, N.Y.

Gidron, B. (1985), "Predictors of Retention and Turnover among Service Volunteer Workers," *Journal of Social Service Research*, Vol. 8.

Graycar, Adams(1983), "Informal, Voluntary and Statutory Services: The

Complex Relationships," *The British Journal of Social Work*, Vol. 13, No. 4.

Hitl M. A. et. (1979), *Effective Management*, St. Paul Minessotai west Publishing Co.

Home office and the Central Office of Information (1992), *The Individual and The Community*, London: Recgcled Paper.

Houston J. P. (1995), *Motivation*, Macmillian Publshing Co.

Horton, P. & G. Lesilie (1955), *The Sociology of Social Problems*, N.Y.: Appleton Century.

Jacobson, Ann (1978), *Standard and Guidelines for the Field of Volunteerism*, Association of volunteer Bureaus.

Jacobson, A. (1990), *Volunteer Management Handbook for Effective Development of Volunteer Programs*, ACSW.

Kadushin, A. (1980), *Child Welfare Services*, N.Y.: Macmillan.

Kramer, R. M. (1981), *Voluntary Agencies in the Welfare State*, Calif University of California Press.

Lurie, H. L. (1967), *Encyclopedia of Social Work*, N.Y., NASW.

Manser G and Cass R. H. (1976), Voluntarism at the Crdssroals, Family Service Associstion of America, N.Y.

Marlene Willson (1976), The Effective Management of Volunteer Programs, Volunteer Management Associates.

Mccormick, E. J. & D. R. Frgen (1980), *Industrial Psychology*, Englewood Cliffs, N.J. Prentice-Hall, Inc.

McCurley, S. & Lynch, R. (1989), *Essential Volunteer Management*, Downers Grove, Ⅲ.: VM Systems and Herittage Arts.

______(1989), *Essential Volunteer Management*, IL: The Volunteer Management Series of VM Systems.

______(1994), *Essential Volunteer Management*, New York.

______(1996), *Volunteer Management*, IL: Heritage Arts Publishing.

McCurley & Lynch (1994), *Essential Volunteer Management*, New York: VMSystems and Henitage Art Publishing.

Mccormick E. J. & Frgen D. R. (1980), *Industrial Psychology* (nde), Englewood Cliffs. N.J. Prentice Hall Inc.

NASW (1977), *Encyclopedia of Social Work*.

______(1996), *Encyclopedia of Social Work.*

O'connell, B. & A. B. O'connell(1989), *Volunteers in Action*, New York: Foundation Center.

Paul J. Ilsley(1990), *Enhancing the Volunteer Experience*, Jossey-Bass Publishers.

Paul J. Ilsley & John A. Niemi(1981), *Recruiting and Training Volunteers*, McGraw-Hill Book Company.

Pidgeon Jr., W. P. (1998), *The Universal Benefits of Volunteering*, New York: John Wiley & Sons.

Point of Light Foundation(1991), Point of Light Foundation Catalog.

______(1993), *Developing a Corporate Volunteer Program*, POLF.

Romanyshin, J. M. (1971), *Social Welfare, Charity to Justice*, Random House.

Sanford A. C. (1977), *Human Relations: The Theory and Practice of Organizational Behavior*, 2th ed., A Bell & Howell Co.

Schindler-Rainman, Eva, & Ronald Lippit(1975), *The Volunteer Community: creative use of Human resources*, 2nd ed., Virginia: NTL Learning Resources Corp.

Sheard, J. (1995), "From Lady Bountiful to Active Citizen," Justin Davis Smith, Colin Rochester & Rodney Hedley, *An Introduction To The Voluntary Sector*, London: Routledge.

Shoemaker, D. J. (1984), *Theories of Delinquency: An Examination of Explanations of Delinquent Behavior*, Oxford Univ. Press.

Sieder, Violet M., and Doris C. Kirshbaum(1997), "Volunteers," NASW, *Encyclopedia of Social Work*, 17th ed., Vol. 2, Washington D.C.: NASW.

Smith, J. D. (1995), *The Voluntary Tradition*, London: Routledge.

______(1998), *The 1997 national Survey of Volunteering*, London: The National Centre of Volunteering.

Stenzel, Anne K., & Helen M. Feeney(1996), *Volunteer Training and Development: A Manual*, New York: The Seabury Press, Inc.

Sue Vineyard(1984), *Marking Magic for Volunteer Programs*, Heritage Arto Publishing.

Sutherland, E. H. & D. R. Cressey(1977), "Learning to be Deviant," in

E. Rubington & M. S. Weinberg(eds.), *The Study of Social Problems*, Oxford Univ. Press.

Swanson, M. T. (1970), *Your Volunteer Program*, Des moines Area Community College.

The Points of Light Foundation(1995), A Measure of Commitment, POLF Bulletin.

Trecker, H. B. (1971), *Social Work Administration*, N.Y.: Association Press.

Tropman, John E. & Tropman, Elmer G. (1977), "Community Welfare Councils," *Encyclopedia of Social Work*, New York: National Association of Social Workers.

Wilson, Marlene(1976), *The Effective Management of Volunteer Programs*, Colorado: Volunteer management Associates.

______(1998), "The Contribution of Social Resurces to Volunteering," *Social Science Quarterly* 79(4), pp. 799~814.

仲村優一(1985), 《現代社會福祉事典》, 全國社會福祉協議會.

巡 静一(1996), 《ボらんティア・コーディネーター》, 中央法規.

日本 全國社會福祉協議會(1997), Volunteer Center Guide.

井上勝也・長山島紀一(1980), 《老年心理學》, 朝倉書店.

찾아보기

(용 어)

ㄱ ~ ㄴ

ㄷ ～ ㄹ

ㅁ ~ ㅂ

ㅅ ~ ㅇ

ㅈ ~ ㅊ

ㅌ ~ ㅎ

기 타

찾아보기

(인 명)

▪ 저자 약력

표 갑 수

청주중 · 고등학교 졸업
중앙대 사회복지학과 졸업(사회복지학 학사, 석사, 박사)
미국 오하이오주립대 사회사업대학 교환교수
청주대 사회과학대학 학장, 중앙도서관장, 평생교육원장, 교무처장
한국사회복지학회장, 한국지역사회복지학회장
보건복지부 보육발전위원장, 보건복지부 · 여성가족부 정책자문위원
현재 행정쇄신위원, 분쟁조정위원
제 2건국위원, 행정고등고시 시험위원(총무처, 행정자치부)
보건복지가족부 사회복지실무위원
한국영유아보육학회장, 충북복지정책연구원장
한국사회복지교육협의회장, 충청북도사회복지위원장
청주대 부총장, 사회복지학과 교수
저서: 《아동청소년복지론》, 《청소년비행원인론》, 《유아교육개혁안의 비판》
《사회복지개론》, 《지역사회복지론》, 《사회문제와 사회복지》
공저: 《현대사회문제론》, 《현대사회복지론》, 《한국아동복지연구》
《현대아동복지론》, 《지역사회복지론》, 《현대사회보장론》
《청소년문제론》, 《선진국 아동보육제도와 보육프로그램》
《아동보육개론》
공역: Mishra, *Society and Social Policy*, 《사회이론과 사회정책》
논문: "자원봉사관리체계의 문제점과 개선방안", "한국의 빈곤문화에 대한 고찰", "청소년 건전육성을 위한 지역사회 유해환경의 정화방안", "민간복지활성화를 위한 한국사회복지협의회의 개편방안", "공동모금법의 재검토와 공동모금회의 활성화 방안", "한국영유아보육사업의 불평등에 관한 연구", "문제학생지도를 위한 학교사회사업도입의 방안", "소년비행원인에 관한 기존이론의 실증적 고찰", "중 · 고등학생의 학교중퇴요인과 대처방안", "청소년 약물남용실태, 요인 및 대처방안" 외 120여 편